普通高等院校经济管理类
“十一五”规划教材
Putong Gaodeng Yuanxiao
Jingji Guanlilei Shiyiwu
Guihua Jiaocai

主　编◎刘厚钧
副主编◎王　葳

社交礼仪

Shejiao Liyi

西南财经大学出版社
Southwestern University of Finance & Economics Press

普通高等院校经济管理类
"十一五"规划教材

Putong Gaodeng Yuanxiao
Jingji Guanlilei Shiyiwu
Guihua Jiaocai

主　编◎刘厚钧
副主编◎王　葳

社交礼仪

Shejiao Liyi

西南财经大学出版社
Southwestern University of Finance & Economics Press

图书在版编目(CIP)数据

社交礼仪/刘厚钧主编;王葳副主编.—成都:西南财经大学出版社,2008.10(2014.8重印)
ISBN 978-7-81138-020-0

Ⅰ.社… Ⅱ.①刘…②王… Ⅲ.人间交往—礼仪—高等学校—教材
Ⅳ.C912.1

中国版本图书馆CIP数据核字(2008)第145349号

社交礼仪

主　编:刘厚钧
副主编:王　葳

责任编辑:潘　杰
封面设计:杨红鹰
责任印制:封俊川

出版发行	西南财经大学出版社(四川省成都市光华村街55号)
网　　址	http://www.bookcj.com
电子邮件	bookcj@foxmail.com
邮政编码	610074
电　　话	028-87353785　87352368
印　　刷	四川森林印务有限责任公司
成品尺寸	148mm×210mm
印　　张	10.5
字　　数	260千字
版　　次	2008年10月第1版
印　　次	2014年8月第2次印刷
印　　数	3001—4000册
书　　号	ISBN 978-7-81138-020-0
定　　价	19.80元

前　言

你要塑造良好的个人形象，《社交礼仪》送给你一套秘笈；你要打开社交的大门，《社交礼仪》送给你一把金钥匙；你要登上事业成功的顶峰，《社交礼仪》送给你一把阶梯。有“礼”走遍天下。《社交礼仪》已成为构建和谐社会和提高个人修养的必修课。

高等职业教育教材的编写要紧紧围绕培养目标来进行，要彻底改变传统的普通高等教育学科型教材编写模式，转变成为高等职业教育技能型教材编写模式。专业技能课教材编写的目标，不是把它作为一门学科让学生去研究，而是当成一种技能去培养学生。以专业技能课的培养能力为导向，确立专业技能课的内容和形式，以及内容的难易程度。从根本上改变重知识、轻能力，重书本、轻技能，重课堂讲授、轻实践教学的弊端，突出高等职业教育职业性、实践性的特点，培养出有用之材，为实现学生“零距离上岗”打下良好基础。《社交礼仪》正是在这种指导思想下进行编写的。

《社交礼仪》是一门实践性很强的技能型课程。《社交礼仪》在培养学生掌握基本的社交礼仪理论和提高学生修养的基础上，重在培养学生开展社交活动的能力。在内容的安排上，突出了“是什么”和“如何做”。教材内容分为两部分：第一部分是社交礼仪基础理论。本着够用的原则，安排为一章内容。第二部分是社交礼仪实务。本着突出职业技能的原则，安排为九章内容。全书以交际活动过程为主线，环环相扣，前后衔接，力求通俗易懂，言简意赅。第二部分社交礼仪实务的内容有：个人形象塑造、交际礼仪、公共场所礼仪、酬宾礼仪、会议礼仪、专题活动礼仪、社交文书礼仪、中国民俗礼仪和涉外礼仪。

本教材的主编是一名双师型教师，有着多年社交礼仪培训的实践，并有颇丰的礼仪教学、研究的经验和成果。

本教材具有三点创新：

(1) 编写思路创新。以培养学生开展社交活动的能力为导向，以交际活动过程为主线，以实践教学为手段，突出《社交礼仪》的职业性、实践性的特点，科学地安排《社交礼仪》的内容和编写方法。

2. 教材内容创新。突出了社交礼仪实务的运用。完善了个人形象塑造的内容，将仪容美、仪表美、仪态美、语言美综合为一章，突出了个人形象塑造是社交的前提条件；完善了公共场所礼仪，增加了乘地铁、乘电梯、购物、游览礼仪；为了便于大学生就业，增加了求职礼仪；为了弘扬传统文化，增加了中国民俗礼仪。

(3) 编写方法创新。为了突出《社交礼仪》的技能型特点，在编写体例上进行了创新，在课前导读中增加了“知识学习目标”和“能力培养目标”，并根据这两个目标设计了复习思考题、实训题。正文中有阅读资料，正文后有延伸阅读资料，增加了教材的趣味性、可读性。讲述每种交际方法的概念后，重点讲述每种交际方法在什么条件下运用、如何运用、在运用中应该注意哪些问题。

本教材主编为刘厚钧，负责确立编写思路、编写提纲、编写方法，并对教材进行总纂。副主编为王葳，编委为夏连峰、杨雪、胡自勤。刘厚钧编写了第一章、第三章，王葳编写了第二章、第十章，夏连峰编写了第四章、第五章，杨雪编写了第六章、第七章，胡自勤编写了第八章、第九章。

本教材不仅适用于高职高专学生，也可作为个人自学和企业培训教材使用。

教材有不妥之处，请批评指正。

刘厚钧

2008 年 8 月

序

四川教育学院　姚文忠教授

这本书是讲礼仪的，不仅讲，作者更主张训练，像柏拉图要求的那种训练。作者“建议父母与孩子一同来阅读这本书，让孩子主动去观察身边的人、发生的事，与孩子一起讨论，帮助他们正确地认识、评价、应对各种礼仪现象和问题，对孩子的进步及时给与鼓励，用你们丰富的阅历和经验指导孩子的成长，同时分享孩子成长的快乐。”显而易见，家长跟孩子一起学习和训练，双方都会收获成绩和希望。

孔子提倡“复礼”，“礼”是仁的基础。个人的“礼”，如仪容、仪表、仪态、仪行与仪言，属于人的社会形象和符号，其“文、野”程度能够决定社会对你的认同度、接纳度，会决定你的成功与否，能够决定你的社会地位……；其实，这也是人的修养格调，你属于所谓“中产阶级”，就必须具备相应的“礼”，也就是一种特定的格调。

“礼”又是一种社会关系，管理着社会的次序，调整着社会组织和社会结构，使之和谐稳定，具有效率。北京29届奥运会的复杂而庞大组织管理工作，也同样因为依靠“礼数”显出极高的水准。没有“礼”的安排和调整，社会就是无政府主义，小到家庭和班级都不可能安稳。

人和社会是需要礼仪、礼貌、礼节的。但是，个人的“礼”

应该是习惯，从幼小养成。没有临时抱佛脚而可以表现礼仪的。四川省的教育界有许多实验都涉及“礼貌教育”，正说明大家的认识一致。礼仪有外交、商务、社会、学校、世俗等的分别，所以，要知礼、行礼，学习是必然的先决条件。

这本书的作者拥有礼仪教育的实践和教学储备，又进行了应用性研究。我们翻阅浏览文稿，深感其目标准确、内容精当、图文并茂、叙述生动，如果行与知结合地学习，是能够达到习礼的预期的。伟大的人民教育家陶行知提倡中国现代化，他多次谈到，人的举止言行现代化的问题。这本书，就是学礼、习礼的书。相信它在这方面能够做出有益的贡献。

目　录

第一章 礼仪概述

课前导读

◆【知识学习目标】

通过本章的学习，了解礼仪的概念、要素与分类，掌握礼仪的原则和高等职业院校礼仪教育的途径。

◆【能力培养目标】

通过本章的学习，具备学习礼仪的动力。

◆【教学重点】

礼仪的概念、礼仪的原则、高职礼仪教育的途径。

◆【教学难点】

高等职业院校礼仪教育的途径。

社交在21世纪的人际交流中发挥的作用越来越重要了。社交离不开礼仪，礼仪是社会文明进步和社会和谐的标志。人们以礼沟通感情，以礼促进友谊，以礼仪赢得和睦与安宁，以礼仪塑造良好的个人形象；礼仪有利于事业的成功，促进社会和谐与进步因此，学习社交礼仪是人生的必修课。

第一节 礼仪的概念、要素与分类

一、礼仪的概念

礼的繁体字为“禮”。《辞海》中对礼的解释是：本谓敬神，引申为表示敬意的通称。礼的含义比较丰富，它既可指为表示敬意而隆重举行的仪式，也可泛指社会交往中的礼貌礼节，是人们在长期的生活实践中约定俗成的行为规范。

礼仪是一个复合词语，包括“礼”和“仪”两部分。“礼”指“事神致福”的形式（即敬神）；“仪”指“法度标准”。在礼学体系中，礼仪是有形的，它存在于社会的一切交往活动中，其基本形式受物质水平、历史传统、文化心态、民族习俗等众多因素影响，因此，语言、行为表情、服饰器物是构成礼仪最基本的三大要素。一般来说，任何重大典礼活动都需要同时具备这三种要素才能完成。

由上可知，礼仪指的是人们在社会交往中由于受历史传统、风俗习惯、宗教信仰、时代潮流等因素影响而形成的，既为人们所认同，又为人们所遵守，以建立和谐关系为目的的合乎礼的精神、要求的行为准则或规范的总和。

礼仪的上述概念主要表达了以下几层含义：

（1）礼仪是一种行为准则或规范。礼仪表现为一定的章法，即人们进入某一个领域，就要按那里的习俗和行为规范去行动，这才是合乎礼仪的要求。

（2）礼仪准则和规范是社会中一定人们约定俗成、共同认可的，而且是用语言、文字、动作等进行准确描述和规定的行为准则，并成为人们自觉学习和遵守的行为规范。

(3) 讲究礼仪的目的是为了实现社会交往各方的互相尊重，从而达到人与人之间关系的和谐。一个人只有在尊重他人的前提下，自己才会被他人尊重，也只有在这种互相尊重的过程中，人与人之间的和谐关系才会逐步建立起来。

◆【阅读资料】

论礼仪

礼仪之于社会犹如衣着之于个人。人若不穿衣服，就会一丝不挂，令人耻笑，必然导致道德败坏；社会要是没有礼仪，就会陷入可悲的境地，而社会成员之间所必需的交往就会被无谓的冲突和纠纷所干扰。假定社会是一列火车，礼仪就好比轨道，火车只能沿着它隆隆前进。假定社会是一辆贵宾车，礼仪就好比轮子与轴，马车只有靠它们才能滚滚向前。缺了礼节，最亲密的朋友会变成死敌，友好或结盟的国家会兵戎相见。我们可以从人类历史上找到许多这种例子。因此我劝你对于任何人都要讲究礼仪，并且尽力不做违背礼仪的事，以免冒犯他人或者树敌。

威廉·黑兹利特

二、礼仪的构成要素

礼仪的构成要素包括礼仪主体、礼仪客体、礼仪媒体和礼仪环境。

（一）礼仪主体

礼仪主体指各种礼仪行为和礼仪活动的操作者和实施者，包括个人和组织两种类型。

（二）礼仪客体

礼仪客体指各种礼仪行为和礼仪活动的指向和承受者。礼仪的主体和客体相互依存，在一定条件下可以相互转化。

（三）礼仪媒体

任何礼仪行为和礼仪活动必须依托一定的媒体。这种媒体就是礼仪媒体，包括人体礼仪媒体、物体礼仪媒体和事体媒体。

（四）礼仪环境

礼仪环境，指进行礼仪行为和礼仪活动的特定时间和空间条件。

三、礼仪的分类

礼仪大致可以分为七个类别。

（一）政府礼仪

政府礼仪指国家机关工作人员、国家公务员在执行国家公务、协调各方面关系应遵循的行为规范。

（二）商务礼仪

商务礼仪指商务人员在商务活动中应遵循的行为规范。

（三）服务礼仪

服务礼仪指服务行业的从业人员在为顾客服务过程中应遵循的行为规范。

（四）社交礼仪

社交礼仪指社会成员之间交往以及人们在公共场所中应遵循的行为规范。

（五）外事礼仪

外事礼仪指涉外交往中应遵循的礼节。

（六）习俗礼仪

习俗礼仪指与各民族传统风俗习惯有关的礼仪。

（七）宗教礼仪

宗教礼仪指各种宗教特有的规范准则。主要有佛教礼仪、道教礼仪、基督教礼仪、伊斯兰教礼仪等。

第二节　礼仪的功能、特点与原则

一、礼仪的功能

礼仪作为一种行为准则或规范，一经产生，便具有其自身所特有的功能。礼仪的功能主要表现为以下几个方面：

（一）沟通功能

人们在日常交往中会发生各种关系，主要有经济关系、政治关系和道德关系，这三者构成了人们的社会关系。在人际交往中，不论体现的是何种关系，只要双方都能自觉地遵守礼仪规范，就容易沟通双方之间的感情，有助于人们所从事的各种事业得到发展，进而建立和谐的社会关系。

（二）协调功能

从一定意义上说，礼仪是人际关系和谐发展的调节器。人们在交往时按礼仪规范去做，有助于加强人们之间互相尊重、友好合作的新型关系，可缓和或消除某些不必要的情感对立。

（三）维护功能

礼仪是整个社会文明发展程度的反映和标志，同时礼仪也反作用于社会，对社会和精神文明产生广泛、持久和深刻的影响，社会上讲礼仪的人越多，社会便会越和谐稳定。

（四）教育功能

礼仪通过评价、劝阻、示范等教育形式纠正人们不正确的行为习惯，倡导人们按礼仪规范的要求去协调人际关系，维护社会正常生活秩序。

二、礼仪的特点

在了解礼仪的功能之后，还要了解礼仪的特征，这对全面了解礼节本质和礼仪规范有重要意义。

（一）规范性

礼仪的规范性，不但约束着人们在一定交际场合的言谈话语、行为举止，使之合乎要求，而且也是人们在特殊交际场合必须采用的一种“通用语言”是衡量他人并判断自己是否自律、敬人的一种尺度。

◆【阅读资料】

有教养者的十大特征

现代社会中，有教养的人在事业、生活中表现出良好的个性，受到人们的欢迎。总的来说，他们具有以下十大特征：

（1）守时。无论是开会、赴约，有教养的人从不迟到，他们懂得，即使是无意迟到，对其他准时到场的人来说，也是不尊重的表现。

（2）谈吐有节。注意从不随便打断别人的谈话，总是先听完对方的发言，然后再去阐述自己的见解、反驳或者补充对方的看法和意见。

（3）态度和蔼。在同别人谈话的时候，总是望着别人的眼睛，保持注意力集中，而不是翻东西、看书报，心不在焉，显出一副无所谓的样子。

（4）语气中肯。避免高声喧哗，在待人接物上，心平气和，以理服人，往往能取得满意的效果。拉开嗓子说话，不仅无法达到预期的目的，而且会影响周围的人，甚至使人讨厌。

（5）注意交谈技巧。尊重他人的观点和看法，即使自己不能接受或表示同意，也不当着人的面指责对方是“瞎说”、“废话”、“胡说八道”等，而是陈述己见，分析事物，讲清道理。

（6）不自傲。在与人交往相处中，从不强调个人特殊的一面，也不有意表现自己的优越感。

(7) 信守诺言。即使遇到某种困难也不食言。自己说出来的话，要竭尽全力去完成，身体力行是最好的诺言。

(8) 关心他人。不论何时何地，对妇女、儿童及上了年纪的老人，总是表示出关心并给予最大的照顾和方便。

(9) 大度。与人相处时胸襟开阔，不会为一点小事情而和朋友、同事闹意见，甚至断绝来往。

(10) 富有同情心。在他人遇到某种不幸时，能给予同情和支持。

资料来源：孙宝水．公共关系基础练习册．北京：高等教育出版社，2006.

(二) 可操作性

礼仪具有很强的实用性和可操作性。从某种意义上说，它实际就是有关交际艺术的科学。礼仪不是纸上谈兵、空洞无物、故弄玄虚，而是既有总体上的礼仪原则规范，又在具体的细节上有一系列的方式、方法，仔细周详地对礼仪原则规范加以贯彻，并把它们落到实处，使之“言之有物”，“行之有礼”，不为空谈。

(三) 共同性

礼仪是一种社会规范，它早已跨越国家和民族的界限，成为调整社会成员在社会生活中相互关系的行为准则，是全人类所共同需要的上层建筑。所以礼仪被广泛地运用于各种场合，可以说礼仪无处不在。大至政治、经济、文化领域，小至个人衣食住行。不论城市乡村、各行各业，不论干部群众、集体个人，不论单位家庭、繁简事务，不分国家、民族、地域、性别、年龄，不分大小场合、人数多少，只要存在交往，人们就需要通过礼仪来表达彼此的情感和尊重，礼仪就会作为一种不可缺少的、不可逾越的行为规范被普遍地遵循。尽管不同的国家、不同的民族对于礼仪内容的理解不同、重视的程度不同、反映的形式不同，但对礼仪的需要却是共同的。

（四）传承性

任何一种文化现象都具有传承性。礼仪作为一种文化现象，当然也具有继承性。礼仪的形成要经过一个较长的演变过程，一种礼仪形成后，便会在人们头脑中形成共识，被人们认同。礼仪的形成会有一个相当的延伸期，并且被一代一代地继承下去。同时礼仪随时代的发展而发展，体现新的社会道德规范。

（五）差异性

礼仪的实质是人类历史发展的过程中逐步形成的一种文化。由于民族信仰、习俗、地理环境和交通条件等因素的影响，不同国家、不同地区和不同民族有着不同的发展历史，各个国家、地区和民族都有一些自己的，区别于其他地域的礼仪表达方式。因此，礼仪也因区域、民族的不同而表现出形式上的差异。有的庄重，有的幽默，有的高雅，这样的例子举不胜举。随着社会的进步，交往的普遍与频繁，良好、文雅的礼仪形式会不断地延续发展下去，而稀奇古怪、有伤大雅甚至带有侮辱性的礼仪形式终将被文明、高雅的新形式所取代。

三、礼仪的原则

礼仪的原则是对礼仪实践的高度概括。熟悉和掌握礼仪原则，有助于更好地学习和运用礼仪，规范交际言行，减少社交失误。

（一）遵守原则

礼仪规范是为维护和保持社会生活稳定而形成和延续的，反映了人们的共同利益要求。社会上的每个成员不论身份高低、职位大小、财富多少，都有自觉遵守、应用礼仪的义务，都要以礼仪去规范自己的一言一行、一举一动。如果违背了礼仪规范，会受到社会舆论的谴责，自然交际就难以成功。

（二）敬人原则

孔子说：“礼者，敬人也”。礼最重要的要求是尊重，尊重上级是一种天职，尊重同事是一种本分，尊重下级是一种美德，尊重客人是一种常识，尊重对手是一种风度，尊重所有人是一种教养，当然也包括自尊。

（三）宽容原则

宽容就是要求人们既要严于律己，又要宽于待人。要多容忍他人，多体谅他人，多理解他人。而不能求全责备，斤斤计较，过分苛求，咄咄逼人。唯有宽容才能排除交际中的各种障碍。

（四）适度原则

凡事过犹不及，人际交往要因人而异，要考虑时间、地点、环境等条件，要把握分寸，适度得体。如果施礼过度或不足都是失礼的表现。比如见面时握手时间过长，或是见谁都主动握手，不讲究主次、长幼、性别；告别时一次次地握手，或是连续地表示感谢，让人觉得厌烦。

（五）真诚原则

真诚是指交往时必须做到诚心待人，表里如一，不自欺，也不欺人。真诚是人与人相处的基本态度，真诚是一个人的行为与内在道德的有机统一。在交往中必须做到诚心待人，心口如一。待人真诚的人会很快得到别人的信任，实际生活工作中，只要以真诚为原则，并处处体现出来，使与你交往的每个人都能感到你所做的一切都是发自内心的、真诚的，就能赢得友情，广交朋友。

（六）守信原则

守信就是指在交往中要讲真话，并遵守诺言，实践诺言。信用是忠诚的外在表现，反映了一个人行为的规律性和稳定性。在人际交往中，一个讲信用的人能够做到前后一致、表里一致、言行一致，人们可以根据他的言论去判断他的行动、预测他的行为，以促进交往正常发展。因此，许多礼仪都体现了守信用这个基本精神，如遵守约定时间，遵守对别人的承诺，言必信、行必果，不失信于人。

第三节 礼仪教育

一、高等职业院校礼仪教育的必要性

孔子曰："不学礼，无以立。"作为立足社会的根本，礼仪教育对培养文明有礼、道德高尚的高素质人才有着十分重要的意义。礼仪教育实质是培养人的教养，是教人如何尊重人，如何与他人相处。人是社会的人，这就决定了高等职业教育的终极目标不是单纯的学习知识和智力开发，而是要使人适应社会的需要，推动社会的发展，并实现人的全面发展。人在社会中生活，必须要学会尊重他人，才能真正自立于社会，才能做到自尊自爱，才能营造和谐融洽的人文环境和文明社会。

但是由于国内外形势的变化、市场经济的冲击、家庭环境的影响、个人素质修养的差异及学校礼仪教育的不足等因素，在校内外仍有许多不知礼、不守礼、不文明的行为，还有许多与高职学生的礼仪修养、与精神文明建设极不和谐的现象。用人单位也普遍反映，高等职业毕业生社交能力较差，直接影响了工作效率与组织形象，也影响了高职毕业生的成长。同时现在的学生大多都是独生子女，从小就受到过多的呵护甚至溺爱。往往习惯以自我为中心，不懂得尊重、关心、体谅别人，缺乏必要的礼仪修养。或者不擅社交，性格内向、孤僻甚至偏执。现代教育家提出了"千教万教，先教做人"的教育理念。高职教育要培养人，首先就要注重培养有教养、知礼仪的人。如果高等职业礼仪教育长期缺席或滞后，带给未来社会的隐患绝不容小觑。因此在高等职业院校学生中开展礼仪教育，重塑中华民族文明礼仪的新形象，培养文明有礼的新一代，是时代的呼唤，是十分必要和非常重要的。

◆【阅读资料】

在2002年1月青岛市首届大中专毕业生就业洽谈会上，一些大学生旁若无人地吞烟吐雾，啃着烤地瓜和招聘者面谈，让招聘单位大为反感。对于这些不拘小节的学生，几家公司的招聘负责人都表示：抽烟、吃零食，看起来都是小事，却反映了一个人的基本素质。那些不拘小节的学生，走上工作岗位后，往往好高骛远，不脚踏实地，用起来不放心，所以干脆放弃。

二、高等职业礼仪教育的定位

（一）高等职业礼仪教育的角色定位

1. 高等职业礼仪教育体系的构成

高等职业礼仪教育体系贯穿整个高等职业教育阶段，形成从入学教育到专业教育再到就业指导的礼仪教育体系，以实现对学生礼仪意识的培养。

2. 礼仪课程的设置

礼仪课程的设置是多层次的。交际礼仪课程以礼仪知识的普及为主，专业礼仪则注重职业特征，不同类型的礼仪课程相互补充，以使学生具备比较全面的礼仪知识体系，无论是在日常生活中、还是在工作岗位上都能体现出较高的礼仪素养。

（二）高等职业礼仪教育的内容定位

1. 基本礼仪常识

高等职业教育的生源以高中毕业生为主，他们已具备了一定的礼仪素质，但没有经过系统的礼仪训练。在入学之初，通过入学教育和交际礼仪课程，使他们树立正确的个人仪表、形象和行为的审美取向，并让他们懂得大学的校园礼仪，鼓励新生增强自信、大胆交际、合理交际。然后，通过在学校三年的礼仪养成实践，具备社交能力。

2. 专业礼仪教育

这是高等职业礼仪教育的重点，是最具高等职业特征的礼仪教育内容。高等职业教育的专业设置具有很强的就业针对性，在专业课程的设计上也是以操作性和职业性为原则。同样，学生在掌握专业技能的同时也需要对特定岗位的礼仪规范了解和熟悉，并能够熟练地运用到工作中去。特别是对于服务性行业如酒店管理、文秘、旅游等，这些行业的工作都是与人打交道，所以职业礼仪修养的重要性更加突出。专业礼仪教育要特别强调操作性，因此，课堂教学需要与操作实习和实地实践相结合。

三、高等职业礼仪教育的途径

1. 礼仪常识教育与专业礼仪教育相结合

礼仪素养是个人在社会交往中必不可少的基本素质，而专业礼仪素养又是个人专业素质的重要考察标准。因此，将常识性礼仪教育与专业性礼仪教育相结合是高等职业礼仪教育的起点。其中礼仪常识教育是基础，专业礼仪教育是中心。高等职业教育学研究表明，高等职业教育课程的设置应该突出综合职业能力的课程观，课程内容以市场为导向，课程结构模式多元化。因此，礼仪教育也应根据不同专业性质和职业特征进行差别设置，这种差别不仅包括内容上的差别，还包括课时和教学计划安排的差异。如酒店管理、旅游、文秘等专业的礼仪课应包括公共礼仪课和专业必修课；市场营销、财会、国贸等专业的礼仪课应分为公共课和专业基础课程的范畴；而对于理工科专业，如计算机、机电、汽车维修等专业，礼仪课程应作为公共基础课和就业培训的内容组成部分。通过差异化的课程安排让学生学有所用、学有所长。

2. 知识讲授与实践训练相结合

目前很多礼仪教学与其他课程教学一样，广泛采用课堂知识讲授的教学方式。但是，礼仪教育具有极强的实践性，教学任务不仅包括让学生了解礼仪常识和礼仪规范，更重要的是要使学生掌握并能够比较准确地运用这些规则和规范。如最简单的站姿、坐姿、行走等都需要反复的示范、演练才能够让学生逐渐改掉生活中长期积累下来的不良习惯，也只有通过有计划的、系统的礼仪实训，才能实现礼仪教育的教学目标。因此，实践训练是礼仪教育不可或缺的关键环节。礼仪教育的实践训练包括多种方式，如项目教学、教学见习、教学演示、案例分析、情景模拟、角色扮演等形式进行。每课一实例、每课一实践不仅能达到巩固课堂知识讲授的效果，还能够通过学生的实际演练发现课堂教学的不足，及时进行查漏补缺，保证教学质量；同时，通过不断实训和反复练习，使学生逐渐形成礼仪习惯。由此可见，知识讲授与实践训练相结合的教学模式，是符合理论联系实际的教学原则的。一方面使学生学会运用知识的基本技能和方法，另一方面又通过联系实际使学生对知识的理解更深刻、更灵活。因此，将知识讲授与实践训练相结合是高职礼仪教育的核心。

3. 课堂教学与社团活动相结合

大多数高等职业院校的礼仪教育基本等同于课堂教学。但是，课堂教学主要完成的是礼仪知识讲授和一定的礼仪实践训练。而礼仪意识的教育和培养，在有限的课时中是远远难以完成的。这就导致了在高等职业礼仪教育中存在的一个普遍现象：学生在礼仪课程学习期间，进步明显，提高迅速；但随着课程的结束和时间的推移，学生没有了特定的环境和督促，言行又逐渐恢复到学习礼仪之前的样子。因此，将课堂教学与社团活动相结合，营造学礼、讲礼的校园氛围，对礼仪教育实施和效果保障具有重要意义。学生社团是高等职业院校学生活动的中坚力量，他们组织的社团活动既丰富了校园生活又成为校园文化的重要组成部分。由于学生社团的成员以学生为主，所以他们具有较为广泛的学生群众基础，也了解学生的兴趣和爱好。通过社团活动进一步加强礼仪教育，不但不会引起学生的反感还能进一步增强老师对校园礼仪现状的了解。与社团活动相结合，在教师的指导下充分发挥学生的自主性、自觉性、创造性和独立性，强调相互协作，也鼓励个性发展。这种实践使礼仪教育与学生走得更近，也使更多的学生和老师主动参与到礼仪学习的行列中来，由此在校园中形成良好的礼仪学习风气和学习氛围。因此，将课堂教学与社团活动相结合是高等职业礼仪教育的重要支撑。

4. 发挥网络优势，开展礼仪教育实践

网络环境下的礼仪教育有助于贴近学生、贴近社会，激发学生的学习兴趣。高等职业院校有针对性地建立健全校园网主页，鼓励德育工作者个人设立网页，制作生动直观的德育软件用于礼仪教学，采取“网上”聊天、辩论和咨询等方式，在网上进行思想道德和礼仪教育，让学生在学习过程中获得快乐体验，健全其人格。

总之，高等职业院校学生礼仪素养的提高，仅靠学校的力量是远远不够的，必须得到家庭和社会的大力配合。只有学校、家庭、社会三者互相配合、互相支持，形成学校、家庭、社会三位一体的普及礼仪教育网络，高等职业院校学生的礼仪教育才能取得更好的效果。

【本章小结】

礼仪指的是人们在社会交往中由于受历史传统、风俗习惯、宗教信仰、时代潮流等因素影响而形成的，既为人们所认同，又为人们所遵守，以建立和谐关系为目的的合乎礼的精神、要求的行为准则或规范的总和。礼仪的构成要素有：礼仪主体，礼仪客体，礼仪媒体和礼仪环境。

礼仪的分类有：政府礼仪，商务礼仪，服务礼仪，社交礼仪，外事礼仪，习俗礼仪和宗教礼仪。礼仪的功能有：沟通功能，协调功能，维护功能和教育功能。

礼仪的原则有：遵守原则，敬人原则，宽容原则，适度原则，真诚原则和守信原则。

高职礼仪教育的途径有：礼仪常识教育与专业礼仪教育相结合，知识讲授与实践训练相结合，课堂教学与社团活动相结合，发挥网络优势，开展礼仪教育实践 。

◈【案例分析】

现在大学生怎么啦?

在一次人才招聘会上，笔者与一位用人单位老总聊天谈起人才招聘的事，该老总抱怨说："不是我眼界高，确实在众多的应聘者里很少有让我一眼就觉得满意的。来应聘的大学生们好像没有礼貌的概念，一边说话，一边给女朋友发短信。有的还与女朋友紧紧相偎，把头发染成红色。还有的竟然口里含着口香糖和我说话。我看刚才那位，一坐下就跷起二郎腿前后摇摆，派头比我还大。"最后，他苦笑着说："现在的大学生怎么啦?"

资料来源：杜明汉．营销礼仪．北京：电子工业出版社，2007.

【思考题】

1. 这位企业的老总抱怨的这些对吗？他为什么抱怨？
2. 从礼仪角度分析，大学生的上述做法对吗？试分析说明。

【实训题】

实训目标：

通过本节实训，掌握礼仪的概念、礼仪的原则、高职礼仪教育的途径，充分认识礼仪教育的重要性。

实训内容：

组织学生分析本章案例，并对自己的交际行为进行分析。

实训要求：

围绕案例中的思考题，为自己不符合礼仪规范的交际行为查找原因。

【复习思考题】

一、单项选择题

1. 礼仪的构成要素有：礼仪主体，礼仪客体，礼仪媒体和(　　)。

A. 礼仪环境　B. 人体礼仪媒体　C. 物体礼仪媒体

二、多项选择题

1. 礼仪的原则有(　　)。

A. 遵守原则　B. 敬人原则　C. 宽容原则

D. 适度原则　E. 真诚原则　F. 守信原则

三、简答题

1. 礼仪的概念及含义的内容是什么？

2. 礼仪有哪些功能和原则？

3. 礼仪教育的的途径有哪些？

延伸阅读～～

1. 孙宝水．公共关系基础练习册．北京：高等教育出版社，2006.

2. 张岩松．现代交际礼仪．北京：中国社会科学出版社，2006.

第二章

个人形象塑造

课前导读

◆【知识学习目标】

通过本章的学习，掌握塑造仪容美、仪表美、仪态美、语言美的方法，提高个人素质，以良好的形象进入职场。

◆【能力培养目标】

通过本章的学习，具备对自身进行形象塑造的基本能力。

◆【教学重点】

仪表美、仪态美、语言美。

◆【教学难点】

着装礼仪、体态礼仪、谈话礼仪。

在人际交往中，一个人留给他人的第一印象，往往是由仪容、仪表、仪态、语言形成的。交往对象会特别关注一个人的个人形象，并通过个人形象对交往对象进行总体评价。每个人都要认识到个人形象对自己进行人际交往的重要作用。通过塑造仪容美、仪表美、仪态美、语言美，提高个人素质，以良好的形象提升社交魅力。

第一节 仪容美

仪容即容貌，由发型、面容以及人体所有未被服饰遮盖而暴露在他人面前的肌肤所构成，是个人仪表的基本内容。美丽的容貌，整洁得体的发型，适宜的妆容令人赏心悦目。虽然容貌在很大程度上取决于先天遗传的因素，但后天的修饰、美化作用不可忽视，俗话说的“三分长相，七分打扮”就是讲的后天修饰的重要作用。

一、仪容卫生礼仪

（一）仪容卫生的要求

讲究仪容卫生给人以端庄、稳重、大方的印象。既能体现自尊自爱，又能表示对他人的尊重与礼貌。

1. 头发要勤于梳洗，发型要朴素大方

男士可选择中分式、侧分式、短平式、后背式；女士可选择齐耳的直发式或留稍长微曲的长发。男士头发不应盖过耳部，不触及后衣领，也不要烫发。女士头发不应遮住脸部，前面刘海不要过低，在正式社交场合无论男士还是女士不可将头发染成黑色以外的颜色。

2. 面部要注意清洁与适当的修饰

男士要剃净胡须、刮齐鬓角、剪短鼻毛，不留小胡子和大鬓角。女士可适当化妆，但以浅妆、淡妆为宜，不可浓妆艳抹，并避免使用气味浓烈的化妆品。

3. 保持口气清新

及时清除残留在口腔里的食物残渣，以免产生口腔异味。做到与人交往时口腔没有任何异味。会面前忌吃大葱、大蒜、韭菜之类有异味的食物，必要时可含一点茶叶或嚼口香糖，以去除异味。

（二）脸部卫生

1. 面部的清洁

清洁面部可以去除新陈代谢产生出的老化物质、空气污染、卸妆等残留物，同时也可以清洁肌肤。清洁面部时应按照以下方法进行：

（1）使用洗面乳的方法。将适量洗面乳放在手上揉搓起泡沫，泡沫越细越不会刺激肌肤，让泡沫在肌肤上移动以吸取污垢，而不是用手去搓揉。

（2）从皮脂分泌较多的 T 字区开始清洗，额头中心部皮脂特别发达，要仔细清洗。手指不要过分用力，轻轻地由内朝外画圆圈滑动清洗。

（3）用指尖轻柔，仔细地清洗皮脂腺分泌旺盛的鼻翼及鼻梁两侧，这一部分洗不干净将导致脱妆及肌肤出现油光。

（4）鼻子下方容易长青春痘，须仔细洗净多余的皮脂，用无名指轻轻画轮廓，既不会刺激肌肤又可完全去除污垢。

（5）嘴巴四周也要清洗，脸部是否仔细洗净，重点在于有没有注意细小的部位，清洗时以按摩手法从内朝外轻柔描画圆弧状。

（6）下巴和 T 区一样，也容易长青春痘及粉刺。这还是洗脸时，往往容易忽略的部位。

（7）面积较大的脸颊部位需要特别仔细的关照。清洗面颊的诀窍是，不要用指尖接触皮肤而是用指肚，使指肚仅有的面积充分接触脸颊的皮肤，以起到按摩清洁的作用，洗脸的重要技巧是在于不要太用力，以免给肌肤带来不必要的负担。

（8）洗脸时要洗到脖子部位，下巴底部、耳下等也要仔细洗净。

（9）冲洗时用流水充分地去除泡沫，冲洗次数要适度，在较冷的季节，需使用温水，以免毛细孔紧闭而影响了清洗效果。

（10）洗脸后用毛巾擦拭脸上水分时，不可用力揉搓，以免伤害肌肤。正确使用毛巾的方法是将毛巾轻贴在脸颊上，让毛巾自然吸干水分。

2. 面部营养的补充

通过卸妆及洗脸去除污垢后，便是补充随污垢一起流失的水分、油脂和皮肤保湿物质，使肌肤恢复原来的状态，化妆水和乳液可以发挥它们的功效。

化妆水的任务是补充水分。它的首要职责是补充洗脸时失去的水分，用充足的水分紧缩肌肤，使它变得柔软，然后使用乳液才容易渗入。使用化妆水的方法是：

（1）将二片化妆棉重叠、倒入充足的化妆水，使水分刚好浸透整片棉花。

（2）两指各夹一片沾满化妆水的化妆棉，按在整个脸上、使肌肤感受到冰凉感。每半边脸用一片化妆棉。

（3）首先，由两中心朝外侧浸染，浸湿易流汗的 T 字区及鼻翼四周；其次，由下而上拍打整个脸部，直到肌肤觉得冰凉为止。

（4）容易因水分不足而干燥的眼部周围要集中浸染，唇都也要补充水分，眼睛四周及唇即使在白天也要用化妆水补充水分。

用化妆水补充洗脸所失去的水分后，再用乳液补足水分、油分，使肌肤完全恢复原来的状态。乳液有水分、油分、保湿的成分，这三种成分调配得十分均匀，是每日保养肌肤不可缺少的产品，它的主要目的是恢复肌肤的柔软性，并为接下来的化妆做好准备。

3. 乳液的使用方法

（1）先用手掌温热，使毛细孔较易张开，乳液也容易浸透且能加强滑润感。

（2）将手掌分别贴在脸上 5 处部位，由中央朝外、由下朝上的要领边画圆边涂抹均匀。

（3）轻柔地按摩眼睛四周的敏感部位，脸部都涂好后，用手掌裹住脸部，让乳液渗入并去除粘腻感。

一般保养程序是依序使用清洁霜、洗面乳、化妆水、乳液、面霜等。一般人认为面霜属油性，因此油性肌肤的人不应选用，其实这是不完全的认识。面霜的目的是在肌肤渗入含有水分的保湿剂后，制造油分保护膜，使它继续保持湿润。因此一般认为它是替皮脂分泌少的干性皮肤补充人工皮脂膜，但它对天然皮脂膜十分充裕的油性皮肤也是不无益处的。特别是脂多但水分相当缺乏的油性皮肤，面霜更是帮助皮肤保持水分的良好营养品。

（二）身体卫生

除头发及脸部的仪容之外，指甲、体味等也是影响个人形象的重要因素。

1. 指甲卫生

指甲应常常检查是否过长，并应保持清洁，尤其是指甲缝不可留有脏物。女士涂指甲油要注意场合，职场上不宜用太鲜艳的颜色，同时也不能留太长影响工作。手掌保持卫生、健康、美观，做到勤洗涤、常修剪，不要以脏手、病手与人握手、接触。

2. 脚趾卫生

一般而言，无论男士或女士，在正式场合穿的鞋子都应该包裹脚趾。在休闲场合可以穿各类鞋子，但在穿着露趾鞋时要注意脚趾的清洁与趾甲的修整。

3. 体味卫生

大多数东方人不会有严重的体味问题，西方人使用体香剂是普遍的。容易出汗的人最好在着装前使用有止汗效果的体香剂，尤其是腋下。

二、护发美发礼仪

（一）护发礼仪

想要保持清洁、健康的头发，就要勤养护。如何正确的清洗和护理是拥有一头漂亮、浓密秀发的关键。

1. 头发的清洗

洗的时候要注意水质和水温（40 度左右的温水），以及选用适合自己的洗发水。洗后的头发要自然晾干，不要经常使用电吹风来吹头发。那样很容易导致头发干枯、分叉。一旦头发干枯或分叉，就应该用一些护发产品来养护。

2. 头发的养护

正确梳理头发。梳头除了理顺头发之外，还可以促进血液循环和皮脂分泌，提高头皮和头发的生理机能。要一束一束地慢慢梳理，切不要性急乱扯乱拉。最好不要使用塑料质地的梳子。

（二）发型设计

发型设计遵循的首要原则是发型得体。即设计出的发型必须与个人的发质、脸型、身高、胖瘦、年龄、着装、佩饰、性格相协调，与自己的职业、身份、工作环境相适应。

1. 脸型与发型

脸型可以分为方脸型、倒三角脸型、三角脸型、椭圆形脸型和圆脸型。

（1）方脸型的特点是棱角突出、下巴稍宽，显得个性倔强，缺乏温柔感。因而，在选择发型时，宜掩盖太突出的棱角感，使脸部看上去长一些，增加柔和感。女性可以利用波浪形增加脸部的温柔感。还可利用卷曲的长发部分遮住下颌两侧，转化太宽的下颌线条。宜将前额和头顶的头发上扬，露出部分额头，但切忌全部露出。

（2）三角形脸型的特征是上窄下宽，所以在选择发型时应平衡上下宽度，可用波浪形发卷增加上部分的分量，也可用头发掩饰较为丰满的下部。不宜将额发向上梳，以免暴露额头太窄的缺陷。分缝可采用中分或侧分。耳旁以下的发式不应再加重分量，也不宜选择双颊两侧贴紧的发型。

倒三角脸与三角脸恰好相反，可以选择掩饰上部、增宽下部的发型。发型要造成大量的蓬松的发卷，并遮掩部分前额。具体选择时，最忌选往上梳的高头型，这样只会突出细小的下巴，使整个脸部更不平衡。面颊旁的头发要梳得蓬松，显得很多，以遮掩较宽的上部分。

可运用领部线条之美，使耳边的头发产生分量，并显出额角，令脸部变得丰满一些。不应选择直的短发和长发等自然款式，这样会使窄小的领部更加单调。刘海可留得美观大方而不全部垂下。

（3）椭圆形的脸是东方女性最理想的脸型，所以拥有这种脸型的人梳什么样的发型都不会难看。不过，如果选择中分、左右均衡的发型，更能体现娴静、端庄的美感。若留一袭黑色直发披在肩头，更有飘逸之感。

（4）圆脸型是最可爱的脸型，但缺点是脸型太圆太宽，而且下巴及发际都呈圆形，缺乏立体感。发型适宜往上面梳，但不要梳的太宽。以长线条的发型为主，强调纵向的效果，拉长脸型。

2. 发质与发型

一般说来，直硬的头发多为东方人所拥有。这种发质不太服帖，因而必须借助发卷或烫发使之卷曲，使头发略带波浪而显蓬松。在选择发型时，应避免复杂的花样。发量少而发质硬的，最适宜选择具有飘动感的大波浪形的发型，这样既能增加头发的丰满感，又能消除粗硬感；发量多而发质硬的，则应在做发型前削薄发际处的头发，然后用较大的发卷做发型。如果不加处理就做发型，会使头部因过多的卷曲而显得头重脚轻。

发质相当粗硬的人，则应顺着头发自然发流的走向，选择简单的发式。要避免做过于复杂的发型，而选择半长短向内或向外卷的发型。这样的头发，仅用吹风就可以做出较好效果的发型。脸庞较大的人，可选择使头发自然松垂在脸上、盖住部分脸颊和前额的发型。脸庞较小的人，可选择尽量露出五官的发型，把头发往上、往后梳理。

3. 发型与服装

（1）与西装相适应的发型。无论直发还是烫发都要梳理得端庄、艳丽、大方，不要过于蓬松，并且可以在头发上适当抹点油，使之有光泽。

（2）与礼服相适应的发型。着礼服时，可将头发挽在颈后结低发髻，显得庄重、高雅。

（3）与运动衫相适应的发型。可将头发自然披散，给人以活泼、潇洒的感觉。如将长发高束，或将长发编成长辫，可增加柔美的情调。

（4）与皮制服装相适应的发型。如穿皮装，可选披肩发、盘发、梳辫子等，使你倍添风采。

（5）与连衣裙相适应的发型。如果穿的是外露较多的连衣裙，那你可选择披发或束发；如果穿 V 字领连衣裙，可选盘发。

4. 发型与体型

（1）高瘦型。该种体型的人容易给人细长、单薄、头部小的感觉。要弥补这些不足，发型要求生动饱满，避免将头发梳得紧贴头皮，或将头发搞得过分蓬松，造成头重脚轻。一般来说，高瘦身材的人比较适宜于留长发、直发。应避免将头发削剪得太短薄，或高盘于头顶上。头发长至下巴与锁骨之间较理想，且要使头发显得厚实、有分量。

（2）矮小型。个子矮小的人给人一种小巧玲珑的感觉，在发型选择上要与此特点相适应。发型应以秀气、精致为主，避免粗犷、蓬松，否则会使头部与整个形体的比例失调，给人产生大头小身体的感觉。身材矮小者也不适宜留长发，因为长发会使头显得大，破坏人体比例的协调。烫发时应将花式、块面做得小巧、精致一些。若盘头也有身材增高的错觉。

（3）高大型。该体型给人一种力量美，但对女性来说，缺少苗条、纤细的美感。为适当减弱这种高大感，发式上应以大方、简洁为好。一般以直发为好，或者是大波浪卷发。头发不要太蓬松。总的原则是简洁、明快，线条流畅。

（4）短胖型。短胖者显得健康，要利用这一点造成一种有生气的健康美。譬如选择运动式发型。此外应考虑弥补缺陷。短胖者一般脖子显短，因此不要留披肩长发，尽可能让头发向高度发展，显露脖子以增加身体高度感。头发应避免过于蓬松或过宽。

◆【阅读资料】

身材高挑、仪表出众、气质迷人，是职场得意的有利武器。美国联邦政府研究员分析发现俊男靓女确实比长相平平的同事更容易得到升迁的机会，也更容易得到较高水平的薪水。一般情况下，长得丑，待遇低9%；长得漂亮，待遇则高5%。体态臃肿的女性收入往往比体重标准者低了17%；身高每高出2.5厘米，薪资水平高2.6%。虽然典型的美国男人身高为1.75米，但三分之一的首席执行官是1.85米。这项调查表明，“以貌取人”是职场中的普遍现象。

资料来源：徐克茹．商务礼仪标准培训．北京：中国纺织出版社，2006.

三、化妆礼仪

（一）化妆礼仪原则

1. 淡雅为主

从化妆自身的特点和规律来看，化妆者将所化之妆恰如其分地融入自己身体各部，若有若无，自然而然，好像天生如此，才是化妆的最高境界。按照通行的审美心理来说，如果没有从事特殊的职业，出席特殊的场合，浓妆艳抹是难于让人接受的。

2. 扬长避短

世界上没有人在仪表方面十全十美，任何人都有或多或少、或大或小的仪表缺陷。有很多人巧妙地通过化妆，凸出优势、修饰平庸、弥补缺陷，美化了自身形象。

(1) 认清自我。自身的年龄、身材、肤色、容颜等基本条件，是化妆的重要参考依据，当然应当心中有数。

(2) 区别对待。化妆要根据自身各部位的特点，运用不同的化妆技巧进行美化。切忌千篇一律，或者盲目仿效时髦的化妆方法。例如：圆脸型的人适合留直线型长发或高耸型盘发，长脸型的人适合留蓬松卷发或留有齐眉刘海的童花式发型。把上述两种脸型所适合的发型对调，就会圆脸更圆，长脸更长。

(3) 补缺陷。化妆提倡扬长避短。在扬长和避短中，重点是避短。因为长即便不扬，也还过得去；而短不补，却真是看不过眼；如果只扬长不避短，缺点就更显突出了。

3. 协调整体

(1) 协调部位。使各个部位所化之妆统一起来，形成格调、色调协调的整体，才能取得完美效果。否则，局部的妆化得再精彩，整个人也出不了“彩”。

(2) 协调服饰。不同色调的服装往往需要不同色调的化妆品，不同款式搭配的服饰往往需要不同的化妆手法。服饰与化妆协调一致，才会取得整体美。例如：身着素雅的连衣裙，就应选择清淡的妆相。

(3) 协调环境。化妆需要“应景”，要与不同的环境、场合、社交气氛相协调、相适应。众所周知，参加舞会和参加追悼会所用之妆就截然不同。

4. 遵守常规

(1) 修饰避人。化妆属于个人隐私，原则上只能在家中进行。特殊情况下，需要在其他场合临时补妆，也应选择隐蔽之处。在许多国家，单身女子在饭店、舞厅、街头等公众场合当众化妆、补妆，往往会被视作风尘女子。

（2）运用技巧。不同的化妆品有不同的使用方法和技巧，化妆之中，要合理运用，否则，不仅造成浪费，还会弄巧成拙。

（二）化妆技巧

脸部化妆一方面要突出面部五官最美的部分，使其更加美丽，另一方面要掩盖或矫正缺陷或不足的部分。经过化妆品修饰的美有两种：一种是趋于自然的美，一种是艳丽的美。前者是通过恰当的淡妆来实现的，它给人以大方、悦目、清新的感觉，最适合在家或平时上班时使用。后者是通过浓妆来实现的，它给人以惊艳或庄重高贵的印象。可出现在晚宴、演出等特殊的社交场合。无论是淡妆还是浓妆，都要利用各种技巧，恰当使用化妆品，通过一定的艺术处理，才能达到美化形象的目的。

1. 脸型与化妆

（1）椭圆脸的化妆技巧。椭圆脸可谓公认的理想脸型，化妆时宜注意保持其自然形状，突出其可爱之处，不必通过化妆去改变脸型。胭脂，应涂在颊部颧骨的最高处，再向上向外揉化开去。唇膏，除嘴唇唇形有缺陷外，尽量按自然唇形涂抹。眉毛，可顺着眼睛的轮廓修成弧形，眉头应与内眼角齐，眉尾可稍长于外眼角。

正因为椭圆形脸是勿需太多掩饰的，所以化妆时一定要找出脸部最动人、最美丽的部位，而后突出之，以免给人平平淡淡、毫无特点的印象。

（2）长脸型的化妆技巧。长脸型的人，在化妆时力求达到的效果应是：增加面部的宽度。胭脂，应注意离鼻子稍远些，在视觉上拉宽面部。抹时，可沿颧骨的最高处与太阳穴下方所构成的曲线部位，向外、向上抹开去。粉底，若双颊下陷或者额部窄小，应在双颊和额部涂以浅色调的粉底，造成光影，使之变得丰满一些。眉毛，修正时应令其成弧形，切不可有棱有角。眉毛的位置不宜太高，眉毛尾部切忌高翘。

（3）圆脸型的化妆技巧。圆脸型给人可爱、玲珑之感，若要修正为椭圆形并不十分困难。胭脂，可从颧骨起始涂至下颌部，注意不能简单地在颧骨突出部位涂成圆形。唇膏，可在上嘴唇涂成浅浅的弓形，不能涂成圆形的小嘴状，以免有圆上加圆之感。粉底，可用来在两颊造阴影，使圆脸消瘦一点。选用暗色调粉底，沿额头靠近发际处起向下窄窄地涂抹，至颧骨部下可加宽涂抹的面积，使脸部亮度自颧骨以下逐步集中于鼻子、嘴唇、下巴附近部位。眉毛，可修成自然的弧形，可做少许弯曲，不可太平直或有棱角，也不可过于弯曲。

（4）方脸型的化妆技巧。方脸型的人以双颊骨突出为特点，因而在化妆时，要设法加以掩蔽，增加柔和感。胭脂，宜涂抹得与眼部平行，切忌涂在颧骨最突出处。可抹在颧骨稍下处并往外揉开。粉底，可用暗色调在颧骨最宽处造成阴影，令其方正感减弱。下颚部宜用大面积的暗色调粉底造阴影，以改变面部轮廓。唇膏，可涂丰满一些，强调柔和感。眉毛，应修得稍宽一些，眉形可稍带弯曲，不宜有角。

2. 季节与化妆

（1）夏季的化妆技巧。夏季的化妆品宜用耐汗和不怕水的，以褐色色调为主调。粉底宜选用较肤色低一至两度的色调，可用海绵搽涂。比较容易出汗的皮肤及油性皮肤还可扑上暗色彩的香粉。

双颊宜用乳霜状或粉状的褐色胭脂搽涂。用褐色系唇笔描出唇形，宜用褐色或橘黄色、红色的唇膏。可用蓝、绿、紫色眼影与夏季服装的华美色彩配合。上眼睑中央，下眼睑可用褐色眼影，眼角宜用绿色。眼线的颜色宜与眼影相同。眉毛宜保持自然形状。

（2）冬季的化妆技巧。冬季万物凋零，人们酌衣打扮也以暗色调为主，因而冬季的化妆不宜过于艳丽，应与衣着的颜色、风格相一致。

宜选用暗色调的粉底，薄薄施上一层。宜选用有防止水分、油脂丢失作用的护肤品润肤。双颊可用玫瑰红、明亮的桃红色或琥珀色、肉色的胭脂涂抹。前者可产生温暖感，后者则有严峻之感。嘴唇可选用既有防干裂作用，又有美化作用的稍暗色调的唇膏。眼线用黑色较好。眉毛宜保持自然形状。

3. 舞会的化妆技巧

舞会化妆不同于日间或宴会妆，因为舞场上灯光幽暗、多彩，气氛热烈，淡妆效果不佳，所以化的妆可以浓艳一些。

粉底色调宜与自然肤色相仿，太深、太浅均不适宜。若穿露肩背式礼服，颈部、肩部及手臂上也应涂上粉底，应选用鲜红色的胭脂。凡带有暗色成分的胭脂在灯光下看起来都会显得脸颊深陷。应用深桃红色和玫瑰红的唇膏，以增加明艳之感。还可以涂亮光唇油，以增加光泽。眉毛从眉头至眉尾应由淡渐浓。睫毛膏可比平时多刷几层，加用假睫毛会更好。

4. 香水的妙用

香水要喷洒或涂抹在适当的地方。一般洒在耳朵后面或是手腕的脉搏上。另外手臂内侧和膝盖内侧也是合适的部位。除了直接涂于皮肤，也还可以喷在衣服上，一般多喷在内衣和外衣内侧，裙下摆以及衣领后面。而面部、腋下的汗腺、易被太阳晒到的暴露部位、易过敏的皮肤部位以及有伤口甚至发炎的部位，都不适合涂香水。应选择喜欢并适合自己的香水。通常清淡如花的气味，如茉莉花香味比较适合大多数人。欧洲人和中东人用的香水会比较浓。香水是无形的装饰品，没有比香水能更快、更有效地改变一个人的形象的了。

在工作时，应用清新淡雅的香水，这样才不会给人以唐突的感觉。在运动旅游场合，就应用各品牌中标有“运动”字样的运动香水，而在私下亲密的时刻，当然可以用浓烈诱人的古典幽香了。在白天和冬季，由于湿度低，香水应相应增加浓度。

5. 注意事项

（1）在正式场合，以残妆示人，既有损自己形象，也显得对人不礼貌。因此及时察觉，适时补妆不可忽视。但补妆时，应回避他人，宜选择无人在场的角落或洗手间进行，切勿旁若无人地当众操作。由于补妆只是局部性修补，应该以补为主，只需在妆容残缺的地方稍作弥补即可，不必抹去旧妆重新化妆。

（2）化妆的浓、淡要视时间、场合而定。如果晚间还要应酬，那么临去前应洗去残妆，重新化一个清新的晚妆。男士不要过分化妆。

（3）不要在公共场所化妆，不要在男士面前化妆，不要非议他人的化妆，不要借用他人的化妆品。

第二节　仪表美

仪表指一个人的外表。这里所谓的仪表，主要指着装方面。就个人形象而言，着装占据着重要的地位，应当认真对待。当人们无法通过实际使用效用去判断商品的品质时，往往会通过商品的包装来判断其内在品质。同样，一个人的衣着具有品味会清楚地表明自己的身份、地位及能力，赢得对方的信任和重视。

一、着装基本原则

着装，指服装的穿着。除了服装的材质、式样之外，还包括帽子、领带、围巾、手套、皮包、皮鞋和首饰等。从礼仪的角度看，着装不能简单地等同于穿衣。它是着装人基于自身的阅历修养、审美情趣、身材特点，根据不同的时间、场合、目的，力所能及地对所穿的服装进行精心的选择、搭配和组合。在各种正式场合，注重个人着装的人能体现仪表美，增加交际魅力，给人留下良好的印象，使人愿意与其深入交往。同时，注意着装也是每个事业成功者的基本素养。着装体现仪表美，除了整齐、整洁、完好，还应同时兼顾以下原则。

（一）文明大方

要求着装要符合本国的道德传统和常规做法。在正式场合，忌穿过露、过透、过短和过紧的服装。身体部位的过分暴露，不但有失自己身份，而且也失敬于人，使他人感到多有不便。

（二）搭配得体

要求着装的各个部分相互呼应，精心搭配，特别是要恪守服装本身及与鞋帽之间约定俗成的搭配，在整体上尽可能做到完美、和谐，展现着装的整体之美。

（三）个性特征

个性特征原则要求着装适应自身形体、年龄、职业的特点，扬长避短，并在此基础上创造和保持自己独有的风格，即在不违反礼仪规范的前提下，在某些方面可体现与众不同的个性，切勿盲目追逐时髦。

二、着装礼仪

（一）TPO 原则

1. T—Time

指时间，泛指早晚、季节、时代等。着装要与时间、季节相吻合，符合时代。

2. P—Place

代表地方、场所、位置、职位。着装要与所处场合环境适合，与不同国家、区域、民族的不同习俗相吻合，与着装人的身份相符合。

3. 0—Object

代表目的、目标、对象。要根据不同的交往目的、交往对象选择服饰，给人留下良好的印象。

TPO 原则是目前国际服装界公认的着装审美原则。

（二）服装礼仪

1. 服装的种类

按用途对服装进行分类，服装可分为礼服、职业装、休闲装三大类。

（1）礼服：正式的社交场合穿着。

晚礼服：男士晚礼服为传统燕尾服，许多国人喜欢称其为大晚礼服。后襟下垂像燕子尾巴。女士晚礼服为上紧身下长裙拖地，体现高雅端庄。晚礼服是晚上 20：00 以后穿用的正式礼服，是礼服中最高档次、最具特色、充分展示个性的礼服样式，又称夜礼服、晚宴服、舞会服。女士晚礼服常与披肩、外套、斗篷之类的衣服相配，与华美的装饰手套等共同构成整体装束效果。

小礼服，也称为准礼服。傍晚时分穿用的礼服，介于午服与晚礼服之间。比起豪华气派的晚礼服这种服装更注重场合、气氛，相对的简化一些。小礼服的裙长一般在膝盖上下，随流行而定，既可以是一件式连衣裙也可是两件式、三件式服装。

中国传统礼服。在需要穿着礼服的场合，男士还可穿着黑色的中山套装或西装套装，女士则穿着单色的旗袍或下摆长于膝部的连衣裙。其中，尤其以黑色中山装套装与单色旗袍最具有中国特色，并且应用最为广泛。

旗袍，是中华女性最具代表性的传统服装。它是一种内与外和谐统一的典型民族服装，被誉为中华服饰文化的代表。旗袍由满族妇女的长袍演变而来。由于满族称为“旗人”，故将其称之为“旗袍”。立领、右大襟、下摆开衩等特点，非常适合东方人的体形特征。旗袍紧扣的高领，给人以雅致而庄重的感觉，微紧的腰身体现出腰臀的曲线，特别是两边的开衩，行走时下角微轻飘动，具有轻快活泼之感。

旗袍在袖型上有无袖、短袖、中袖和长袖之分；领型上有传统领和无领之变；经改良的旗袍裙也深受女士们的喜爱。

（2）职业装。在公务或商务场合穿着。职业装要求庄重整洁。男士可选择西装或质地优良的夹克衫，女士可选择裙式或裤式套装，显得大方得体。

（3）休闲装。休闲时的衣着，可以较为自由，一般表现为舒适，穿得合适、得体。出外旅游、参加体育运动时穿着，搭配舒适的休闲鞋或运动鞋。

◈【阅读资料】

中山装，《中华文化习俗辞典》记载说："孙中山参照中国原有的衣裤特点，吸收南洋华侨的'企领文装'和'西装样式'，本着'适于卫生，便于动作，易于经济，壮于观瞻'的原则，亲自主持设计，由黄隆生裁制出的一种服装式样"。

中山装造型特征：立翻领，对襟，前襟五粒扣，四个贴袋，袖口三粒扣。后片不破缝。

这些形制根据《易经》周代礼仪等内容寓以意义。

其一，前身四个口袋表示国之四维（礼、义、廉、耻）。

其二，门禁五粒纽扣区别于西方的三权分立的五权分立（行政、立法、司法、考试、监察）。

其三，袖口三粒纽扣表示三民主义（民族、民权、民生）。

其四，后背不破缝，表示国家和平统一之大义。

2. 男士西装的穿着礼仪

（1）规格。在穿西装之前，务必要将位于上衣左袖袖口之上的商标、纯羊毛标志等等，穿前先行拆除，它们并非与西装的档次、身价有关。西服有二件套、三件套之分，日常西装包括西装、背心和西裤三个部件，俗称“三件套”。用相同的面料制作，形成组合套装、配套穿着时显得严肃庄重。正式场合应穿同质、同色的深色毛料套装。二件套西服在正式场合不能脱下外衣。按习俗，西服里面不能加毛背心或毛衣，否则显得十分臃肿，破坏西服的线条美。万一非穿不可时，则只允许穿一件单色薄型的“V”领羊毛衫。不要在西装里面穿开领的、花哨的羊毛衫，特别是不要一下子同时穿上多件羊毛衫。

（2）衬衫的搭配。衬衫是男士的必备服装，一般用作衬托外衣。由于穿着场合与功用的不同，男衬衫的款式变化较多，在材料、花纹、色彩的选用上也很丰富，如礼服衬衫、休闲衬衫、运动衬衫、刺绣衬衫等。

男衬衫在造型方面要讲究与外衣的和谐统一。较多地侧重于领子、袖子等外露部位；在结构方面，形式较简单，多采用平面结构，符合穿着舒适的要求。穿用时，外衣的造型风格也不能忽略。

衬衫多为单色，领子要挺括，不能有污垢、油渍。衬衫下摆要放在裤腰里，系好领扣和袖扣。衬衫衣袖要稍长于西装衣袖0.5—1厘米，领子要高出西装领子1—1.5厘米，以显示衣着的层次。

（3）领带的搭配，戴好领带夹。西装驳领间的“V”字区最为显眼，领带应处在这个部位的中心，领带的领结要饱满，与衬衫的领口吻合要紧凑，领带的长度以系好后下端正好触及腰上皮带扣上端处为最标准。领带夹一般夹在衬衫第三粒与第四粒扣子间为宜。西装系好纽扣后，不能使领带夹外露。

领带的图案，俗称“花型”，主要可分为：单色领带、圆点领带、斜纹领带、织纹领带等几种风格。

单色领带，也叫纯色领带，没有花纹，是最普通的领带。纯色领带可以和任何花色款式的衬衫及西服相配；既可以与格子或条纹类的衬衫、西服相配，也可以和大花类的衬衫组合，它是最稳妥的领带类型。

圆点领带中的圆点呈重复排列构成图案，是较为传统的花型。圆点越小，给人的感觉越雅致，它适合于商务场合，稍大的圆点比较活泼，适于休闲的场所。

斜纹领带中的斜纹占领带图案中的比例最大，富有动感。斜纹领带源自英国军团制服及俱乐部所使用的花纹。英国式条纹从左到右下，美国式条纹则从右至左下。它可以和单色衬衫或单色竖纹格状衬衫搭配。

资料来源：作者整理。

◆【阅读资料】

常用的领带结法——法式结（浪漫结）和英式结（温莎结）

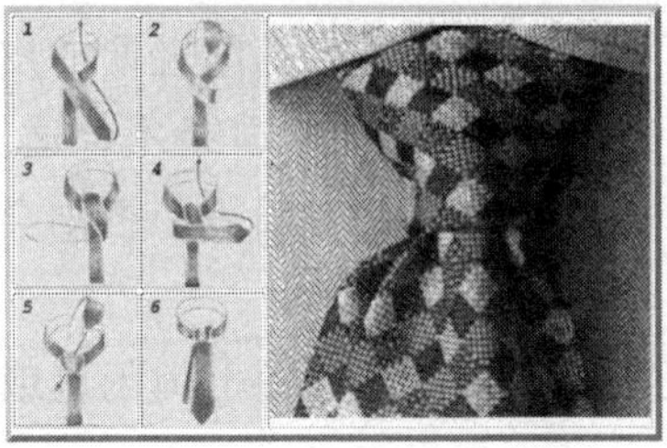

图2-1

1. 将领带围于颈上，领带宽的一边留得比窄的一边长，让宽的一边绕过窄的一边，并从窄的面穿过。

2. 将宽的一边再绕过窄的一边，并环绕到领口的环形部，从下面穿过。

3. 宽边再穿过其环绕的环形孔拉紧、拉直。

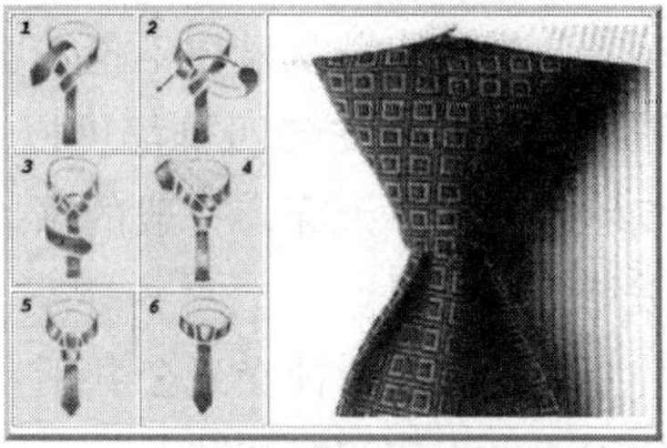

图2-2

1. 将领带围于颈上，领带宽的一边留得要比窄的一边长，让宽的一边绕过窄的一边，并从领口环形部下面穿过绕回。

2. 接着从后绕到前面并从领口环形部下面穿过。

3. 穿过后，宽的一边穿过其环绕的环形孔并拉紧、拉直。

（4）西装衣袋的使用。西服上衣两侧的口袋只作装饰用，不可装物品，否则会使西服上衣变形。西服上衣左胸部的衣袋只可放装饰手帕。有些物品，如票夹、名片盒可放在上衣内侧衣袋里，裤袋亦不可装物品，以求臀位合适、裤形美观。

（5）纽扣的扣法。在一般情况下，坐着的时候，可将西装上衣衣扣解开；站起来之后，尤其是需要面对他人之时，则应当将西装上衣的衣扣系上。西装上衣的衣扣有一定的系法：双排扣西装上衣的衣扣，应当全部系上。单排两粒扣西装上衣的衣扣，应当只系上边的那粒衣扣。单排三粒扣西装上衣的衣扣，则应当系上的两粒衣扣，或都单系中间的那粒衣扣。穿西装背心时，最下边的那粒衣扣，一般可以不系。

（6）皮鞋的搭配。穿西服一般都要穿皮鞋，夏天也不例外。皮鞋的款式提倡传统的有带皮鞋。深色的西服搭配黑、棕色皮鞋，夏天穿浅色西服可以穿白色皮鞋。牛仔服可以搭配皮鞋，但如果运动装搭配皮鞋就显得不伦不类了。休闲装只适合搭配轻便的皮鞋。有光泽的皮鞋四季都可以穿，翻毛皮鞋只有冬季穿才合适。皮靴一般在冬天穿，一般的服装可以把裤脚塞到靴筒里，否则会破坏整体效果。

穿拖鞋参加社交或公共活动是极不礼貌的，即使上街闲逛或休闲，也不应该穿拖鞋。

除了进入专门场所等需要脱鞋外，不要当人面把脚从鞋里伸出来。社交场合不应该出现扎鞋带这样的举动。

（7）袜子的搭配。男士对袜子的要求比较简单，颜色上一般倾向于深色的，如蓝、黑、灰、棕等。穿西装时，袜口不要露出来。

（8）皮包的搭配。男士的包比较单一，一般都是公文包。公文包的面料应该是牛皮、羊皮制品，而且以黑色、棕色为最正统。如果从色彩搭配的角度来说，公文包的色彩和皮鞋的色彩一致，看上去就显得完美而和谐。除商标外，公文包在外表上不要带有任何图案、文字，包括真皮标志，否则是有失身份的。手提式的长方形公文包是最标准的。

3. 女士着装礼仪

比起男士服饰，女士在服装上的选择就显得丰富的多。

（1）套装。职场中女士基本上应着套装或样式简单、质地上乘的内装加外套。颜色应多选择黑、蓝、灰和咖啡色。因为这些中性色可以突出职业女性的专业形象，赢得别人的尊重和信任。无论是什么季节，套裙比裤装更为得体。穿着套裙，特别是西装套裙时，裙长最好不要短于膝盖以上 3 厘米，不长于膝盖以下 5 厘米。

（2）衬衫。衬衫在职场上的影响较为拘谨和严肃。所以女士套装要适当配以首饰，增加整体造型感。

（3）鞋子。在注重专业形象的行业里，深色和高度适中的船鞋最为适合。可以突出职业女性的可靠度和专业性。位居高位的女主管应选择质地较好的皮革展示自己的地位。注意不可穿休闲鞋搭配套装。

（4）袜子。女士袜子的款式和颜色要复杂得多。女袜分为长袜、短袜。短袜一般只适用于长裤，穿西装套裙时必须穿长袜。对于裙装来说，穿长袜可以突出女性的腿部美。穿暗色的长袜，会使腿脚显得细瘦，有修正体型的效果。明色的袜子是夏天的色彩，近于肉色的长袜更能突出肌肤美。在裙摆较短的情况下，最好不要用花色较多的。有刺绣或袜跟绣的长袜，都不适合在白天穿。

穿长袜一定要注意：袜口无论如何都不该露在裙摆外。过膝长裙配过膝中长袜就行，中等长度的裙子，最好穿到腿跟的长袜；如果穿超短裙，就穿齐腿跟的长袜，或是连裤袜。另外，破了的长袜不要再穿。女士的包里应该多备一双长袜，以备不时之需。

（5）皮包。一般女士会用不同的包来搭配衣服或心情。选择时一个是大而结实一点的包，上下班和工作时间用，必须实用，甚至可以放文件；第二个包是中等大小的；第三个是一个小巧的手包，里面只放少量的化妆品、钥匙、钱等东西，可以在穿上晚礼服，出席正式场合用。选择时要考虑到颜色，要与平时穿着的大部分衣服的色彩相配。

（三）饰品佩戴礼仪

在社交活动中，人们除了要注意服装的选择外，还要根据不同场合的要求佩戴饰品。佩戴首饰的作用不是为了显示珠光宝气，而是要对整体服装起到提示、浓缩或扩展的作用，以增强一个人外在的节奏感和层次感。

最常见的首饰有戒指、项链、耳环、耳钉、手链、手镯、胸针、发饰、领针、脚链等。自己选戴首饰时，要对不同的品种，进行不同的对待。

1. 首饰的佩戴规则

（1）数量以少为好。如果想同时佩戴多种首饰，最好不要超过三种。如果没有特殊要求，一般可以是单一品种的戒指，或者把戒指和项链、戒指和胸针、戒指和耳钉两两组合在一起使用。如果既佩戴了戒指、项链，又佩戴了胸针、耳钉，甚至再加上一对手镯和一副脚链，它们彼此之间就不协调，给人以繁琐、凌乱和俗气的感觉。

（2）同色最好。如果同时佩戴两件或两件以上的首饰，要求色彩一致。

（3）质地相同。比如戴镶嵌首饰时，要让镶嵌物质地一致，托架也要力求一致。这样能让它们在总体上显得协调。还要注意，高档饰物，特别是珠宝首饰，适用在隆重的社交场合，如果在工作、休闲时佩戴，就显得过于张扬了。

（4）符合身份。选戴首饰时，不仅要照顾个人爱好，更应当服从自己的身份，要和自己的性别、年龄、职业、工作环境保持基本一致，而不要相差太多。

（5）为体型扬长避短。选择首饰时，应充分正视自身的形体特点，努力使首饰的佩戴为自己扬长避短。避短是其中的重点，扬长就要适时而定。

（6）和季节相吻合。季节不同，戴的首饰也要不同。金色、深色首饰适合冷季佩戴，银色、艳色首饰适合暖季佩戴。春夏季可戴轻巧精致些的，以配合衣裙和缤纷的季节，秋冬季可戴庄重和典雅的，可以衬出毛绒衣物的温暖与精致。切不可一件首饰戴过春夏秋冬。

（7）和服饰协调。佩戴首饰，是服装整体中的一个环节。要兼顾服装的质地、色彩、款式，并努力让它在搭配、风格上相互般配。穿职业装时最适合佩戴珍珠或做工精良的黄金白金首饰，穿晚装时可以戴宝石或钻石首饰，穿休闲装时比较适合戴个性化或民族风格的首饰。

（8）遵守习俗。不同的地区、不同的民族，佩戴首饰的习惯做法也有所不同，要了解并且尊重。

2. 佩带戒指的礼仪

（1）在戴戒指前要了解一些戒指语言。拇指通常不戴戒指，其余四指戴戒指的寓意是：食指表示求爱或求婚；中指表示正在热恋中；无名指表示已婚；小拇指表示是单身或独身主义者。

（2）一个手指头不要戴多枚戒指，一只手不要戴两只以上的戒指。想在两只手指上戴戒指，最好选择相邻的两只手指，否则就像在中间隔着一座山似的。

（3）戴薄纱手套时戴戒指，应戴在手套里面，只有新娘可以戴在手套外面。戒指的粗细，应该和手指的粗细成正比。从造型上讲，老年人戴的戒指应古朴庄重，年轻人可以佩戴小巧玲珑、比较艺术化的戒指。而从事医疗、餐饮、食品销售的服务部门的工作人员就不适合佩戴戒指。

（4）在和别人谈话的时候，不要抚弄自己的戒指。否则，别人会认为你不是心不在焉，就是有意展示自己的戒指。

3. 项链的选择和佩戴礼仪

（1）脖子细长的女士佩戴仿丝链，更显玲珑娇美；马鞭链粗实成熟，适合年龄较大的妇女选用。佩戴项链也应和服装相呼应。例如：身着柔软、飘逸的丝绸衣衫裙时，宜佩戴精致、细巧的项链，显得妩媚动人；穿单色或素色服装时，宜佩戴色泽鲜明的项链。这样，在首饰的点缀下，服装色彩可显得丰富、活跃。

（2）项链的粗细，应该和脖子的粗细成正比。一般短项链大概的长度是 40 厘米，适合搭配低领上装，中长的项链大概是 50 厘米，可以广泛使用。60 厘米的项链适合女士在社交场合使用。

（3）有的项链下端往往带有某种形状的挂件，也就是链坠。男女都可以使用，但男士所戴的项链一般不要外露。不要戴多条项链，比较长的可折成数圈佩戴。

（4）项链的流行“靓”点是珠链。一长一短错落胸前，是搭配正装的首选；而两条彩色短珠链扭花配同色系的服装或手袋，更显出和谐的美。

（5）短项链适合颈部细长的女士，最好是配 V 字领上衣。中长度项链尽量不要挂在领口边上，这样会显得老土，它适合搭配领口较宽大的衣服。长项链适合佩戴在衣服外，并搭配款式较为简单的长套裙、长裤、长裙。

4. 耳饰、手链的佩戴礼仪

（1）耳饰有耳环、耳链、耳钉、耳坠等款式，并且讲究成对使用，也就是说每只耳朵上佩戴一只。工作场合，不要一只耳朵上戴多只耳环。另外佩戴耳环，应兼顾脸型，不要选择和脸型相似形状的耳环，使脸型的短处被强调夸大，例如：圆形脸不宜佩戴圆形耳环，因为耳环的小圆形与脸的大圆形组合在一起，会加强“圆”的信号；方形脸也不宜佩带圆形和方形耳环，因为圆形和方形并置，在对比之下，方形更方，圆形更圆。耳饰中的耳钉小巧而含蓄，所以，从事服务人员工作的女性可以佩戴。

（2）男女都可以佩戴手链，但一只手上只能戴一条，而且应戴在左手上。它可以和手镯同时佩戴。在一些国家，佩戴手链、手镯的数量、位置，可以表示婚姻状况。手链不要和手表同时戴在一只手上。

5. 手表的佩戴礼仪

在社交场合，佩戴手表，通常意味着时间观念强、作风严谨。在正规的社交场合，手表往往被看作首饰。它也是一个人地位、身份、财富状况的体现。尤其男士的手表，往往引人注目。

（1）在正式场合佩戴的手表，在造型上要庄重、保守，避免怪异、新潮，尤其是尊者、年长者更要注意。一般正圆形、正方形、长方形、椭圆形和菱形手表适合在正式场合佩戴。单色或双色手表，清晰、高雅，黑色的手表最理想。除数字、商标、厂名、品牌外，手表没必要再出现其他无意义的图案。像怀式表、广告表、卡通表等不宜出现在工作人员的手腕上。

（2）在交际场合，特别是和别人交谈时，不要有意无意地看表。否则对方会认为你对交谈心不在焉、不耐烦，想尽快结束谈话。

第三节　仪态美

能够表达人的思想感情的人体动作，诸如表情、手势、姿态等等，叫做体态语言，也叫无声语言、人体语言或态势语言。一般人在塑造个人形象时注重仪容美、仪表美，而忽视仪态美。一个人即使有出众的姿色，时尚的衣着，如果没有相应的仪态美，就破坏了自己的形象。

一、体姿仪态

（一）站姿仪态

优雅的站姿是培养优雅气质的第一步，一定要站出素质，站出魅力。如图 2－3：

图 2－3 正确站姿

（1）头正。两眼平视前方，嘴微闭，脖颈挺直，表情自然，稍带微笑。

（2）肩平。微微放松，稍向后下沉。

（3）臂垂。两肩平整，两臂自然下垂，中指对准裤缝。

（4）躯挺。挺胸收腹，臀部向内向上收紧

（5）腿并。两腿立直，贴紧，脚跟靠拢，两脚夹角成 60 度。

其他的站姿有：

（1）叉手站姿。即两手在腹前交叉，右手搭在左手上，直立。男子可以两脚分开，距离不超过 20 厘米。女子可以用小丁字步，即一脚稍微向前，脚跟靠在另一个脚内侧。站立较久时身体重心还可以在两脚间转换，以减轻疲劳。这是一种常用的接待站姿。

(2) 背手站姿。即双手在背后交叉，右手贴在左手外面，放置于两臀之间。两脚可分可并，分开时，不超过肩，脚尖展开，两脚夹角成60度。挺胸立腰，收颌收腹，双目平视。这种站姿优美中略带威严，易产生距离感。如果两脚改为并立，则突出了尊重的意味。

(3) 背垂手站姿。即一手背在后面，贴在臀部，另一手自然下垂，中指对准裤缝，两脚既可以并拢也可以分开，也可以成小丁字步，男士多用这种站姿，显得大方、自然、洒脱。

(二) 坐姿仪态

优雅的坐姿传递着自信、友好、热情的信息，同时也显示出高雅庄重的良好风范。

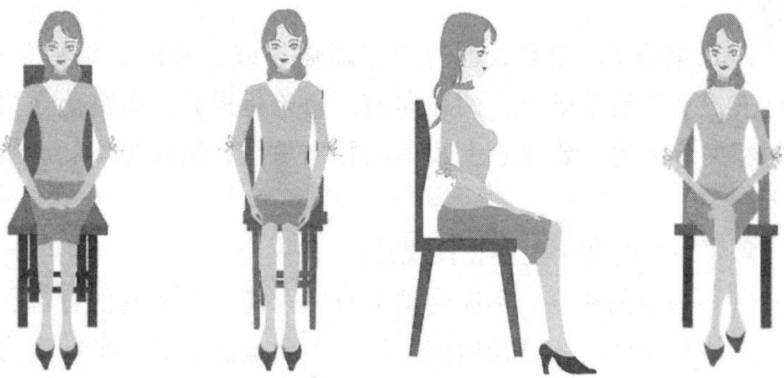

图2-4 标准坐姿

1. 女士坐姿礼仪

(1) 标准式。轻缓地步到座位前，转身后两脚成小丁字步，左前右后，两膝并拢的同时上身前倾，向下落座。如果穿的是裙装，在落座时要用双手在后边从上往下把裙子拢一下，以防坐出皱纹或因裙子被打折坐住而使腿部裸露过多。坐下后，上身挺直，双肩平正，正臂自然弯曲，两手交叉叠放在两腿中部，并靠近小腹。两膝并拢，小腿垂直于地面，两脚保持丁字步。如图2-4。

（2）前伸式。在标准坐姿的基础上，两小腿向前伸出一脚的距离，脚尖不要翘起。

（3）前交叉式。在前伸式坐姿的基础上，右脚后缩，与左脚交叉，两踝关节重叠，两脚尖着地。

（4）曲直式。右脚前伸，左小腿屈回，大腿靠紧，两脚前脚掌着地，并在一直线上。

（5）侧点式。两小腿向左斜出，两膝并拢，右脚跟靠拢左脚内侧，右脚掌着地，左脚尖着地，头和身躯向左斜。注意大腿小腿要成90度的直角，小腿要充分伸直，尽量显示小腿长度。

（6）侧挂式。在侧点式基础上，左小腿后屈，脚步绷直，脚掌内侧着地，右脚提起，用脚面贴住左踝，膝和小腿并胧，上身右转。

（7）重叠式。重叠式也叫"二郎腿"或"标准式架腿"等。在标准式坐姿的基础上，两腿向前，一条腿提起，腿窝落在另一腿的膝关节上边。要注意上边的的腿向里收，贴住另一腿，脚尖向下。

需要注意的女士坐姿礼仪规范：

（1）椅背的倚靠。不应当把上身完全倚靠着座椅的背部，最好一点都不倚靠。在尊长面前，最好不要坐满椅面。坐好后占椅面的3/4左右，最合乎礼节。

（2）身体的朝向。交谈的时候，为表示重视，不仅应面向对方，而且同时应将整个上身朝向对方。

（3）手臂的摆放。入座后放手臂的正确位置主要有五种：

第一种，放在两条大腿上。双手各自扶在一条大腿上，也可以双手叠放后放在两条大腿上，或者双手相握后放在两条大腿上。

第二种，放在一条大腿上。侧身和人交谈时，通常要将双手叠放或相握地放在自己所侧一方的那条大腿上。

第三种，放在皮包文件上。当穿短裙的女士面对男士而坐，身前又没有屏障时，为避免“走光”，可以把自己随身的皮包或文件放在并拢的大腿上。随后，就可以把双手或扶、或叠、或握着放在上面。

第四种，放在身前桌子上。把双手平扶在桌子边沿，或是双手相握置于桌上，都是可行的。有时，也可以把双手叠放在桌上。

第五种，放在椅子扶手上。当正身而坐，要把双手分扶在两侧扶手上。当侧身而坐，要把双手叠放或相握后，放在侧身一侧的扶手上。

2. 男士坐姿礼仪

（1）标准式。上身正直上挺，双肩正平，两手放在两腿或扶手上，双膝并拢，小腿垂直落于地面，两脚自然分开成45度。

（2）前伸式。在标准式的基础上，两小腿前伸一脚的长度，左脚向前半脚，脚尖不要翘起。

（3）前交叉式。小腿前伸，两脚踝部交叉。

（4）曲直式。左小腿回屈，前脚掌着地，右脚前伸，双膝并拢。

（5）斜身交叉式。两小腿交叉向左斜出，上体向右倾，右肘放在扶手上，左手扶把手。

（6）重叠式。右腿叠在左膝上部，右小腿内收、贴向左腿，脚尖自然下垂。

（三）走姿仪态

走姿是站姿的延续动作，是在站姿的基础上展示人的动态美。无论是在日常生活中还是在社交场合，走路往往是最引人注目的身体语言，也最能表现一个人的风度和活力。

1. 规范的走姿

（1）头正。双目平视，收颌，表情自然平和。走的时候，头要抬起，目光平视前方。

（2）肩平。两肩平稳，防止上下前后摇摆。双臂自然下垂，手掌心向内，并以身体为中心前后摆动。前后摆幅在 30 ~40 度之间，两手自然弯曲，在摆动中离开双腿不超过一拳的距离。

（3）躯挺。走路时上身基本保持站立的标准姿势，挺胸收腹，腰背笔直，重心稍前倾。腿部伸直，腰部放松。两臂前后摆，不要左右摆。

（4）步位直。两脚尖略开，脚跟先着地，两脚内侧落地。起步时身子稍向前倾，重心落前脚掌，膝盖伸直；脚尖向正前方伸出，行走时走出的轨迹要在一条直线上。

（5）步幅适度。行走中两脚落地的距离大约为一个脚长，即前脚的脚跟距后脚的脚步相距一个脚的长度为宜。不过，不同的性别、不同的身高、不同的着装，都有些差异。

（6）步速平稳。行进的速度应保持均匀、平衡，不要忽快忽慢。在正常情况下，脚步要轻并且富有弹性和节奏感。步速应自然舒缓，显得成熟、自信，如图 2 -3。

图 2 -5　标准走姿

2. 其他走姿

（1）后退步。与人告别时，应当先后退两三步，再转身离去。退步时脚轻擦地面，步幅要小，先转身后转头。

（2）引导步。引导步是用于走在前边给宾客带路的步态。引导时要尽可能走在宾客左侧前方，整个身体半转向宾客方向，保持两步的距离，遇到上下楼梯、拐弯、进门时，要伸出左手示意，并提示请客人上楼、进门等。

（3）前行转身步。在前行中要拐弯进，要在距离所转方向远侧的一脚落地后，立即以该脚掌为轴，转过全身，然后迈出另一脚。即向左拐，要右脚在前时转身；向右拐，要左脚在前时转身。

3. 穿不同鞋子的走姿

（1）穿平底鞋走姿。穿平底鞋走路比较自然、随便、轻松、大方。前行时脚跟先落地，力度要均匀。由于穿平底鞋不受拘束，应当注意防止过分随意。步幅时大时小，速度时快时慢，容易给人以松懈的印象。

（2）穿高跟鞋走姿。穿高跟鞋走路步幅要小，脚跟先着地，两脚要落在一条直线上。行进时一定要保持踝、膝、髋关节的挺直，保持挺胸、收腹、向上的姿态。注意避免用屈膝的方法来保持平衡，那样行姿不但不挺拔，反而因屈膝、撅臀而显得笨拙、不雅。

4. 禁止的走姿

行走时要防止八字步，低头驼背。不要摇晃肩膀，双臂在甩手，不要扭腰摆臀，左顾右盼。脚不要擦地面。

（四）蹲姿仪态

蹲姿的基本要领是：站在所取物品的旁边，蹲下屈膝去拿，而不要低头，也不要弓背，要慢慢地把腰部低下；两腿合力支撑身体，掌握好身体的重心，臀部向下上体保持直线，这样的蹲姿就典雅优美了。

1. 交叉式蹲姿

下蹲时右脚在前，左脚在后，右小腿垂直于地面，全脚着地。左腿在后与右腿交叉重叠，左膝由后面伸向右侧，左脚跟抬起脚掌着地。两腿前后靠紧，合力支撑身体。臀部向下，上身稍前倾。

2. 高低式蹲姿

下蹲时左脚在前，右脚稍后（不重叠），两腿靠紧向下蹲。

左脚全脚着地，小腿基本垂直于地面，右脚脚跟提起，脚掌着地。右膝低于左膝，左膝内侧靠于左小腿内侧，形成左膝高右膝低的姿势，臀部向下，基本上以右腿支撑身体。男士选用这种蹲姿时，两腿之间可有适当距离。

二、动作仪态

（一）手势礼仪

手势美是一种动态美，是最有表现力的一种“体态语言”。手势的使用应该有助于表达自己的意思，但不宜过于单调重复，也不能过多。打招呼、致意、告别、欢呼、鼓掌都属于手势范围。应注意其力度的大小，速度的快慢，时间的长短，不可以过度。

1. 大小适度

在社交场合，应注意手势的大小幅度。手势的上界一般不应超过对方的视线，下界不低于自己的胸区，左右摆的范围不要太宽，应在人的胸前或右方进行。一般场合，手势动作幅度不宜过大，次数不宜过多，不宜重复。

2. 自然亲切

与人交往时，多用柔和曲线的手势，少用生硬的直线条手势，以求拉近心理距离。

3. 避免不良手势

（1）双手抱头。很多人喜欢用单手或双手抱在脑后，这一体态的本意，也是放松，但在别人面前就会给人一种目中无人的感觉。

（2）摆弄手指。反复摆弄自己的手指，活动关节、捻响、攥着拳头、手指动来动去，往往会给人一种无聊的感觉，让人难以接受。

（3）手插口袋。在工作中，通常不允许把一只手或双手插在口袋里的。这种表现，会让人觉得你在工作上不尽力，忙里偷闲。

（4）手指鼻尖。与人交谈时，讲到自己不要用手指自己的鼻尖，而应用手掌按在胸口上。

（5）用手指人。谈到别人时，不可用手指别人，更忌讳背后对人指点等不礼貌的手势。

（6）其他不良手势。抓头发、玩饰物、掏鼻孔、剔牙齿、咬指甲、抬腕看表、高兴时拉袖子等粗鲁的动作，在交际活动时，都会让人反感，严重影响形象。

4. 标准手势礼仪

（1）打招呼。也叫挥手致意，适于向距离较远的熟人，用来向他人表示问候、致敬、感谢。当无暇分身的时候，就举手致意，可以消除对方的被冷落感。要掌心向外，面对对方，指尖朝向上方。千万不要忘记伸开手掌。

（2）致意。分为点头致意：适于不宜交谈的场合；欠身致意，表示对人的恭敬，适用范围较广；脱帽致意，朋友、熟人见面时，若戴着有沿的帽子，则以脱帽致意最为适宜。

（3）与人握手。在见面之初、告别之际、慰问他人、表示感激、略表歉意等时候，往往会以手和他人相握。伸出右手，以手指稍用力握对方的手掌（手掌应与地面垂直）持续 1 到 3 秒钟，双目注视对方，面带笑容，上身略微前倾，头要微低。握手时，双方伸出手来的先后顺序应为“尊者在先”，即地位高者先伸手，地位低者后伸手。

（二）递物与接物

递接物品的原则是尊重他人。应当双手递物和双手接物（五指并拢），表现出恭敬与尊重的态度。如果在特定场合下或东西太小不必用双手时，一般用右手递接物品。

递接物品的方法也需讲究。例如：学生把作业交给老师时，应该将作业的正面朝上，用双手递上。接过老师递给自己的作业时，同样要用双手，并对老师说声“谢谢”。递笔、刀、剪之类尖利的物品时，需将尖端朝向自己方向，而不要指向对方。递书、资料、文件、名片等，字体应正对接受者，要让对方马上容易看清楚。

如果是招待客人用茶时，往往一手握茶杯把或扶杯壁，一手托杯底，并说声“请用茶”。若茶水较烫，可将茶杯放到客人面前的茶几上；如果接主人敬上的茶，应站起身伸出双手，说“谢谢”。

◆【阅读资料】

美国心理学家梅拉比安的有趣公式

一条信息的表达＝7%的语言＋38%的声音＋55%的人体动作。这表明，人们获得的信息大部分来自视觉印象。因而美国心理学家艾德华·霍尔曾十分肯定地说：“无声语言所显示的意义要比有声语言多得多。”体态语独特的有形性、可视性和直接性，对于口才来说，具有不可低估的特殊价值。

资料来源：林恩·布伦恩.21世纪商务礼仪.北京：中国计划出版社，2006.

三、表情仪态

（一）目光

一个法国商人向他的中国朋友抱怨：“我的中国合作伙伴和我谈话的时候，总是不看着我，不是看着别人，就是眼神游移不定。且不说对我尊重不尊重，我简直不知道他在想什么，这常令我感到担心和不知所措。”

目光是最富于表现力的一种身体语言。正如诗人泰戈尔说的：“眼睛的语言，在表情上是无穷无尽的。像海一般深沉，碧空一般清澈，黎明的黄昏、光明与阴影，都在这里自由嬉戏。”

在交际活动中，恳切、坦然、友好、坚定、宽容的眼神，会给人亲近、信任、受尊敬的感觉，而轻佻、游离、茫然、阴沉、轻蔑的眼神会使人感到失望，有不受重视的感觉。

目光（用眼睛说话）在商务活动中，用眼睛看着对话者脸上的三角部分，这个三角以双眼为底线，上顶角到前额。洽谈业务时，如果你看着对方的这个部位，会显得很严肃认真，别人会感到你有诚意。在交谈过程中，你的目光如果是中落在这个三角部位，你就会把握谈话的主动权和控制权。

在社交活动中，也是用眼睛看着对方的三角部位，这个三角是以两眼为上线，嘴为下顶角，也就是双眼和嘴之间，当你看着对方这个部位时，会营造出一种社交气氛。这种凝视主要用于茶话会、舞会及各种类型的友谊聚会。

（二）笑容

微笑可以表现出温馨、亲切的感觉，能有效地缩短双方的距离，给对方留下美好的心理感受，从而形成融洽的交往氛围，可以反映本人高超的修养，待人的至诚。微笑有一种魅力，它可以使强硬者变得温柔，使困难变得容易。微笑是人际交往中的润滑剂，是广交朋友、化解矛盾的有效手段。微笑要发自内心，不要假装。

微笑要讲求“三结合”：

1. 和眼睛的结合

当微笑的时候，眼睛也要“微笑”，否则给人的感觉只能是更糟糕的“皮笑肉不笑”。“一条缝的眼睛”一定是大笑时的结果，而正常状况下至少应该是眼睛微眯，这样会令你的微笑更传神、更亲切。

2. 和语言的结合

微笑着说“您好”、“是啊”、“嗯”、“我同意”等礼貌用语会让你更有亲和力。

3. 和身体的结合

微笑要与正确的身体语言相结合，才会相得益彰。你绝不应该在微笑时还表现出一种消极的身体语言。

四、人际距离仪态

就一般而言，交往双方的人际关系以及所处情境决定着相互间自我空间的范围。而当这个自我空间被人触犯就会感到不舒服、不安全，甚至恼怒起来。同时，彼此间的对话，也和双方距离的远近有很大关系。

美国人类学家爱德华·霍尔博士为人际交往划分了四种距离，每种距离都与对方的关系相称。

（一）亲密距离（0.15 ~0.45 米）

这是人际交往中的最小间隔或几无间隔，即常说的“亲密无间”，其近范围在约15厘米之内，彼此间可能肌肤相触，耳鬓厮磨，以至相互能感受到对方的体温、气味和气息。其远范围是15厘米~45厘米之间，身体上的接触可能表现为挽臂执手，或促膝谈心，仍体现出亲密友好的人际关系。它是双方关系最接近时所具有的距离。这时语言的作用很小。

就交往情境而言，亲密距离属于私下情境，只限于在情感上联系高度密切的人之间使用，在社交场合，大庭广众之前，两个人（尤其是异性）如此贴近，就不太雅观。在同性别的人之间，往往只限于贴心朋友，彼此十分熟识而随和，可以不拘小节，无话不谈。在异性之间，只限于夫妻和恋人之间。因此，在人际交往中，一个不属于这个亲密距离圈子内的人随意闯入这一空间，不管他的用心如何，都是不礼貌的，会引起对方的反感，也会自讨没趣。

（二）个人距离（0.46 ~1.2 米）

这是人际间隔上稍有分寸感的距离，较少直接的身体接触。

个人距离的近范围为 46 至 76 厘米之间，正好能相互亲切握手，友好交谈。这是与熟人交往的空间。陌生人进入这个距离会构成对别人的侵犯。个人距离的远范围是 76 ~ 120 厘米。任何朋友和熟人都可以自由地进入这个空间。不过，在通常情况下，较为融洽的熟人之间交往时保持的距离更靠近远范围的近距离一端，而陌生人之间谈话则更靠近远范围的远距离一端。

人际交往中，亲密距离与个人距离通常都是在非正式社交情境中使用，在正式社交场合则使用社交距离。

（三）社交距离（1.2 ~ 3.7 米）

这已超出了亲密或熟人的人际关系，而是体现出一种社交性或礼节上的较正式关系。其近范围为 1.2 ~ 2.1 米，一般在工作环境和社交聚会上，人们都保持这种程度的距离。其中 1 米到 2 米之间通常是人们在社会交往中处理私人事务的距离，例如：在银行取款时要输入密码，为了保护客户的机密，银行要求其他客户必须站在“一米线”之外。

社交距离的远范围为 2.1 ~ 3.7 米，表现为一种更加正式的交往关系。商务会谈通常是在这个距离内，相互之间除了语言交流，适当的目光接触也是不可少的，否则会被认为是不尊重对方。

在社交距离范围内，已经没有直接的身体接触，说话时，也要适当提高声音，需要更充分的目光接触。如果谈话者得不到对方目光的支持，他（或她）会有强烈的被忽视、被拒绝的感受。这时，相互间的目光接触已是交谈中不可缺免的感情交流形式了。

（四）公众距离（3.5 米以外）

公众距离往往是公众集会时采用的距离。一般在 3.5 米到 7 米左右。超过这个距离人们就无法以正常的音量进行语言交流了，所以有经验的语文老师会走下讲台朗读课文，以提高语言的感染力。

第四节 语言美

语言是全社会交际活动中统一的交际手段或交际工具，是思维的工具。它是人际关系的桥梁。语言美的要求是“使用和推广礼貌语言，做到和气、文雅、谦逊，不讲粗话、脏话，不强词夺理，不恶语伤人”。在注意思想品德修养的前提下注意语言修养，与人交往时，谈吐大方，不仅可以使你拥有很好的人脉，还可以使你的气质优雅，风度迷人。但是，人们在塑造个人形象时，往往注重外在美，而忽略内在美。

一、声音美

（一）语言柔和动听

语言的生动效果常常是依赖语言的变化而实现的。语音变化主要是声调、语调、语速和音量。如果这些要素的变化控制的好，会使语言增添光彩，产生迷人的魅力。

一般情况下，对音量的控制要视谈话的地点、场合以及听众人数的多少而定。在不同的场合应当使用不同的语速。因为在讲话或谈话时的速度可以表达一定情感，速度适中可以给人留下稳健的印象。

（二）语调恰当、富有节奏

根据思想感情表达的需要，必须恰当的把握自己的语调，形成波澜起伏、抑扬顿挫的和谐美，以收到最佳的交际效果。

如果语言没有起伏变化，始终就是一个频率，一个调子，往往使人觉得就像在喝一杯淡而无味的白开水，很快就觉得没意思。为此，讲话时语调应有起有伏，时急时缓，抑扬顿挫，让人感到生动活泼，避免过于呆板的语调。

（三）发音纯正、语句流畅

讲话时应避免口吃、咬舌或吐字不清的毛病。口齿不清者可以把讲话的速度尽量放慢，操之过急往往会使口齿不清的毛病更突出。另外无论将音量控制在什么程度，都必须强调说话清晰有力，发音纯正饱满。

（四）声音美的基本标准

1. 正确清晰

正确指发音正确。一方面，不可读别字；另一方面，表达明确，没有歧义。所谓清晰，是指吐字要清楚明晰，不含含糊糊，有正确的停顿和适当的节奏。

2. 明快清脆

指说话要开门见山，口到心到，心口一致。声音要干脆利索，爽利痛快，不拖泥带水。

3. 圆浑清亮

要求声音表达艺术化。声音流畅自然，圆浑雄厚，悦耳动听，有滋有味。

4. 富丽清新

声音既要富于变化，丰富多彩，又要清爽新鲜，生动活泼。

5. 坚韧清越

坚韧，是指声音坚实、耐久、有力、有始有终。清越，是指声音婉转悠扬，给人留下深刻的甚至是难以磨灭的印象。

二、文明礼貌用语

俗话说："良言一语三冬暖，恶语伤人六月寒。"在实际生活中，一句简单的致谢，几个字的赞美，一声"对不起"，就能温暖一个人的心。在生活中多讲"请"字，多说几次"对不起"，是一种礼貌，也是对他人尊重的表现。

(一) 称谓礼貌用语

1. 直接称谓语

先生，×××先生

小姐，夫人，女士，太太，XX女士

2. 间接称谓语

那位先生/那位女士

您的先生/您的夫人

(二) 欢迎语

欢迎您住我们宾馆。

欢迎您来这里进餐。

希望您能在这里生活愉快。

(三) 礼貌问候语

您好!

早安/午安/晚安。

多日不见，您好吗?

(四) 祝贺语

祝您节日愉快!

祝您生日快乐!

祝您一切都好!

祝您一帆风顺!

(五) 告别语

再见!

晚安（晚上休息前）。

祝您一路平安/祝您旅途愉快!

欢迎您再来。

(六) 礼貌征询语

请问，您有什么事情?

我能为您做些什么?

需要我帮您吗？

这会打扰您吗？

如果您不介意的话，我可以……吗？

（七）礼貌应答语

不必客气。

没关系。

这是我应该做的。

照顾不周的地方，请多多指正。

谢谢您的好意。

感谢您的提醒。

（八）礼貌道歉语

实在对不起/请原谅/失礼了。

打扰您了。

完全是我们的过错，对不起。

感谢您的指正。

我们立即采取措施，使您满意。

请不要介意。

三、说话的艺术

（一）说话对象的心理

说话要考虑对方能否听懂，是否感兴趣，接受程度如何。在特殊的场合，如生日、节日、纪念日、成功日或获奖日，一句由衷的祝贺，一段真挚的赞美，必定会使对方心生暖意，增进彼此的感情，拉近彼此的距离。在他人陷入困境时，问候、鼓励，无异于雪中送炭。

说话时应言之有据、言之有礼、言之有物。言之有据就是说话要有根据，摆事实，讲道理。言之有礼就是说话讲究礼貌，尊敬他人的态度，不傲慢。言之有物，要注意谈话的话题，不以自我为中心。不夸夸其谈、花言巧语。

（二）说话的基本技巧

1. 话题选择要用心

与人交流要有既定的主题，至少是对方感兴趣的话题；话题的选择要高雅，内容文明，格调高雅脱俗，可以选择有关文学、艺术、哲学、历史、地理和音乐等。说话时最好谈论令人轻松愉快的话题。它适用于非正式交谈，允许各抒己见，任意发挥。说话的主题还要具有时代特征，选择时尚话题。

2. 学会与人寒暄

寒暄即客套话，可以缓和气氛，调整心态，是社交场合的润滑剂。寒暄的语言具有谦恭性、首尾性、同调性和多余性。

3. 学会赞美他人

赞美是一种最有效的交往工具。但如果运用不当，也会引起别人的反感。赞美要起到应有的功效，要满足几个条件：赞美的态度要恳切、赞美的语言要得体、赞美的内容要具有、赞美的频率要适度，最好赞美的时机也要恰当。

4. 懂得聆听

聆听是尊重他人的表现，是从谈话者那里得到消息的有效途径，只有认真聆听，才能领会谈话者的真实意图，满足对方的心理需求，和谐人际关系。聆听要做到认真耐心，专注有礼，呼应理解。

（三）说话的艺术体现

说话是一个人精神文明的标志，反映着人的思想境界和交往艺术。美的语言在语音、语调上要以柔和为主，语气要诚恳，表情要亲切、自然。在内容上要健康得体，能给人以一种向上的力量和美的享受。同时谈话的话题要适合环境，不能以自我为中心。污言秽语则是文明的大忌，绝不能用粗野下流的语言来充当谈话的添加剂。

【本章小结】

个人形象要从仪容、仪表、仪态和语言四个方面进行塑造。

仪容即容貌，由发型、面容以及人体所有未被服饰遮盖而暴露在他人面前的肌肤所构成，是个人仪表的基本内容。美丽的容貌，整洁得体的发型，适宜的妆容令人赏心悦目。虽然容貌在很大程度上取决于先天遗传的因素，但后天的修饰、美化作用不可忽视，俗话说的“三分长相，七分打扮”就是讲的后天修饰的重要作用。

仪表指一个人的外表。这里所谓的仪表，主要指着装方面。就个人形象而言，着装占据着重要的地位，应当认真对待。当人们无法通过实际使用效用去判断商品的品质时，往往会通过商品的包装来判断其内在品质。同样地，具有品味的衣着会清楚地表明你的身份、地位及能力，赢得对方的信任和重视。

体态语言，也叫无声语言、人体语言或态势语言，指能够表达人的思想感情的人体动作，诸如表情、手势、姿态等。一般人在塑造个人形象时注重仪容美、仪表美，而忽视仪态美。一个人即使有出众的姿色、时尚的衣着，如果没有相应的仪态美，就破坏了自己的形象。

语言是全社会统一的交际活动的交际手段或交际的工具，是思维的工具。它是人际关系的桥梁。在注意思想品德修养的前提下注意语言修养，与人交往时，谈吐大方，不仅可以使你拥有很好的人脉，还可以使你的气质优雅，风度迷人。

◆【案例分析】

一位高级主管去参加一个商业酒会，她换上了一套准备好的西服套裙，然后携带日常上班用的绒布提包就去了饭店。到了酒会上她才发现，别的女士大都拎的是羊皮手提包或缎面的小包，她的提包看上去与现场气氛不协调，令她感觉浑身都不自然。

资料来源：夏志强．商务礼仪．北京：中国书店，2006.

【思考题】

就此案例你有什么想法?

【实训题】

实训目标:

通过学习，具备塑造个人形象的基本能力。

实训内容:

1. 站姿。

2. 走姿。

3. 坐姿。

实训要求:

首先由老师做标准动作示范，然后由学生分组练习。老师要跟踪指导，纠正学生练习中出现的问题。练习一定时间后，可以选出若干动作标准的学生到前面示范，请其他同学点评。

【复习思考题】

一、单项选择题

1. 正式场合人的仪表要给他人(　　)的感觉。

A. 随意、整齐、干净　　B. 漂亮、美观、时髦

C. 端正、大方、美观　　D. 端正、严谨、整齐

2. 能与西装相配的衬衫很多，最常见的是(　　)衬衫。

A. 蓝色　B. 白色　C. 浅色　D. 深色

3. 穿着西装，纽扣的扣法很有讲究，穿(　　)西装，不管在什么场合，一般都要将扣子全部扣上，否则会被认为轻浮不稳重。

A. 两粒扣　B. 三粒扣　C. 单排扣　D. 双排扣

4. 哪一种体型的人不适宜留长发(　　)?

A. 瘦高型　　B. 短胖型

C. 矮小型　　D. 高大型

5. 朋友和熟人的人际交往距离应该在(　　)空间。

A. 亲密距离　　B. 个人距离

C. 社交距离　　D. 公众距离

二、多项选择题

1. 穿西装时的三大重要规则是(　　)。

A. 三色原则　　B. 三大场合

C. 三一定律　　D. 三个错误不能

2. 仪表对人们形象塑造的作用是(　　)。

A. 自我标志　　B. 修饰弥补

C. 包装外部形象　　D. 表明审美情趣

3. 在交际中要善于运用空间距离。人们所在空间分为4个层次，即(　　)。

A. 亲密空间　　B. 个人空间

C. 社交空间　　D. 公众空间

三、简答题

1. 社交场合的男士着装礼仪的内容?

2. 简述四种人际距离仪态?

3. 与人沟通时应注意哪些问题?

延伸阅读~~

1. 夏志强．商务礼仪．北京：中国书店，2006.

2. 徐克茹．商务礼仪标准培训．北京：中国纺织出版社，2006.

第三章

交际礼仪

课前导读

◆【知识学习目标】

通过本章的学习，掌握见面礼、通讯礼、馈赠礼、拜访礼、接待礼、求职礼的方法与礼规。

◆【能力培养目标】

通过本章的学习，具备开展交际活动的基本能力。

◆【教学重点】

见面礼、通讯礼、拜访礼、求职礼。

◆【教学难点】

见面礼、求职礼。

人际交往能力是衡量一个人能否适应21世纪开放社会的标准之一，是一个人事业成功的重要因素。因此，每个人都应该注重交际礼仪，讲究交际艺术。

第一节 见面礼仪

见面礼仪是指在与人见面时应当遵守的礼节、规范和行为准则，主要包括称呼礼、握手礼、拱手礼、介绍礼、名片礼。见面是人与人交往的第一步，为了给对方留下良好的第一印象，取得社交活动的成功，必须熟悉和掌握见面礼仪。

一、称呼礼

称呼指的是人们在日常交往中，所采用的彼此之间的称谓语。在人际交往中，称呼应当亲切、准确、合乎常规。选择正确、适当的称呼，反映着自身的修养、对对方尊敬的程度，还体现着双方关系发展所达到的程度和社会风尚，因此要规范地使用称呼礼。

（一）称呼的原则

1. 称呼要分场合

一般场合人们使用的都是与其环境相适应的正式称谓。比如，一位姓李的先生，在单位内下级向他汇报工作时称李经理，朋友交往时称鹏飞。

2. 称呼要符合常规

称呼时要考虑对方的年龄、身份、地位，称呼要准确、合理，不可肆意为之。

（二）称呼的类型

1. 职务性称呼

在工作中，以交往对象的职务相称，以示身份有别、敬意有加，这是一种最常见的称呼方法。以职务相称的类型：

（1）仅称职务，例如："部长"、"经理"、"主任"。

（2）在职务之前加上姓氏，例如："周经理"、"隋处长"、

“马委员”。

（3）在职务之前加上姓名，这仅适用极其正式的场合，例如：“胡锦涛主席”、“吴仪副总理”。

2. 职称性称呼

对于具有职称者，尤其是具有高级、中级职称者，可以在工作中直接以其职称相称。以职称相称的类型：

（1）仅称职称，例如：“教授”、“律师”、“工程师”。

（2）在职称前加上姓氏，例如：“钱编审”、“孙研究员”。有时，这种称呼也可加以约定俗成的简化，例如，可将“吴工程师”简称为“吴工”。但使用简称应以不发生误会，歧义为限。

（3）在职称前加上姓名，它适用于正式的场合，例如：“李文教授”、“刘华主任医师”、“郭高飞主任编辑”。

3. 学衔性称呼

在工作中，以学衔作为称呼，可增加被称呼者的权威性，有助于增强现场的学术气氛。以学衔相称的类型：

（1）仅称学衔，例如：“博士”。

（2）在学衔前加上姓氏，例如：“杜博士”。

（3）在学衔前加上姓名，例如：“王芳博士”。

（4）将学衔具体化，说明其所属学科，并在其后加上姓名，例如：“美学博士周小燕”、“医学硕士郑学医”。此种称呼最为正式。

4. 行业性称呼

在工作中，有时可按行业进行称呼。以行业相称的类型：

（1）称呼职业。称呼职业，即直接以被称呼者的职业作为称呼，例如；将教员称为“老师”、将教练员称为“教练”，将专业辩护人员称为“律师”，将警察称为“警官”，将会计师称为“会计”，将医生称为“医生”或“大夫”。在一般情况下，在此类称呼前，均可加上姓氏或姓名。

（2）称呼“小姐”、“女士”、“先生”。对商界、服务业从业人员，一般约定俗成地按性别的不同分别称呼为“小姐”、“女士”或“先生”。其中，“小姐”、“女士”二者的区别在于：未婚者称“小姐”，已婚者或不明确其婚否者则称“女士”。在公司、外企、宾馆、商店、餐馆、歌厅、酒吧、寻呼台、交通行业，此种称呼极其通行。在此种称呼前，可加姓氏或姓名。也可以在此前以职务在先，姓名在后的顺序，再加上其他称呼。

5. 姓名性称呼

在工作岗位上称呼姓名，一般限于同事、熟人之间。以姓名相称的类型：

（1）直呼姓名。

（2）只呼其姓，不称其名，但要在它前面加上“老”、“大”、“小”。

（3）只称其名，不呼其姓，通常限于同性之间，尤其是上司称呼下级、长辈称呼晚辈之时。在亲友、同学、邻里之间，也可使用这种称呼。

二、握手礼

◆【阅读资料】

握手的由来

握手最早发生在人类还处于“刀耕火种”的年代。那时，在狩猎和战争时，人们手上经常拿着石块或棍棒等武器。他们遇见陌生人时，如果大家都无恶意，就要放下手中的东西，并伸开手掌，让对方抚摸掌心，表示手中没有藏着什么武器，这种习惯逐渐演变成今天的“握手”礼节。

握手是人际交往中的见面礼。在表示欢迎、友好、祝贺、感谢、敬意、致歉、慰问、惜别等场合运用，以示自己对对方的尊重、友好、关心与敬意。

（一）握手的场合

握手是人们日常交际的基本礼仪，在必须握手的场合如果拒绝或是忽视了别人伸过来的手时，就意味着自己的失礼。握手的场合有：表示欢迎、友好、祝贺、感谢、敬意、致歉、慰问、惜别时。

在以下情况可不必握手，而采用对方理解的其他方式致意效果会更好：当对方右手负伤时；当对方携带较多重物时；当对方正忙于其他事物时；当对方和自己距离较远时；当环境不适宜握手时。

（二）握手的方法

双方相距 1 米左右，伸出右手，拇指与手掌分开，其余四指并拢，握住对方的手掌。握手的时间在 3 秒以内。要面带微笑，目视对方的脸，表示亲切致意，并向对方问好："您好"、"见到您很高兴"等。握手时可以双手握住对方的手以示热情并上下摇动。但男性与女性握手时，时间要短，只需轻握一下女性的四指。

（三）握手的程序

按照"尊者决定"的原则，握手的礼节是：上级与下级握手，应由上级先伸手；长辈与晚辈握手，应由长辈先伸手；女士与男士握手，应由女士先伸手；主人与客人握手，应由主人先伸手。

值得注意的是，当握手双方符合其中两个或两个以上顺序时，一般以先职位再年龄，先年龄再性别的顺序握手。例如：一位年长的职位低的女士和一位年轻的职位高的男士握手时，应由这位男士先伸手。

（四）握手的禁忌

不可东张西望或在握手时与他人打招呼；不可坐着握手；不可左手握手；不可交叉握手；不可戴着手套握手；不可在握手时

将另一只手放在衣袋里；不可用不洁之手与他人相握；不可在握手时戴着墨镜，只有患有眼疾或眼部有缺陷者方能例外；不可在与他人握手之后，立即擦拭自己的手掌；不可拒绝与他人握手。

三、拱手礼

拱手礼也叫作揖礼，是中华传统的见面礼。它是人们表示祝贺、祝愿的一种施礼方式。拱手礼不仅是最体现中国人文精神的见面礼节，而且也是最恰当的一种交往礼仪。

（一）拱手礼的方法

起身站立，上身挺直，两臂前伸，双手在胸前高举抱拳，通常为左手握空拳，右手抱左手，拱手齐眉，上下略摆动几下。拱手致意时，往往与寒暄语同时进行，如："恭喜、恭喜"，"久仰、久仰"，"请多多关照"，"节日快乐"，"后会有期"，等等。

（二）拱手礼的场合

每逢重大节日，如春节等，邻居、朋友、同事见面时，常拱手为礼，以表祝愿；为欢庆节日而召开的团拜会上，大家欢聚一堂，互相祝愿，常以拱手致意；婚礼、生日、庆功等喜庆场合，来宾也可以拱手致意的方式向当事人表示祝贺；双方告别，互道珍重时可用拱手礼；有时向对方表示歉意，也可用拱手表示。

四、介绍礼

介绍是人际交往中与他人进行沟通、增进了解、建立联系的一种最基本、最常规的方式，是人与人进行相互沟通的出发点。介绍有自我介绍和他人介绍两种形式。

（一）自我介绍

自我介绍是指口头自我介绍。它是借助于声音，艺术地将自己的姓名、年龄、职业、爱好、追求等基本情况向对方简短说明的一种特殊交际形式。在社交场合，如能正确地运用自我介绍，不仅可以扩大自己的交际圈，广交朋友，而且有助于自我展示、自我宣传，在交往中消除误会，减少麻烦。自我介绍具有内容丰富、形式多样、表达灵活、印象深刻等特点。自我介绍要求坦诚、自信、简练、流畅。

1. 自我介绍的程序

自我介绍者面带微笑，目视对方，举止端庄得体。先向对方点头致意，再向对方介绍自己的姓名、单位和职务。如果对方表现出有认识自己的愿望，可以再简略地介绍一下自己的籍贯、学历、兴趣、专长等。

2. 自我介绍的形式

（1）应酬式，适用于某些公共场合和一般性的社交场合，这种自我介绍最为简洁，往往只介绍姓名即可。例如："你好，我叫高云龙。"

（2）工作式，适用于工作场合，包括自我介绍本人的姓名、供职单位及其部门、职务或从事的具体工作等，例如："你好，我叫刘强，是金马电脑公司的销售经理。"

（3）交流式，适用于社交活动中，希望与交往对象进一步交流与沟通。包括自我介绍者的姓名、工作、籍贯、学历、兴趣及与交往对象的某些熟人的关系，例如："你好，我叫王宏，在天海公司上班。我是李洪有的老乡，都是东北人。"

（4）礼仪式，适用于讲座、报告、演出、庆典、仪式等一些正规而隆重的场合，包括自我介绍者的姓名、单位、职务等，同时还应加入一些适当的谦辞、敬辞，例如："各位来宾，大家好！我叫刘强，我是金马电脑公司的销售经理。我代表本公司热烈欢迎大家光临我们的展览会，希望大家……。"

（5）问答式，适用于应试、应聘和公务交往。问答式的自我介绍，应该是有问必答，问什么就答什么，例如："先生，您好！请问您怎么称呼？（请问您贵姓？）"

“先生您好！我叫杜义文。”

主考官问：“请介绍一下你的基本情况。”

应聘者：“各位好！我叫郭凯，现年22岁，山东济南人，汉族，…。”

3. 自我介绍的方法

（1）谐音式。这是利用字词的音相同或相近的方法进行自我介绍的一种方法，例如：“人人都知道这样一句话‘理解万岁’，本人就叫李杰——（理解），希望我们能成为朋友，达到心灵上的理解。”

（2）自嘲式。这是一种以自我介绍者自身为对象，进行自嘲，以使自己突出的方法，例如：“大家抬头往天上看，高高的蓝天上漂浮着一朵白云，我虽然个子很矮，却有一个和天空有关的姓名——高云。”

（3）引用式。这是借用名人名句、名诗名句或俗语谚语等进行自我介绍的方法，例如：“伟大出于平凡，我就叫王平凡，愿意在平凡的岗位上做出不平凡的业绩。”

（4）幽默式。这是利用幽默的语言进行自我介绍的方法，例如：“小生年方二八，不是二乘八，是二十加八；身高：根号三米；体重：八平方千克。”

4. 自我介绍的注意事项

（1）注意时间。要抓住时机，在适当的场合进行自我介绍，如对方有空闲，而且情绪较好，又有兴趣时，这样就不会打扰对方。自我介绍的内容还要简洁，尽可能地节省时间，以半分钟左右为佳。为了节省时间，做自我介绍时，还可利用名片、介绍信加以辅助。

（2）讲究态度。进行自我介绍，态度一定要自然、友善、亲切、随和，应落落大方，彬彬有礼。自我介绍者既不能委委懦懦，也不能虚张声势，轻浮夸张。语气要自然，语速要正常，语音要清晰。

（3）真实诚恳。进行自我介绍要实事求是，真实可信，不可自吹自擂，夸大其词。

（二）他人介绍

在社交场合还可以通过他人介绍的形式结识某人。身份地位高者、长者、特邀者或贵宾在社交场合与某人相识时，一般都由他人来做介绍。

1. 介绍者的确定

介绍人要熟悉双方的情况，介绍人一般是主人、秘书、公关人员、朋友等。

2. 介绍的顺序

遵守“尊者优先”的原则。将职位低的人介绍给职位高的人；将年轻者介绍给年长者；将男士介绍给女士；将主人介绍给客人；将未婚者介绍给已婚者；将晚到者介绍给早到者。

当所要介绍的双方符合其中两个或两个以上顺序时，一般以先职位再年龄，先年龄再性别的顺序做介绍。例如，要为一位年长的职位低的女士和一位年轻的职位高的男士作介绍时，应该将这位女士介绍给这位男士。

3. 介绍的方式

介绍者位于双方的中间，介绍时用右手，五指并拢掌心向上，指向被介绍者，先称呼职位高者、年长者、主人、女士、早到者，再将被介绍者介绍出来，然后介绍先称呼的一方。例如：“张总，请允许我为您做介绍，这位是太平洋保险公司的肖建平主任。”“肖主任，这位是创浦集团的总经理张奎先生。”介绍完毕，双方应依照礼仪顺序握手，彼此问候，也可交换名片。为他人介绍后，介绍者应略停片刻，引导双方交谈后再离开。

五、名片礼

名片是社交活动的必备工具，具有传递信息、保持联络、花钱少和保存时间长的特点。名片分为社交名片、公务名片和单位名片三种类型。

（一）名片的内容

一是本人所属的单位的名称和部门；二是本人的姓名、学位职务或职称；三是与本人联络的方法，包括单位地址、电话号码、邮政编码。

（二）名片使用的礼节

1. 名片的放置

男士可以将名片放在西装左胸内侧的口袋或公文包内。女士可以将名片放在手提包内。

2. 名片的递送

名片递送的顺序是由尊而卑、由近而远，顺时针依次进行。名片递送时，要面带微笑，双目注视着对方，将名片的正面朝向对方，用双手的拇指和食指分别持握名片上端的两角递给对方，同时说些礼貌话语，例如：“这是我的名片，欢迎常联系”、“这是我的名片，请多关照”。在递送名片时，如果是坐着，应当起身或欠身。

3. 名片的接收

接受名片时，应尽快起身或欠身，面带微笑，用双手接住名片的下方两角，并说“谢谢”。名片接到手后，应从上到下、从正到反认真看一下，稍加赞许后妥善保管好。

4. 名片的交换

交换名片的礼节，主要体现在交换名片的顺序上。一般是职位低者、晚辈或客人先向职位高者、长辈或主人递上名片，然后再由后者予以回赠。

第二节　通讯礼仪

通讯礼仪是指人们运用现代化通讯工具进行交际时应当遵守的礼节，主要包括固定电话礼仪、移动电话礼仪、传真礼仪和网络礼仪。随着现代化通讯工具的普及，人们运用现代化工具进行交际已成为主要的社交方式，熟悉和掌握通讯礼仪显得越来越重要。

一、固定电话礼仪

（一）接电话礼仪

1. 来电必接，接电及时

一般要求在铃响三声内接起，最好响第二声后提起话筒。

2. 礼貌热情，善始善终

首先以礼貌用语，通报自己的单位名称，明确所找的人后，可立即回答。如遇要找的人不在，可婉转回答对方或告诉对方过会儿再打来，对方有重要事可转告或被要求记录下来，例如：“您好！××公司销售部×××。请讲。”当电话交谈结束时，可询问对方，说些客套话，这既是尊重对方也是提醒对方，最后可说“再见”，一般是在对方放下话筒后再放下自己的话筒。

3. 关键内容，反复核实

接听公务电话时，要切记及时地对电话里的关键内容予以重复、核实，并进行记录。在办公室接听电话时不允许使用免提功能，以免影响他人办公。

（二）打电话礼仪

1. 打电话前的准备

（1）谨慎选择打电话的时间。要主动回避对方精力可能松懈的时间，以求得满意的交谈结果。打住宅电话时，在尽量避开影响对方生活、休息的时间，如吃饭、午休、晚间休息的时间。

（2）打个腹稿，明确通话后该说什么。尤其给陌生者或名人、要人、上司打电话时更应做到这点。这样可以给对方以沉着、思路清晰的感觉；同时减少通话时间和通话的费用。

2. 打电话的程序

（1）通电话时要首先致以问候，例如："您好！"

（2）报明自己的单位、职务、姓名及要通话的人名，例如："您好！我是天海公司销售部经理王勇，我要找华为分公司经理刘斌先生。"

（3）当对方答应你"稍候"，你应握着话筒静候。请人转接电话时，要向对方致谢。假如对方告诉你，要找的人不在，切不可鲁莽地将话筒"喀啦"一下挂断，应道"谢谢"。

（4）规范打电话的举止。不要把话筒夹在脖子下，不要趴着、仰着或坐在桌上，不可边走边打；不要以笔代手去拨号；通话时不要嗓门过高；话筒与嘴保持 3 厘米左右的距离，不可"吻话筒"；挂电话时要轻放话筒，不要用力摔扣，让对方起疑。

（三）运用电话交谈应注意的问题

电话交谈中要使对方感到"投机"、"合拍"，以收到良好的通话效果。除了遵循通常的规范礼仪外，还要注意以下问题：

（1）交谈内容应以双方共同感兴趣、需要商量的事为主；

（2）交谈中避免提及对方的生理缺陷；

（3）不应随便议论长者和名人，特别不应把他们的私生活当作笑料，否则给人留下浅薄无聊的印象；

（4）交谈中，如果无意涉及某些话题，刺伤了对方，应立即道歉，请求原谅，这是交谈中应有的风度。

二、手机礼仪

随着手机的普及率越来越高，掌握手机礼仪也显得越来越重要了。

（一）放手机的常规位置

放手机的常规位置：一是随身携带的公文包里，这种位置最正规；二是上衣的内袋里；三是穿外套时可以将手机挂在腰带上。其他情况下也可以放在不起眼的地方，如手边、背后、手袋里，但不要放在桌子上，特别是不要对着对面正在聊天的客人。

（二）使用手机的礼仪

1. 第一句问话

给对方打手机时，尤其当知道对方是身居要职的忙人时，首先想到的是，这个时间他方便接听吗？并且要有对方不方便接听的准备。所以“现在通话方便吗?”通常是拨打手机的第一句问话。

2. 科学使用手机的场合

（1）在会议中、和别人洽谈的时候，最好把手机关掉，起码也要调到震动状态。这样既显示出对别人的尊重，又不会打断发言者的思路。

（2）在需要保持安静的公共场合时，如影剧院、图书馆、美术馆，不要接打手机，以示对演员、观众的尊重！

（3）公共场合特别是楼梯、电梯、路口、人行道等地方，不可以旁若无人地接听手机，应该把自己的声音尽可能地压低一些。

（4）禁止在病房、加油站、飞机上、驾驶汽车时使用手机。

3. 手机彩铃礼仪

（1）个性化铃声应注意使用场合。个性化的铃声使用应注意场合，这就像穿衣打扮一样，分家里和家外两种。有人选用：“爸爸，来电话了!”、“妈妈，来电话了!”、还有狗叫声，这些铃声在办公室和一些严肃的场合，不断响起，定对周围人的一种干扰。

（2）铃声内容要健康。铃声内容不能有不文明的内容，比如“有话快说，有屁快放”，这样的铃声显得非常不雅，让拨打者很尴尬。

（3）铃声不能给公众传导错误信息。在海口市，曾经发生这样一件令人啼笑皆非的事。一位巡警在经过一辆豪华旅游车时，突然听到一阵急迫的呼救声：“抓贼呀，抓贼呀，抓偷手机的贼！”巡逻经过此地的边防官兵听到后，急忙将这辆旅游车拦住，可官兵们上车一看，根本没有偷手机的贼，原来这“呼救”是从一名熟睡的乘客手机里传出的。如果到处都是这样的铃声，公共秩序能不乱吗？

（4）铃声音量不能太大。手机铃声以离开座位两米可以听见为宜。有些人的铃声像是“凶铃”，在大家埋头工作时突然刺耳地响起，让人心跳都会加快。还有在医院、幼儿园等场所，过大的铃声会成为一种公害。

4. 手机短信礼仪

（1）短信的内容和通话文明一样重要。因为通过你发的短信，意味着你赞同至少不否认短信的内容，同时也反映了你的品味和水准，所以不要编辑或转发不健康的短信，特别是一些带有讽刺伟人、名人甚至是革命烈士的短信，更不应该转发此类短信。

（2）不要在别人能注视到你的时候查看短信。一边和别人说话，一边查看手机短信，这是对别人的不尊重。

5. 不要用手机偷拍

拍照是手机的基本功能，不要因为拍得方便就随意拍照。在用手机拍照时，应该征得对方的同意，不要在车厢、剧院、餐馆等地方用摄像手机对着行人拍照。如果对方允许你拍照存在你的手机里，也不能未经对方同意将她或他的照片转发给其他人欣赏，甚至在网络上传播。

◆【阅读资料】

手机铃声扰乱网球比赛

据《中国体育报》报道，“请各位关掉手机或者调为振动，谢谢合作!”2004年5月30日，通辽站国际女子网球挑战赛女单决赛开场前一分钟，主裁判向观众发出请求：“请各位关掉手机或者调为振动，谢谢合作!”现场立刻有人开始行动，也有人不为所动。

比赛刚开始，“嘀、嘀、嘀”，网球馆内某角落的手机铃声打乱了赛场节奏，其他手机不甘示弱纷纷发出“警报”，千奇百怪的音乐声随着网球的飞舞间断性地此起彼伏。

主裁判不得不暂停比赛，“在观看比赛时，请您关掉手机，谢谢!”但没有几个人配合。有的自认为距离赛场较远，不断发短信却没有关掉铃声。好几次铃声大响时，场上发球队员都停下动作，站在场上无奈地等着。第二盘第8局是中国选手李娜的发球局，就在她发球前赛场中突然铃声大作，李娜忍不住说了句：“能不能把手机关上?”之后，无奈地摇了摇头。而手机主人仅只把手机关了不到一个回合便再次开机，且都发出较大声响。直至比赛结束，铃声不断充斥着赛场。

三、传真礼仪

传真，又叫做传真电报。它是利用光电效应，通过安装在普通电话网络上的传真机，对外发送或是接收外来的文件、书信、资料、图表、照片真迹的一种现代化的通讯联络方式。传真通讯的特点是：操作简便，传送速度迅速，而且可以将包括一切复杂图案在内的真迹传送出去。在利用传真对外通讯联络时，必须掌握传真礼仪。

（一）合法使用

安装、使用传真设备前，须经电信部门许可，并办理相关的一切手续，不准私自安装、使用传真设备。安装、使用的传真设备，必须配有电信部门正式颁发的批文和进网许可证。如欲安装、使用自国外直接所带入的传真设备，必须首先前往国家所指定的部门进行登记和检测，然后方可到电信部门办理使用手续。使用自备的传真设备期间，按照规定，每个月都必须到电信部门交纳使用费用。

（二）规范使有

使用传真设备通讯，必须在具体的操作上力求标准而规范。不然，也会令其效果受到相当程度的影响。

1. 将所用的传真机号码正确无误地告之自己重要的交往对象

一般在名片上，传真机号码是必不可少的一项重要内容。

2. 对于主要交往对象的传真机号码，必须认真地记好

为了保证万无一失，在向对方发送传真前，最好先请对方通报一下传真机号码。这样做既提醒对方，又不至于发错传真。

3. 发送传真时，必须按规定操作，并以提高清晰度为关键

（三）依礼使用

1. 在使用传真时，必须牢记维护个人和所在单位的形象

在发送传真时，一般不可缺少必要的问候语与致谢语。尤其是发送文件、书信、资料时，更要注意这一点。

2. 出差在外，使用公用传真设备，即付费使用电信部门所设立在营业厅内的传真机时，要办好手续、防止泄密，对于工作人员亦须依礼相待

3. 注重传真通讯的时效性

在收到他人的传真后，应当在第一时间内即刻采用适当的方式告知对方，以免对方惦念不已。需要办理或转交、转送他人发来的传真时，千万不可拖延时间，耽误对方。

四、网络礼仪

(一) 电子邮件礼仪

电子邮件是职业信件的一种，在给人们带来方便的同时，也带来了职场礼仪方面的新问题。电子邮件礼仪的要求是：

1. 邮件主题要提纲挈领，切忌使用含义不清的标题

填写邮件主题是电子邮件和其他信函的主要不同之处，在主题栏里用短短的几个字概括出整个邮件的内容，便于收件人权衡邮件的轻重缓急，分别进行处理。尤其是回复的信件，要更换邮件主题，最好写上来自某某公司的邮件，以及年、月、日，以便对方一目了然又便于保留。

切忌使用“嘿!”或是“收着!”一类不规范的主题词。

2. 电子邮件的文体格式类似于书面交谈格式

开头要有问候语，但问候语的选择比较自由，像“你好”、“Hi”，或者仅仅是一个简单的称呼，结尾也可随意一些，比如“以后再谈”、“祝你愉快”等；也可什么都不写，直接注上自己的名字。但是，如果你写的是一封较为正式的邮件，还是要用和正式信笺一样的文体格式。开头要用“尊敬的”或者是“先生/女士，您好!”结尾要有祝福语，并使用“此致/敬礼!”这样的格式。

3. 内容简明扼要，用词慎重

针对需要回复及转寄的电子邮件，要认真书写每一个字、每一句话。因为法律规定电子邮件也可以作为法律证据，是负法律责任的。所以发电子邮件时一定要慎重，对公司不利的内容，不要写上，如报价等。还要定期审查你发过的电子邮件，评估其对商业往来所产生的影响。

(二) 网络交友礼仪

运用QQ、MSN、GTALK等进行网络交流已成为一种工作和生活的方式，尤其是网络交友已成为未来社交的发展趋势。所以，

规范网络交友道德，使网络社交成为一种健康的、文明的、先进的交往方式，已成为当务之急。

1. 网络交友的特点

网络交友与现实生活的交友方式相比较，具有广泛性、延展性和平等性。它不受时间、环境、地点甚至年龄的限制，空间更大；不因交友对象的身份、地位、家庭文化背景而受到阻碍，更具有开放性；网络交友没有心理包袱，说自己想说的话，轻松，毫无顾忌。使人开阔视野，增长知识，增进人与人的友情。同时，网络交友也具有虚拟性，要谨慎交友，以防止上当受骗。

2. 网络交友礼仪

(1) 网络交友的要求。树立诚信的观念，具有健康的网德和平和的心态。既不要刻意地防备，也不要抱着交挚友的态度。应该在言谈上约束自己，不要把欢乐建立在别人的痛苦之上。一个社会人得到幸福的方法不是去等待别人给予，而是给予别人幸福。

(2) 规范交往方式。网络交友是社会人际关系的一种延伸。网络有着不受时空制约的便利，拓展交友的圈子、释放工作上的压力、舒缓自己的情绪、更好地为自己的生活和工作服务，这些才是网络交往正确的方式。

第三节　馈赠礼仪

馈赠即送礼，是人际交往的重要环节。是否掌握馈赠礼仪对能否达到馈赠的目的至关重要。

一、馈赠的原则

(一) 礼轻情义重

送礼只是一种人际交往的需要，一般来讲，礼物太轻，意义不大，很容易被人误解为瞧不起他，尤其是对关系不算亲密的人，更是如此。但是，礼物太贵重，又会使接受礼物的人有受贿之嫌，特别是对上级、同事更要注意这个问题。因此，礼物的轻重选择以对方能够愉快接受为尺度，争取做到少花钱，多办事；多花钱，办好事。一般在赴私人家宴时，应为女主人带些小礼品，如花束、水果、土特产等；有小孩的，可送玩具、糖果。应邀参加婚礼，除艺术装饰品外，还可赠送花束及实用物品。节日时，一般可送日历、酒、茶、糖果、烟等。

（二）态度友善，言辞勿失

送礼时要注意态度、动作和语言表达。平和友善、落落大方的动作并伴有礼节性的语言表达，才是受礼方乐于接受的。那种做贼似的悄悄地将礼品置于桌下或房间某个角落的做法，不仅达不到馈赠的目的，甚至会适得其反。在我国一般习惯上，送礼时自己总会过分谦虚地说："薄礼！薄礼！"，"只是一点小意思"或"很对不起……"。应避免这种说法。当然，如果在赠送时以近乎骄傲的口吻说"这是很贵重的东西"也不合适。在对所赠送的礼品进行介绍时，应该强调的是自己对受赠一方所怀有的好感与情义，而不是强调礼物的实际价值，否则，就落入了重礼而轻义的地步，甚至会使对方有一种接受贿赂的感觉。

（三）顾及习俗礼俗

由于民族、生活习惯、生活经历、宗教信仰及性格、爱好的不同，不同的人对同一礼品的态度是不同的，或喜爱或忌讳或厌恶等。送礼一定要避免禁忌。例如，中国普遍有"好事成双"的说法，因而凡是大贺大喜之事，所送之礼，均好双忌单，但广东人则忌讳"4"这个偶数，因为在广东话中，"4"听起来就像是"死"，是不吉利的。再有，白色虽有纯洁无瑕之意，但中国人比较忌讳，因为在中国，白色常是大悲之色和贫穷之色。同样，黑色也被视为不吉利，是凶灾之色，哀丧之色。而红色，则是喜庆、祥和、欢庆的象征，受到人们的普遍喜爱。另外，我国习俗还常常讲究不能送钟表给老人，不能送梨给夫妻或情人，因为“送钟”与“送终”，“梨”与“离”谐音，是不吉利的。还有，如不能向健康人送药品，不能向异性朋友送贴身的用品等。

（五）送礼要因人因事因地而宜

礼品的选择，要针对不同的受礼对象区别对待。一般说来，对家贫者，以实惠为佳；对富裕者，以精巧为佳；对恋人、爱人、情人，以纪念性为佳；对朋友，以趣味性为佳；对老人，以实用为佳；对孩子，以启智新颖为佳；对外宾，以特色为佳。

二、馈赠的时机

（一）节日

人们一般利用节日送礼，除了传统节日外，我国引进了洋节日，如情人节、母亲节、父亲节、圣诞节，使人们交际馈赠的时机更多了。

（二）慰问

当对方遭遇不幸、身体患病时，向其慰问时送礼。

（三）祝贺

利用对方有喜事的时候送礼，如升学、毕业、升职、结婚、生子、乔迁、开业等。

（四）送行

当对方远行、离别时，也常赠礼品，留作纪念。礼品附有名片，祝他一路平安。

（五）酬谢

当自己在工作、生活中遇到困难时，受到别人的帮助，送礼表示感恩之情。

（六）业务往来

当第一次拜访客户时，一般要向客户赠送小礼品。企业召开订货会、客户联谊会、接待来宾时向对方赠送礼品。

三、礼品的选择

(一) 上门拜访时的礼品

亲戚、朋友、同事、上下级之间的拜访，通常多以水果、饮料、服装、玩具、工艺品等为礼品。选择礼品时，要了解其家庭情况，有针对性地送礼。如给小孩送玩具、衣服，给老人送营养品、酒、茶叶，也可以送老少皆宜的食品。

(二) 业务往来赠送礼品

一般以选择办公用品或企业的产品为好，以企业产品作为礼品赠送，既可作为会议纪念品，也可对该产品起到推广宣传作用。

(三) 节日礼品

节日送礼，不同的对象礼品的选择不同。对职员可选办公用品，对老师可送贺年片、装饰品，对老人可选食品、保健品以及老人们喜欢的娱乐用品，对儿童可送玩具、学习用具、食品、服装等礼品。

(四) 赠送好友的礼品

对于喜欢文学的好友，可送一套文学名著；喜欢书法的人可送一幅名人字画；贺婚送礼，应送礼金或家庭用品、鲜花等。男士对关系密切的女友可送装饰品及生活用品，女士对关系密切的男士可送领带、衬衣、精致皮包等。也可在外出旅游回来，给好友送上一些价值低但有纪念意义的礼品。

(五) 赠花

花是一种高雅的馈赠礼品，送花是现代人送礼的一种时尚。但每种花都有其特定的寓意，人们在送鲜花时可根据受礼对象选择花的品种、送花时间、场合和方式以准确地寄托自己的某种情感和希望。

花篮，由色彩鲜艳的花朵组合而成，外加包装纸和丝带，适用于探亲访友，祝贺新婚和看望病人等场合。

盆花，以送给乔迁新居的友人或送给长辈尊者为佳，也可作为探亲访友的礼品。

四、馈赠的方式

（一）到他人工作之处或到对方居所向其赠送礼品时，应在见面之处把礼物赠予对方。

（二）当自己以东道主身份接待来宾时，通常是在对方告辞之前向对方赠送礼品，在告别宴会上赠送或到其下榻处赠送都可以。

五、馈赠时应注意的问题

（一）要对礼品进行必要的装饰。

（二）正常情况下，正式礼品应由赠送者交给受赠对象，而不应让对方自取。

（三）赠送时向对方说明礼品本身的寓意、涵义。

第四节　拜访礼仪

拜访是重要的社交活动，它可以联络感情、交流工作和增进友谊。同时，拜访又是一种礼节性很强的社会活动，如有违礼节，就会影响相互间的关系和友谊，也有损自身形象。

一、到居家室拜访的礼节

到别人家里做客，应注意以下方面的礼节：

（一）事先有预约，不作“不速之客”

当你决定到某人家拜访时，最好给主人预先约定一个合适的时间，以便主人事先作好安排。如果不打招呼就贸然前往，很容易扰乱主人的工作和生活秩序，而且也容易扑空。如果事先已与主人约定好时间，就要守信，准时到达，以免主人久等。如发生了特殊情况而不能前往，或者需要改变日期和时间，应提前通知对方，并表示歉意。

（二）选择拜访的时间

到居家室拜访，时间不宜太早或太晚，最好下午或晚饭后，要尽量避开吃饭和休息之时。拜访时穿戴应整洁大方，对仪容仪表适当做些修饰，显示尊重主人。

（三）敲门和按门铃

到主人家时，要先敲门或按门铃，待有回音或主人前来开门时，方可进入。如果主人家大门半开或全开，也要先以平和的语气询问后，待主人请进时再进去。如果不认识出来开门的人，则应问一声："这是×××先生的家吗？""我是××单位的××，约好了与××见面。"待对方给予肯定回答并请进时，才能进门。如果敲错了门，切莫忘了对人说一声"对不起"或"打扰了"，以示歉意。若别人告诉你想要拜访的主人地址，应道一声"谢谢！"

（四）礼品选择

初次到别人家做客，最好适当带有礼品。如主人家有老人或小孩，所带礼品应尽量适合他们的需要。熟客一般不必带礼物，但遇有重要节日或特殊约会，则不妨带些受大家欢迎的礼品。

（五）拜访当中的礼节

进门时，如果主人家铺了地毯或板砖，要在门口先换上主人备用的拖鞋，然后再向主人行见面礼，一般是握手和问安。另外，对主人家的其他成员，应按"长幼有序"的原则，亲切称呼问好。如果携带礼物而来，要将礼物恭敬地交给主人收下。落座之前，要将外衣和帽子脱下，连同携带的提包，雨具等物，放在主人指定的地方，千万不要乱扔，以免引起主人反感。

在主人未让座之前，不能随意坐下。如果拜访的主人是长辈，或者第一次来做客，更需要彬彬有礼，在主人让座之前，不能先落座。如果拜访关系密切，则可以稍随便些。落座时要轻，不能猛地一下坐在那里。坐的姿势也要讲究。

在与主人交谈时，应注意礼貌，姿势要端正自然，语气要温和可亲，且注意倾听主人的谈论。若对方是长者，他在谈话时，不可随便插话，更不要自以为是。在主人家不乱翻乱看，不乱扔果皮烟蒂，未经主人同意，不拿走主人的任何东西。如果主人招待的是饮料、水果、点心，已启开瓶口的饮料可以全喝完，但水果、点心只能稍稍品尝。

应主人之请在主人家吃饭时，应首先表示请主人与长辈一同进餐，待主人入座后自己再吃。进餐时要注意文明。饭后应向主人表示谢意。

拜访时间不宜过长，特别是晚上更是这样。第一次拜访应以20分钟为好，以免影响主人及其家人休息。俗话说“客走为安”，客人不及时告辞，主人不得安宁。

（六）告辞礼节

告辞之前不可让主人看出急于想走的样子，也不要在主人说完一段话或一件事时，立即提出告辞，这样会使主人觉得你对他的谈话或说的事不耐烦。如果发现主人有急事要办，则应适时告辞。在选择合适时机决定告辞时，应恭敬地对主人说：“时候不早了，我要告辞了。”告别时，注意向主人及家庭主要成员招呼“再见”，并诚意约请他们到自己家里做客。主人热情相送，应及时请主人留步。

（七）当主人不在家时

如果要拜访的主人不在家，而其家中人又不认识你，则应该向其家里人或邻居留下自己的姓名、地址、电话，或者留张名片，以免要拜访的主人回来时，由于不知是谁来访而造成不安。

二、到办公室拜访的礼节

因工作需要到对方单位或办公室进行拜访，应注意以下几个方面的礼节。

（一）拜访前要预约

拜访前，应先预约，时间约定后要准时造访。

（二）进入办公室前应先敲门

办公室的门不论是关着或开着，进门前要先敲门，经允许后方可进入。如果办公室的门是关的，进来后应轻轻把门关上。

（三）问候及自我介绍

如果初次拜访，进门后应问候“您好”或“各位好”或点头致意。然后自我介绍或向接待人员递名片，请求与要会见者见面。

（四）谢座

向对方说明身份及来意后，对方让座，来访者应谢座，然后大方，稳重地坐下。座位由主人安排，尽量不要坐在办公人员的办公座位上，以免影响正常办公。

（五）注意拜访时间

到办公室拜访，一般都是在工作时间，所以拜访时间不宜过长，一般在 15 分钟至半小时之间即可。

（六）选择拜访礼品

到办公室拜访，特别是一般性的工作访问，多数情况下不必准备礼物。但如果为了感谢对方单位的支持，就应选择相应的礼品，一般以锦旗、牌匾之类的礼品为宜。

（七）礼貌告辞

告辞的礼节与到居室拜访告辞大致相同。

三、到宾馆拜访的礼节

如果外地客人来到本地，住在某宾馆里，得知消息以后，应前去进行礼节性的拜访。拜访应注意以下几方面礼节：

（一）拜访前应先预约时间

拜访时间的约定，多由对方确定。约定时需问清宾馆的位置、楼层、房号及联系电话。

（二）讲究仪容仪表

到星级宾馆拜访客人，若穿得不得体，有可能被拒之门外，即使未被阻挡，也会招来人们冷峻的眼光。同时，这样也表现出对客人的不敬。

（三）进入宾馆要彬彬有礼

进入宾馆要步态稳健，精神饱满，行为举止要礼貌，在大门、电梯等处遇到为你提供帮助或服务的人员，应以微笑点头致意，表示感谢。

（四）进入客人房间应事先通报

进入宾馆后，应先向总台服务员说明来意，然后往房间打个电话，通报一下，经客人允许后，才可到房间去。进客房前，看清房间号再敲门，待客人开门后进行自我介绍，客人说“请进”，方可进入房间。

（五）注意谈话场所和时间

星级宾馆，一般房间都带有会客厅，要在会客厅内交谈，不应进入卧室交谈。交谈时间不宜过长，以15分钟左右为宜。

第五节　接待礼仪

有客人拜访就要礼貌接待，主雅才会客勤。通过热情、得体、规范的接待感染来访者，给对方留下良好的第一印象，为双方进一步接触打下基础。

一、接待程序与接待礼节

随着市场经济的发展，企业之间及企业与政府、新闻媒体、顾客等之间的交往越来越频繁，接待工作成为展示企业形象的好机会，因此，企业接待更要讲究规范。

（一）接待程序

接待工作一般都有以下程序：

1. 认清身份，明确来意

认清来访者的身份、职务所在单位及来访目的，是做好接待工作的前提。接待人员可通过对方的预约电话、来访者的证件、信函、名片、自我介绍等了解对方的身份和来意，以及随同人员的情况，这样才能使接待人员对以后的接待工作心中有数。

2. 热情相迎，以礼相待

“有朋自远方来，不亦乐乎！”无论是应邀而来，还是自行登门拜访；也不论是来洽谈业务，还是请求帮助，甚至是投诉，都应牢记“来者都是客”。对每个人都应以礼相待。真诚地、微笑着让客人请进、让座、奉茶、询问，给客人留下良好的印象。

3. 耐心倾听，诚恳答复

根据客人的身份及来意，介绍企业身份相当的领导同相关人员会见。必要的寒暄之后，就应耐心倾听客人的来意。来访者一般事先都经过反复的思考，打好腹稿，因此，叙述时可能很详细。接待人员一定要耐心的聆听客人的叙述。然后，对来访者的信任、建议、批评表示谢意，对对方所提出的困难或突出的业绩，表示同情或赞许。对来访着的询问、请求给予诚恳的答复，对一时无法满足的请求应诚恳地解释、请求对方的谅解，不要给对方模棱两可的答复，更不能话中有讹，也不要信口开河，随意许诺，一旦承诺无法实现，将会造成双方的不愉快。

4. 友好话别，礼貌相送

这是接待工作的最后一道程序，稍有疏忽有可能前功尽弃。来访者通常会对企业的接待工作、友好的合作态度，以及给予自己的各种帮助表示感谢。接待人员也应有相应的答谢或表示安慰的话。客人告辞时，应待客人起身后，方可起身送客。不能心不在焉地频频看表、打哈欠等变相地“逐客”。送客一般都要送出门，对外地来宾必要时应派车，派人送到车站、机场。分别时应再次握手道别，并欢迎对方再次光临。待车离开后方能返回。

（二）接待礼节

1. 接待的规格

接待人员必须根据来访者的身份，确定接待的规格。接待规格是以陪同领导的角度而言的。接待规格过高，影响领导的正常工作；接待规格过低，影响上下左右的关系。所以，确定接待规格时应慎重全面地考虑。

（1）高格接待，即主要陪客比来宾的职位要高的接待。如上级领导派工作人员来了解情况，传达意见，兄弟企业派人来商谈要事等，需高格接待。

（2）低格接待，即主要陪客比来宾的职位要低的接待。如上级领导或主管部门领导到基层视察，只能低格接待。

（3）对等接待，即主要陪客与客人的职位同等的接待。这是最常用的接待规格。主要客人是什么级别的，本单位就派同样级别的人陪同，必要时本单位高层领导看望一下就行。

2. 次序礼仪

接待过程中，遵从次序礼仪的要求，能准确突出来访者的身份，是对来访者的尊重。接待过程中的次序礼仪一般有以下要求：

（1）就座时，右为上座。即将客人安排到企业领导或其他陪同人员的右边。

（2）上楼时，客人走在前，主人走在后；下楼时，主人走在前，客人走在后。

（3）迎客时，主人走在前；送客时，主人走在后。

（4）进电梯时，有专人看守电梯的，客人先进、先出；无人看守电梯的，主人先进、后出并按住电钮，以防电梯门夹住客人。

（5）奉茶、递名片、握手。介绍时，应按职务从高至低进行。

（6）进门时，如果门是向里开的，主人应先进，按住门，再请客人进。如果门是向外开的，把门拉开后，请客人先进。

总之，社交场合，一般以右为大、为尊，以左为小、为次，进门上车，应让尊者先行，一切服务应从尊者开始。

3. 会见礼节

（1）守时。宜略早于约定时间几分钟到达约定地点等候客人。会谈时间约定后不能随意变动，万不得变动须预先通知对方并表示歉意。

（2）如对方没有预约，要会见的人不在，应委婉道歉，约对方改期再来，并表示一定做好安排。

（3）陪同交谈的人，不能无故中途离去。如果主要陪同人确有急事，应向对方说明，使对方缩短交谈时间，或征得对方同意，安排其他领导陪同交谈。

（4）体态规范、稳重。接待过程也是展示礼仪素养的过程。接待人员的眼神、手势、站姿、坐姿、奉茶、递文件等动作都应规范，以示训练有素。

（5）语言亲切、明了，多用敬语。

4. 陪车的礼仪

如接送团体宾客，上车时，应按先主宾后随同、先女宾后男宾的惯例，要主动搀扶客人或递送行李，待客人全部上车完毕，自己才上车，绝对不能抢先。

如陪同客人坐轿车，上车时，首先为客人打开右侧后门，左手拉车门，右手遮车篷上框，以防宾客头碰到车门框。但如遇伊斯兰教徒和佛教徒，则不宜遮挡，因为他们认为这样会把“圣光”遮住。最后自己从车后绕到左侧后门上车或在司机旁边的座位就座。

下车时，主人应先下车，为客人打开车门，同样以左手拉车门，右手挡住车门上框，请客人下车。

车里的位置礼节。如小轿车，其座位如图3－1。

<table>
<tr><td colspan="3">司机</td><td colspan="3">4</td></tr>
<tr><td colspan="2">3</td><td colspan="2">1</td><td colspan="2">2</td></tr>
</table>

图3－1　轿车座位

一般认为，司机旁边的位置最低，是秘书或警卫人员的座位。后排中间为上座。当司机或客人充任司机时，陪同应坐到司机旁边的座位上。

5. 奉茶的礼节

（1）茶具的选择。一般说来，接待档次越高，茶具越讲究。茶杯要有柄，以避免手与杯体、杯口接触。茶具的质地一般选择陶瓷器皿，不宜用玻璃杯。正规场合，应用碟托茶杯。茶具应洗净擦干，不能有污垢或裂痕、缺口。

（2）茶叶的选择。条件允许的情况下，可根据各人的喜好沏茶。在办公室内接待客人，可根据各地客人饮茶习惯准备茶叶，如广东、福建、广西、云南等地习惯饮红茶、乌龙茶，江南一带饮绿茶的比较多，北方人习惯饮花茶，西藏、内蒙古、新疆地区的少数民族，则大多习惯饮浓郁的紧压茶。

（3）沏茶的时机。不可在客人到来之前先沏好茶，而是在客人到达后开始沏茶。沏茶一定用热开水，而不能用温开水。每杯应斟七分满即可。

（4）奉茶时的礼节。奉茶应注意礼宾秩序。奉茶时不要从正面端来，应从每人的右后侧递上，身体略前倾以示敬意。

（5）饮茶时的礼节。饮茶时应边饮边谈，不可不理会别人的谈话，独自咕咕地喝水，一饮而尽。应该慢慢地一小口一小口地仔细品尝，如遇漂浮在水面上的茶叶，可用茶杯盖拂去过轻轻吹开，切不可从杯中捞出来，或是吐在地上。喝完一口后，应把杯子放下，不可一直拿着杯子与人交谈。

二、家庭接待礼仪

（一）准备

客人来访一般都有预约，但也有“不速之客”。为了能让客人得到良好的第一印象，平时应将家里收拾干净、整洁，以免“不速之客”突然光临时手忙脚乱。

当接到客人来访预约时，应根据来访者的个性、年龄、性别、爱好以及来访者身份，做好适当的物质和精神方面的准备。

1. 物质方面

（1）先将房间、客厅打扫干净，各类物品摆设整齐，打开门窗换换新鲜空气。

（2）搞好个人的仪容仪表。一般来说在家里接待客人比在办公室、宾馆等场合接待客人随意些、朴素些。

（3）根据来宾的特点准备一些待客的糖果、香烟、茶叶、水果等，以及一些娱乐用品。

（4）准备好客人需要的有关资料。

（5）如果邀请客人就餐，就应该准备采购物品。

2. 精神方面

（1）要调控好自己的心境，以满腔的热情来接待客人，哪怕家里刚发生不愉快的事，也不能怠慢客人。另外，要将有客人来访一事告诉家人，使家人也有足够的仪表及心理上的准备。

（2）根据来访者的目的，考虑如何与客人交谈，做到“胸中有数”。

（二）待客的程序及礼节

1. 迎接问候

按约定的时间，主人必须提前在家等候迎接。见到客人，热情招呼，寒暄问候，以示欢迎。

2. 主动介绍

如果与来访者是第一次见面，见面后双方都应做自我介绍。表明身份后，将客人引入家中，并要一一介绍给家人，也要将家人介绍给客人。

3. 敬茶

请客人入座后，给客人敬茶。应当着客人的面沏茶。敬茶时，应面带微笑双手奉上，茶杯轻轻放在客人的右上方的桌面上，并说：“请喝茶。”如果客人不止一小时，第一杯茶应泡给客人中德高望重的长者，或职务最高者。可招呼客人吃糖果或水果。如将水果刀递给客人，刀尖要对自己，不能对着客人。代客削果时，以手指不碰到果肉为好。如果客人带有小孩，可找些玩具、书画、儿童食品招待客人，不能忽视小客人。

4. 陪客交谈

如果谈话的内容与家里其他人没什么关系，家人可回避，要关照好小孩，不能乱插嘴。家人不要在客人面前暴露矛盾，更不能当着客人的面发生口角，让客人感到尴尬。

5. 共同进餐

如果客人同意进餐，家庭人员应做好分工，准备饭菜和陪客人。进餐前可根据情况与客人一边交谈一边娱乐，创造热烈的、欢快的、轻松的气氛。

6. 送客告别

接待客人时，不要当着客人的面不断地看表，这在客人看来，是给人下“逐客令”。客人告辞时，应婉言相留。如果客人执意要走，主人应晚于客人起身，当客人告别离开时，主人应走在客人的后面相送。应将客人送至门口、楼下或车站，必要时为客人招呼出租车。如将客人送至门口，应在客人的身影完全消失后才返回，绝对不能在客人刚出门就“砰”地重重地把门关上，这是极为失礼的行为。如客人乘车离开，在车子刚开动时，应微笑着向客人挥手致意，待车子走远后再返回。

三、办公室接待礼仪

（一）办公室的布置

办公室不仅是工作的地方，有时也是接待客人的场所。办公室的布置不同于家庭、酒店的布置，它的设计风格应该是明亮、整洁、高雅、安全。

1. 办公室应保持整洁

地板、墙面、走道要经常打扫，玻璃、门窗、办公桌擦拭干净、明亮。桌面只放些必要的办公用品，且摆放整齐。不要将杂志、报纸、餐具、小包等物放在桌面上。废纸应扔入纸篓里。文件应及时按月归档，装订整理好，放入文件柜。待办的文件下班后应锁入办公桌内。桌椅、电话机、计算机、茶具、文件柜等物的摆设应以美观、方便、高效、安全为原则。

2. 办公室应给人以高雅、宁静的感觉

办公室既是工作的地方，也是社交的场所。所以，企业一般都将办公室装修得比较豪华，以显示自己强有力的经济实力和对客人的尊重。但豪华而不可俗气，应注意采光合理，色彩恰当，空气清新。办公室的气氛不宜充满喜庆，也不要让人感到压抑，不宜悬挂美人的照片或挂历。可装饰些风景画、盆景、有特殊意义的照片、名人的字画、企业的徽标、工作岗位职责、工作计划、计划完成情况示意图等，创造浓厚的企业文化氛围。

（二）办公室人员应有的举止

一个企业接人待物的礼仪水平，是从每个职员的言行举止中体现出来的。因此，每个办公室人员应牢记，自己的言行代表着企业的形象，应自觉地遵从办公室礼仪。

1. 仪表端正，仪容整洁

无论是男职员还是女职员，上班着装都应符合规范。上班时应着统一的工作服，以体现严谨、高效率的工作作风，加深客人对企业的视觉印象。没有要求统一服装的企业对职员上班的着装，应提出明确的要求。

2. 言语友善，举止优雅

（1）真诚微笑。微笑是一般社交场合最佳心态的表现。微笑是一种无声的语言，它是对自己价值的肯定，对他人的宽宏和友善，是稳重成熟的表现。微笑是自信、真诚、自尊、魅力的体现。上班时与同事、领导微笑问好，下班微笑道别。接人待物，道歉、致谢都应有真诚的微笑。不要把喜怒哀乐都流露于脸上，否则会让人感到你不够成熟、自控力不强。

（2）话语谦和。在办公室讲话时声音要轻，不能在办公室、过道上大声呼唤同事或上级，无论是对同事、上级还是来访者，都应使用文明用语。在办公室里，话语不要刻薄，与同事开玩笑要适度，不能挖苦别人、恶语伤人，更不能在背后议论领导和同事，以免“家丑外扬”。

（3）体态优雅。公司职员的行为举止应稳重、自然、大方、有风度。走路时身体挺直，步速适中、稳重、抬头挺胸，给人留下正直、积极、自信的好印象。不能风风火火、慌慌张张，让人感到你缺乏工作能力。坐姿要优美，腰挺直，头正，不要趴在桌子上，歪靠在椅子上。有人来访时，应点头或鞠躬致意，不能不理不睬。工作期间不能吃东西、剪指甲、唱歌、化妆，与同事追追打打有失体面。谈话时手势要适度，不要手舞足蹈，过于做作。

（4）敬夜爱岗，高效稳妥。公司职员应树立敬业爱岗的精神，努力使自己干一行、爱一行、钻一行，以饱满的工作热情，高度的工作责任心，开创性地或杜绝差错地，按时、按质、按量完成每一项工作。领导交给任务时，应愉快接受，做好记录，确保准确；然后认真办理，及时汇报；并做到恪守职员准则，严守工作机密。

（三）办公室接待礼仪

1. 问候

客人来访时，应立即从座位上站起，走到客人面前，行15°鞠躬礼，亲切地说："您好！"然后问明来意和身份，同时也做一些简单的自我介绍。

2. 等候

如果客人要见的人不在，应有礼貌地说："对不起，××刚出去，请您稍等。请坐！"为客人奉上茶，然后说："我给您联系一下。"联系之后告诉客人要见的人大约什么时候能回来。在客人等候的时间内，可安排客人看看报纸、杂志，也可与客人进行交流。

如果客人要见的人一时回不来，应明确告诉客人，例如："王经理到北京出差，本月20日才能回来。""那我21日再来。""好的，我一定转告王经理。请您到时最好再电话预约一下。"

3. 引见

如果客人要与领导见面，应将客人引至领导办公室，或领导指定的会见地方。在引导的途中，接待员应走在客人左前方2～3步远的位置。在上下楼梯，进入电梯时，应回头用手势示意"请！"途中还应热情与客人寒暄，不应绷着脸走路。到达会见地点，应先敲门，得到允许后请客人进入，并为客人和领导做介绍。如果领导尚有事，可安排客人坐下，并礼貌地说："对不起，经理请您稍等一会儿，他马上就到。"

4. 介绍

领导与客人见面时，接待员应主动及时地为双方作介绍。双方握手寒暄后坐下。接待员及时给客人和领导沏茶。按先客人后主人，先职务高的后职务低的顺序上茶。安排妥善后，如自己没必要参加会谈，可在隔壁等候领导吩咐，或经领导同意后，回到自己岗位。离开时应向客人致意，退出门外，轻轻把门关上。

5. 交谈

几句寒暄后，谈话应马上进入正题。交谈时应注意谈话的礼仪。领导与客人交谈时，其他人不要去打扰。每个人应专心做自己的工作，不要插话，也不要凑过去听个明白。如果有事要请示，敲门进去后，应礼貌地说："对不起，打扰一下。"请示完以后应迅速退出，并向客人表示歉意，把门轻轻关上。

6. 送客

客人告辞时，应晚于客人起身，并婉言相留。无论交谈结果如何，都应像迎客时一样热情相送。

第六节　求职礼仪

求职礼仪是大学毕业生在求职面试过程中遵循的礼仪规范，是大学毕业生综合素质的表现，对大学毕业生求职成败起着举足轻重的作用。

一、求职前的准备

大学生求职要做好以下几方面的准备。

（一）材料准备

自我推荐是毕业生就业的基本环节。自荐材料是毕业生和用人单位取得联系最常用的方式。在求职过程中，推荐、面试、录用都离不开它，自荐材料的好坏直接影响着能否成功就业。

1. 自荐材料的内容

自荐材料主要包括：求职信、简历、附件等内容。

2. 写求职信时应注意的问题

求职信是大学毕业生写给用人单位的信，以让对方了解自己，相信自己、录用自己为目的。

(1) 态度真诚，摆正位置。美国前总统肯尼迪曾经说过："各位美国人，你们国家并不向你们索取什么，但请你们扪心自问，你们能为自己的国家做些什么?" 写求职信时，要写什么内容，请想想这句名言，首先应该想公司要我来干什么？或者换句话，不应该写自己需要什么，获得该职对自己有什么好处，而应该写自己能为公司做些什么。有了这样的态度，才能摆正位置。另外在写求职信时，要诚恳礼貌，切忌自吹自擂，炫耀浮夸。虚弱怯懦、缺乏自信也是不可取的。

(2) 整洁美观，言简意赅。求职信文字的整洁美观很容易引起用人单位对求职者的好感。现在有很大一部分毕业生的求职信都用计算机打印出来，但如果你的毛笔或钢笔字写得很好，建议你用手工工整整地书写，这样能给人以亲切之感，同时也向用人单位展示了你的特长。不管手写还是打印，都应注意言简意赅。一般而言，求职信以 A4 的纸张一页为宜，字数控制在 400 字以内。在写求职信时应打草稿，反复推敲：意思是否清楚，用词是否得当，内容是否简练完美等。

(3) 富于个性，有的放矢。求职信的核心部分是自己胜任工作的条件，并非多多益善，而是要有针对性，有的放矢。所以，在动笔之前要着眼于现实，对用人单位情况要有所了解，有针对性地介绍和突出自己的特长。目前有许多毕业生"一稿多投"，本来想"普遍撒网，重点打捞"，结果却石沉大海，杳无音讯。因此，如果要从事营销或管理工作，你最好要突出在校实践活动，突出组织、协调能力和自信心，这样才能投其所好，察其所需，供其所求，显现个性，赢得胜机。

(4) 以情动人，以诚感人。写求职信更要注意这一点。那么怎样做到以“情”动人呢？关键在于摸透对方的心理，然后根据你与对方的关系采取相应的对策。如果用人单位在你的家乡，你可以充分表达为建设家乡而贡献自己聪明才智的志向；如果用人单位在贫困地区，你就要充分表达为改变贫困地区面貌而奋斗的决心；如果用人单位是教学单位，你就要充分表达献身教育事业的理想……总之，你要设法引起对方的共鸣，或者得到对方的赞许。这样，你就有可能收到意想不到的效果。在注重以情动人的同时，还要以“诚”感人，以“诚”取信，即要态度诚恳、诚实，言出肺腑；内容实事求是，言而可信，优点要突出，缺点不隐瞒；恭敬而不拍马屁，自信而不自大。只有“诚”才能取信于人，得到用人单位的重视。

3. 写简历时应注意的问题

简历是大学毕业生生活、学习、工作、经历、成绩的概括集锦。简历的真正目的是为了让用人单位全面了解自己，从而为自己创造面试的机会，最终达到就业的目的。简历一般作为自荐信的附件，呈送给用人单位。

(1) 简历与求职信不同。简历是叙述求职者的客观情况，而求职信则是主要反映求职者主观情况和求职意向。

(2) 简历是一份材料。重在证明个人的身份详情、学习经历、学习成绩以及工作经验等，其目的是用来支持求职信，让用人单位全面了解自己，用以证明自己能适合担当所求职位的工作。

(3) 求职简历不同于工作简历。一般的工作简历只是个人的一份历史记录，仅仅反映自己曾经做过什么。而求职简历，不仅要反映自己能做什么，做过什么，还要反映做得如何，具备了哪些素质和能力，从而给用人单位一个醒目的印象。

（二）心理准备

大学毕业生要保持积极的就业心理，应从以下几个方面做起：

1. 学会客观、全面地进行自我认识和自我评价

毕业生要学会进行自我分析、自我评价，正确地了解、认识自己，恰当地评价自己，善于确定符合自己实际情况的择业目标，既不妄自尊大，做力不能及的事，也不妄自菲薄而放弃可能发展的机会。为了准确地确定自己在群体中的位置，要学会以总体的眼光与别人进行客观、全面的比较。这样才能做出正确的自我评价。

2. 消除从众心理

择业中存在“人往高处走”的从众心理是可以理解的。但问题是：这个众人所向往的“高处”是否就是真正的“高处”，是否一定适合自己的发展。在择业中不能一味顺应“从众心理”，科学的择业方法应是选择社会需要的并能发挥个人特长的职业，以个人所长择社会所需。

3. 培养较强的情绪控制能力

当前，由于多种因素的影响，在择业过程中，摆在毕业生面前的是希望与痛苦并存，失望与机遇同在。严重的消极情绪会导致心理失衡，稳定而良好的情绪会使人心情开朗、轻松、安定、精力充沛，对生活充满乐趣与信心，从而满怀希望地投入到就业大潮中。因此，学会对情绪的自我控制，是择业成功的基石。

4. 克服“主见缺乏症”，培养果断的决策能力

人无完人，工作单位也没有十全十美的。选择就业单位时，往往不可能达到各方面都如人愿。千万要克服“主见缺乏症”，培养果断的决策能力。

（三）形象准备

1. 面试的形象定位

面试的形象定位的要求是：与面试环境、气氛协调；与自己

的气质相协调；自然大方地显示自己的形象。所以面试的形象定位是：端庄、大方、热情、自信。

2. 面试的形象设计

（1）发型设计。面试发型设计的要求是大方。

可供男性选择的发型不多。如果使用发胶，一定要用梳子把固结成络的头发梳开。女性发型最忌讳的是太多的头饰和过分的装束，所以，不要“爆炸式”的发型、高挽的发髻。披肩的长发已渐渐被接受，但应稍加约束一下，不要让它太随意。

（2）着装设计。着装设计的要求是自然协调，协调中显示着人的气质与风度的档次；稳重中表达着人的可信赖的程度；独特中言说着人的个性。杜绝佩戴装饰物。

（3）面部化妆。面部化妆的要求是化淡妆。

二、求职信和简历

（一）求职信的写作

求职信一般包括标题、称呼、正文和落款。

1. 标题

求职信的标题由文种名称组成，即在第一行中间写上“求职信”三个字。

2. 称呼

要顶格写明求职单位的领导或负责人的姓名和称呼，也可直接称呼其职务，如“尊敬的××局局长：”。注意要在称呼后加冒号。

3. 正文

正文由开头、中间、结尾三部分组成。（1）开头。开头要交代清楚应聘者的身份、年龄、学历等基本情况，给用人单位一个初步的完整的印象。（2）中间部分。这是求职信的中心内容，是针对用人单位的招聘信息的要求来具体地介绍自己，其中要把自己的专业特长、业务技能、外语水平及其他潜在的能力和优点全部表呈出来，以期使用人单位意识到你正是他们用人的最佳人选。(3) 结尾。求职信的结尾要再次强调自己的求职愿望，恳请用人单位给自己一次工作机会。

5. 落款

在正文的右下方署上求职者的姓名及成文的日期。

◆【阅读资料】

求职信范例

尊敬的领导：

您好！

我是××××学院××××系的一名学生，即将面临毕业。

××××学院是我国××××人才的重点培养基地，具有悠久的历史和优良的传统，并且素以治学严谨、育人有方而著称。在这样的学习环境下，无论是在知识能力，还是在个人素质修养方面，我都受益匪浅。

三年来，在师友的严格教益及个人的努力下，我具备了扎实的专业基础知识，系统地掌握了××××、××××等有关理论；熟悉涉外工作常用礼仪；具备较好的英语听、说、读、写、译等能力；能熟练操作计算机办公软件。同时，我利用课余时间广泛地涉猎了大量书籍，不但充实了自己，也培养了自己多方面的技能。更重要的是，严谨的学风和端正的学习态度塑造了我朴实、稳重、创新的性格特点。

此外，我还积极地参加各种社会活动，抓住每一个机会，锻炼自己。大学三年，我深深地感受到，与优秀学生共事，使我在竞争中获益；向实际困难挑战，让我在挫折中成长。祖辈们教我勤奋、尽责、善良、正直；××××学院培养了我实事求是、开拓进取的作风。我热爱贵单位所从事的事业，殷切地期望能够在您的领导下，为这一光荣的事业添砖加瓦；并且在实践中不断学习、进步。

收笔之际，郑重地提一个小小的要求：无论您是否选择我，尊敬的领导，希望您能够接受我诚恳的谢意！

祝愿贵单位事业蒸蒸日上！

×××

×年×月×日

（二）简历的写作

1. 简历的形式

简历一般有三种形式：表格式、时间顺序式和学习工作经历式。表格式是用表格的形式列出自己的基本情况和学习、工作的经历，使人一目了然；时间顺序式是按年月顺序，列出自己的学习、工作经历，条理清楚；学习工作经历式是根据需要有选择列出自己的学习、工作经历，充分表现自己的技能、品德。对于即将毕业的大学生来说，采用表格式和时间顺序式最好。

2. 简历包括以下几个方面的内容

（1）个人资料，姓名、性别、出生年月、籍贯、政治面貌、婚姻状况、身体状况、兴趣、爱好、性格以及自己的联系方式等。

（2）学业有关内容，毕业学校、所学专业、学位、主要课程成绩、外语、计算机掌握的程度。

（3）本人经历，大学以来的简单经历，主要是学习、社会实践工作的经历等。

（4）职业能力，具备从事职业岗位的具体能力。

（5）所获荣誉，包括三好学生、优秀团员、优秀学生干部及奖学金等方面所获荣誉。

（6）本人特长，如计算机、外语、驾驶、文艺体育等。

◆【阅读资料】

简历范例

个人资料

姓名 王宏 性别 男

政治面貌 中共党员 专业 英语语言文学

出生年月 1981－01－04 籍贯 江苏省苏州市

教育程度

2003.9－2006.4

xx学院2006届英语专业

语言、计算机能力

英语：专业四级（TEM－4）

计算机：二级，熟练操作Word、Excel、Photoshop、PowerPoint、SPSS等办公软件。

其他：国家普通话等级证书、英文打字等级证书。

获奖情况

2005.10 ××市级三好生；

2005.12 ××学院“校级三好生”称号；

2004.11 暑期社会实践“十佳实践服务明星”称号。

社会实践

1. 在担任学院学生党支部副支部书记期间，曾多次组织学生党员学习参观及党员教育活动等；

2. 在担任学院学生会宣传部长期间，曾多次组织联谊活动等；

3. 学院普通高校本科教学工作水平评估专家陪同工作组成员；

4. 学院“三下乡”、“英语夏令营”活动；

5. 学院剧社成员，曾出演英文话剧“哈姆雷特”；

6. ××视障学校义务教学辅导活动。

职业能力

具有较强的沟通能力、交际能力、组织能力；具有较高的英语翻译能力。

本人特长

会拉小提琴，达到五级水平。

三、面试礼仪

面试即当面测试，是用人单位对应聘者进行选拔而采取的诸多方式中的一种，是应聘者取得求职成功的关键一步，同时面试也是应聘中难度最大的一个环节。因此，大学毕业生更要掌握面试礼仪。

（一）按时到达面试地点

提前十分钟到达效果最佳。在面试时迟到或是匆匆忙忙赶到都是致命的，而提前半小时以上到达亦会被视为没有时间观念。到达面试地点后应在等候室耐心等候，并保持安静及正确的坐姿。

（二）礼貌进入面试室

当点名轮到自己面试时，要敲门二至三下，听到“请进”的口令时再进门。进门后不要用后手随手将门关上，应转过身去正对着门，用手轻轻将门合上。

（三）无声胜有声的形体语言

进入面试室后，在没有听到“请坐”之前，绝对不可以坐下，等面试考官告诉你“请坐”时才可坐下，坐下时应道声“谢谢”。坐姿要求上身挺直，身体要略向前倾，并拢双膝，把手自然的放在上面。全神贯注面试考官，面带微笑，亲切和蔼、谦虚虔诚、有问必答。

（四）面试结束后的礼节

面试结束后，站起来对面试考官表示感谢。走出面试室时轻轻将门合上。

面试结束并不意味着求职过程的结束。为了加深招聘人员对你的印象，增大求职成功的可能性，面试后的两三天内，最好给主考官打个电话或写封信表示感谢。

◆【阅读资料】

你离成功只有三步

第一步：1 分钟脱颖而出

现场镜头：某公司现场招聘“纺织类杂志编辑记者”，多位应聘者簇拥在展位前。一位年轻女士坐下后，没有拿出简历，而是递上了一份杂志。

“这是我一年前在某杂志社担任编辑工作的作品，这也是一份与纺织、服装、时尚有关的杂志。我很了解纺织行业的相关信息，您看，这几个就是我编辑的版面。”

寥寥数语，立即引起了面试官的兴趣。他仔细地看起了她的文章，就文章里面的行业问题与她做了深入的交流。最后面试官主动给她留下了联系电话。

第二步：5 分钟“情感交流”

现场镜头：一名三十多岁的男子应聘某公司生产经理一职。他首先叙述了自己的工作背景和对职位的理解，然后回答了面试官的几个问题，整个过程显得很平常。几分钟后，面试官结束了提问，开始审查简历，气氛一下就沉寂下来，显得有些局促。趁面试官低头不语时，男子娓娓道来：“今天一个场子兜下来，你是我见过的最有水平的面试官。”

“哦？是吗？你说说我怎么有水平了？”面试官显然被勾起了兴趣。

“今天场内的很多HR其实就只是一个简单的人事工作者，或者仅仅是来收取简历的，很少有你这样对职位匹配度、个人兴趣、背景、个人职业规划等询问得那么清楚的，而且还了解企业架构和企业发展目标。你大概做HR很多年了吧……”

就这样，严肃且局促的面试气氛一下子被打破了，两人有说有笑，仿佛是遇到了知己，面试进行得出奇顺利。

第三步：10分钟“表决心”

现场镜头：“你各方面条件都很好，以前也在行业内的知名企业工作过。不过我们企业还是发展中的中小企业，规模等各方面还没有做大做强。你来我们这儿工作不怕屈才吗？”面试官笑问道。

“您放心，我来面试之前是有过充分考虑的。我有过近10年的工作经验，就想找一个中小型规模的企业，给我提供一个发挥所长的平台。在大公司工作虽然能学到不少，可是时间长了发展就会有所限制。我更希望换个环境，和企业一起发展，一起壮大。”求职者回答道。

资料来源：黄文力．现代交际，2006（5）．

四、面试类型与对策

（一）介绍类面试

介绍类面试一般出现在第一轮面试中，首先要应聘者介绍自己的背景和经历。

应对介绍类面试的要求：清晰、简洁、有条理、坦诚。

介绍类面试一般要求回答以下问题：

1. 请你简单介绍自己

这个问题回答要突出的是“简单”二字。只要介绍一下工作经历框架即可，职位和工作内容选择有代表性的、能够反映职业晋升轨迹即可。目的是让面试考官了解你的经历。介绍时间控制在2分钟以内，要放慢语速，叙述顺序从教育经历以及第一份工作开始。

2. 你对我们公司了解吗

这个问题出现的频率很高，目的是考察你对公司的重视和渴望程度。应聘前必须做好准备，了解公司的历史、行业、产品现状以及最新动态。

3. 你认为自己成功吗

要毫不犹豫，给出肯定的回答，并主动提供工作目标和成功案例。

4. 请讲出一个你曾经在工作中受到批评或者犯错的例子

快速简短地讲诉述失败的例子，并补充一个后来改进的例子，说明自己在这方面的弱点已经克服。

（二）行为类面试

行为类面试越来越多地被企业采用，目的是通过应聘者以前的行为来预测其将来的行为。

应对行为类面试的要求：结合职位要求，给予与职位要求相符的回答。

行为类面试一般要求回答以下问题：

1. 请问你的同事做出怎样的行为，会激怒你

这是个陷阱类问题，一般要简单的回答我和每个同事都相处得很好。

2. 你不喜欢和怎样的人一起工作

不要让你的回答表现出你是一个没有合作精神的人或者骄傲的人。可以回答：那些对企业不忠诚的，那些为自己利益以权谋私的，或者违法乱纪的人。

3. 你如何形容自己的个性？

要回答出3个与你所应聘的职位所需要的能力相符的性格特点，如销售职位，需要的是耐压、做事专注、外向喜欢与小沟通

的性格。

4. 为什么你认为自己能胜任这份工作

不要过分表扬自己，要列举出以往同事、老板对自己的评价，以及自己曾在相关工作岗位成功的例子。

（三）映射类面试

面试考官通过应聘者对以往工作经历的评价，从对事物的评判来了解应聘者是否是一个优秀、宽容、谦虚和懂得感恩的职业人。

应对映射类面试的要求：表现出谦虚的态度，以及自己良好的学习能力。

映射类面试一般要求回答以下问题：

1. 你觉得你前一个公司的上司如何

面对这样的问题，若你的上司的确很好，你可以说说喜欢他的原因。若你并不喜欢他，你也不能显示出任何埋怨的神色，可以褒奖他在工作经验上的成就和对你的帮助。比如说“我觉得我向我的主管学到了很多经验，他在工作上非常专业，他教会了我很多知识和实践技能。”

2. 你的事业目标是什么

先回答你目前应聘的职位是你的目标，因为应聘的职位与你设想的职位非常相符。随后再回答自己长远的目标。

3. 你希望自己有一个怎样的上司

应该这样回答：我希望我的上司是一个优秀的领导者。

（四）挑战类面试

挑战类面试的目的是通过挑战性的问题或者压力性的问题来考察应聘者的耐压能力。

应对挑战类面试的要求：自信。

挑战类面试一般要求回答以下问题：

1. 本职位有 11 位候选人，为什么我们要录取你而不是另外

10位候选人

面对这样的问题，首先要表扬别人，他们既然能得到这次的面试机会，都各有优点，然后直接说出自己的经验和成就。

2. 你介意进行心理测试吗（或者是性格测试、测评工具等）

要这样回答：不介意，我相信我能通过心理测试。

3. 你的期望薪酬是多少

可以首先回答：我关心更多的是这个职位本身的诱惑，而不是简单的薪酬多少。若对方一再问及你的期望具体数字，可以回答：据我了解，这个职位的市场薪酬在5万元~10万元/年，这在我的期望范围之内。

（五）反馈类面试

招聘方对于比较满意的应聘者，都会给予提问权，了解应聘者的想法和疑问，让双方解除最后的疑惑。应对反馈类面试的要求：利用提问的机会再次表示自己的忠心和决心。

反馈类面试的问题是：你有问题要问吗?

面对不同的面试考官，提问的内容不同，例如，面对人力资源部经理，可以提问职位具体工作、公司的组织架构、组织使命、接下来的面试过程是怎样的等一系列问题。面对部门经理，可以提问公司的管理风格，他是如何评价下属表现的，部门工作的近期目标是什么等。面对部门同事，可以涉及到工作情况、工作环境的介绍，企业文化的介绍等。面对总经理，可以询问公司发展目标，诸如公司战略等。切忌提问一些能从公司网页或者招聘广告上找到的信息，否则会留下对公司不了解，准备不认真的印象。

【本章小结】

见面礼仪是指在与人见面时应当遵守的礼节、规范和行为准则，主要包括称呼礼、握手礼、拱手礼、介绍礼、名片礼。

称呼指的是人们在日常交往中，所采用的彼此之间的称谓语。在人际交往中，称呼应当亲切、准确、合乎常规。握手是人际交往中的见面礼。在表示欢迎、友好、祝贺、感谢、敬意、致歉、慰问、惜别等场合运用，以示自己对对方的尊重、友好、关心与敬意。握手的程序是：按照“尊者决定”的原则。握手的礼节是：上级与下级握手，应由上级先伸手；长辈与晚辈握手，应由长辈先伸手；女士与男士握手，应由女士先伸手；主人与客人握手，应由主人先伸手。

拱手礼也叫作揖礼，是中华传统的见面礼。它也是人们表示祝贺、祝愿的一种施礼方式。馈赠礼仪要掌握馈赠的原则、馈赠的时机、礼品的选择和馈赠的方式。

拜访礼仪包括：到居家室拜访的礼节、到办公室拜访的礼节和到宾馆拜访的礼节。

接待礼仪包括：接待程序与接待礼节、家庭接待礼仪和办公室接待礼仪。

求职礼仪包括：求职前的准备、求职信和简历、面试礼仪，以及针对各种面试类型的对策。

◆【案例分析】

与人交往中你是哪类人

请对下列问题做出“是”或“否”的选择：

(1) 碰到熟人时我会主动打招呼。

(2) 我常常主动写信给友人表达思念。

(3) 旅行时我常与不相识的人闲谈。

(4) 有朋友来访我从内心感到高兴。

(5) 没有引见的时候我很少主动与陌生人谈话。

(6) 我喜欢在群体中发表自己的见解。

(7) 我同情弱者。

(8) 我喜欢给别人出主意。

(9) 我做事总是希望有人陪。

(10) 我很容易被朋友说服。

(11) 我总是很注意自己的仪表。

(12) 如果约会迟到我会长时间感到不安。

(13) 我很少与异性交往。

(14) 我到朋友家做客从不感到不自在。

(15) 与朋友一起乘公共汽车时我不在乎谁买票。

(16) 我给朋友写信时常诉说自己最近的烦恼。

(17) 我常能交上新的知心朋友。

(18) 我喜欢与有独特之处的人交往。

(19) 我觉得随便暴露自己的内心世界是很危险的事。

(20) 我对发表意见很慎重。

第1、2、3、4、6、7、8、9、10、11、12、13、16、17、18题答“是”记1分，答“否”不记分，第5、14、15、19、20题答“否”记1分，答“是”不记分。

1~5题分数说明交往的主动性水平，得分高说明交往偏于主动型，得分低则偏于被动型。6~10题得分表示交往的支配性水平，得分高表明交往偏向于领袖型，得分低则偏于依从型。11~15题得分表示交往的规范性程度，高分意味着交往讲究严谨，得分低则交往较为随便。16~20题得分高说明交往偏于开放型，得分低则意味着倾向于闭锁型，如果得分处于中等水平，则表明交往倾向不明显，属于中间综合型的交往者。

主动型的人在人际交往中适合于需要处理人与人之间复杂的关系的职业，如教师、推销员等。被动型的人则总采取消极、被动的退缩方式，适合不太需要与人打交道的职业，如机械师、电工等。

领袖型的人有强烈的支配和命令别人的欲望，在职业上倾向于管理人员、工程师、作家等。依从型的人则比较谦卑、温顺、惯于服从，他们适合较简单而又比较刻板的职业，如办公室文员等。

严谨型的人有很强的责任心，做事细心周到，适合的职业有警察、业务主管、社团领袖等，而随便的人则适合艺术家、社会工作者、社会科学家、作家、记者等职业。

资料来源：黄文力．现代交际，2006（5）

【思考题】

请进行自我检测，确定自己的交往类型。

【实训题】

实训目标：

通过本节实训，掌握见面礼的方法与礼规。

实训内容：

把学生按2人分组，设计见面的环境与身份，演练称呼礼、握手礼、拱手礼、介绍礼和名片礼。

实训要求：

在学生设计见面方案和演练中，老师要跟踪指导，纠正细节问题。选择见面礼仪演练规范的小组在全体学生面前进行示范，促进学生更好地掌握见面礼仪。

【复习思考题】

一、单项选择题

1. 称呼的原则：一是称呼要分场合，二是称呼要(　　)。

A. 符合常规　　B. 符合身份

C. 符合年龄　　D. 适度原则

E. 真诚原则

2. 握手的原则是(　　)。

A. 尊者决定　　B. 身份决定

C. 性别决定

二、多项选择题

1. 自我介绍的形式有(　　)。

A. 应酬式　　B. 工作式

C. 交流式　　D. 礼仪式

E. 问答式

2. 接待的规格包括(　　)。

A. 高格接待应酬式　　B. 低格接待工作式

C. 对等接待

3. 大学生求职的准备工作包括(　　)。

A. 材料准备　　B. 心理准备

C. 形象准备

三、简答题

1. 简述称呼礼的规范内容?

2. 简述接电话的礼仪规范要求?

3. 握手时应注意哪些礼仪规范要求?

4. 网络交友礼仪规范要求是什么?

5. 简述居家拜访的礼仪的具体内容?

6. 简述面试礼仪的具体内容?

延伸阅读～～

1. 林恩·布伦恩. 21世纪商务礼仪. 北京：中国计划出版社，2006.

2. 金正昆. 社交礼仪. 北京：北京大学出版社，2007.

第四章 公共场所礼仪

课前导读

◆【知识学习目标】

通过本章的学习，掌握公共场所礼仪的原则，掌握交通礼仪、购物礼仪、游览礼仪、观看演出、球赛礼仪、图书馆阅览礼仪的方法与礼规。

◆【能力培养目标】

通过本章的学习，具备参加公共活动的基本能力。

◆【教学重点】

交通礼仪、购物礼仪、游览礼仪、观看演出、球赛礼仪、图书馆阅览礼仪。

◆【教学难点】

交通礼仪、购物礼仪、游览礼仪、观看演出、球赛礼仪。

公园、商店、图书馆、博物馆、体育馆、医院、影剧院等场所，是供社会各类成员进行消费和娱乐等多种活动的场所。公共场所礼仪体现社会公德，是人类文明程度的体现。在社会交往中，良好的公共礼仪可以使人际之间的交往，形成良好的关系，为社会公众创造一个高质量的生活环境。

第一节 公共场所礼仪的原则

一、女士优先

“女士优先”来源于法国，法国一向以男士的绅士风度著称。该礼节的核心精神是：要求男士在任何时候，任何情况下，都要尊重妇女、照顾妇女、帮助妇女、保护妇女。

（一）男女同行时

男女同行外出且条件不允许并行时，男士应让女士先行，但是遇到障碍和危险时，男士要积极主动地走在女士前边，为其开道，保护安全。在街上并行时，男士应走在女士的左边，面临危险的外侧，意思是走在最危险的一侧保护女士，以防女士被车辆所惊吓。

（二）陪同女士乘坐公共汽车或火车时

男士应当首先登车，设法为女士找一个座位，然后自己寻找一个靠近她的座位，以便照顾。而在车上有座的男士一般要向站在身边的女士让座。

（三）参加社交聚会时

男宾应先向女主人问好，再向男主人打招呼。女宾入室，先到达的男士应起立迎接。男士绝对不能坐着同站立的女士交谈，与陌生的女士交谈要有分寸。

出外用餐，男士应先帮女士入座，即先将椅子从桌下拉出来，待女士就座时再轻轻把它移向餐桌，然后自己坐在女士左侧或对面，点菜时，应先把菜单递给女士，请她先点。身边的女士已经进餐，男士才可以再行进餐。

（四）同女士一起外出时

男士应主动帮她携带背包、文件以及外衣或沉重的物品，但不要要求帮她拎随身的小包，因为其中通常装着妇女用品属于个人的私人物品。如果男士为女士效劳遭到再三的拒绝，则男士不必勉强。女士之所以这样做，一定会有理由，执意去帮则易产生误会。

评价一位男士是否具有男子汉气质和绅士风度，其首要标准是是否礼让妇女，是否遵循“女士优先”原则。

二、遵守公共秩序

（一）不妨碍他人

公共场所是众人共同使用的地方，要求大家共同配合，一起共同利用。因此，要保持安静。如果众人都只为自己考虑，高声谈笑，一人盖过另一个人的声音，最终的结果是谁都听不清对方的话，所以它是一种很不文明的行为。人群越是集中的地方越要求交谈者低声细语，声音的大小以不引起他人的注意为宜。交谈时使用的手势不应过多或是不用，否则会吸引他人的注意力。

（二）注意在公共场合的姿态

在公共场所需要打喷嚏，揩鼻涕，一定要掩口、避人，使用手帕，而不要干咳、乱甩。随地吐痰是一种很坏的习惯，只要严于律己，就可以做到不随地吐痰。同他人交谈时，切忌唾液乱飞。在一切公共场合最好不要吃东西，更不可以逼着在场的人尝一尝你吃的东西。吃东西的场合是在家里或餐厅里，在人来人往的地方吃东西是应当避免的。爱吃零食的女士在公共场合里，为了维护自己的美好形象，一定要克制。

（三）主动帮助他人

在公共场合，当他人遇到困难，或发生意外情况时，要尽力给予帮助，需要时应及时拨打110、120求助。

三、仪表整洁、讲究卫生

（一）讲究仪表和形体礼仪，是一种社会公德

仪表整洁，不仅是对自己的尊重，也是对他人的尊重。如果服装不整，则会给人不愉快的感觉，影响他人的正常情绪，也是个人没有修养、缺乏审美情趣的反映。

（二）讲究卫生，包括个人卫生和公共卫生两方面

这既是个人身体健康的需要，也是对社会环境这一公共产品应有的关心和责任。讲究个人卫生，就要注意个人清洁卫生，每天洗脸刷牙，勤洗澡换衣。讲究公共卫生，就要不随地吐痰，不乱扔果皮纸屑等。

四、尊老爱幼、礼让妇女

每个人都会变老，同样，每个人都有自己的幼年时期，老人和小孩在公共场所中都应该得到关心和照顾。到老年，就成身体的弱者；小孩尚未成年，心灵还较幼稚，以此而言，他们也应该得到社会公众的关心、体谅和照顾。

第二节 交通礼仪

交通礼仪是人们在行路以及乘车、乘船、乘飞机、乘地铁、乘电梯时所需要遵守的礼仪规范。

一、行路礼仪

人的一生，会绕地球走 70 多圈，人的一生要走那么多的路，但是应该注意些什么问题呢？有些常被人们忽略的、不以为然的事情和细节，其实是没有礼貌的。

（1）人行道的右侧即内侧是安全又尊贵的位置应将其让给女士或长者，男士或年轻者行于外侧。若男士与女士同行，男士应主动地走在外侧；若两位男士与一女士同行，则女士应走在中间。若夫妇二人陪长辈外出，其行走的位置应是：丈夫走在外侧，长辈居中，妻子走在内侧。主人陪客人外出，应让其走在内侧尊贵的位置。

（2）行路要遵守交通规则，红灯停，灯行，过街要走斑马线。

（3）如果一个人独自在街道上行走，行进的路线要固定。不要东倒西歪，若非寻觅遗失之物，切莫在行进中左顾右盼，东张西望。

（4）如果街道上的人较多或者街道狭窄，则行进中的夫妻或情侣、好朋友最好不要挽手而行。迎面有人走来应向外侧躲避，大家互相避让即可以过去。

（5）路遇在街道另一边行进的朋友，可以同他打招呼。不过点头致意就行了，切忌高呼狂叫。

（6）不要站在人来人往的街道上与熟人谈个没完。有话要讲，可慢慢行进，边走边谈。

（7）若提着东西行走，要留神不要让自己的东西阻挡或碰撞了他人。最好不要左右开弓的双手都拿东西。

（8）在人多的街道上行走，最好要保持一定的速度，不要挡住后边人的去路。不要在行进中大吃大喝。这样既不卫生，又不好看。吃东西的地方最好是在室内，或在销售摊点吃完再走。

（9）遇人问路应尽力帮助，为其指示方向，不要由于自己很忙而置之不理，不知则予以说明。

（10）如路遇车祸或其他变故，不要驻足围观起哄。遇到身穿奇装异服者不要频频回头看或者指指点点。

◆【阅读资料】

行人应该避免的交通陋习

1. 过马路不走斑马线，走斑马线不看信号灯。
2. 走路、骑自行车闯红灯。
3. 不走人行横道，横穿马路不看左右。
4. 道路上嬉笑打闹，并排行走，并排骑车。
5. 为抄近路践踏草坪或翻越交通隔离设施和护栏。
6. 与机动车争抢道路，在车流中穿行。
7. 闯入封闭高速道路。
8. 眼看信号灯闪烁要变换，仍慢慢走在斑马线上。
9. 在车行道上招呼出租汽车。

资料来源：中国路桥新闻网。

二、骑自行车礼仪

要严格遵守交通规则。不闯红灯，骑车时不撑雨伞，不互相追逐或曲折竞驶，不骑车带人。遇到老弱病残动作迟缓者，要给予谅解，主动礼让。

三、乘公共汽车礼仪

（一）乘公共汽车，要做到必须排队上车

有素质的人不仅自己排队上车，而且会帮助或礼让妇女、老人、儿童和残疾人上车。

（二）上车后应自动购票

上车后应自动购票，不要等售票员主动来找。有座位的年轻

人应主动让座给车上的孕妇、病人、老人和抱小孩的妇女。碰到他人给自己让座，要立即表示感谢；而不能表现出心安理得的样子，假如自己不打算去坐，则应礼貌地向对方说明原因，如“谢谢，我在本站就要下车”。

（三）乘车时要以礼待人

乘公车因拥挤而不小心踩了别人，应马上道歉，被踩的一方也要有宽容的态度，不要张口骂人。座位是给乘客提供休息的，不要把提包或行李放到身边的座椅上，将腿长长地伸到通道上虽然舒服，可样子十分难看，也影响乘车人的来回走动。恋人要明白公共汽车属于公共场所，不可亲热过度，如两人都有座，可请女士靠窗而坐。如与长辈和朋友一道乘车，则下车时应由男士或年轻者先下，然后帮助女士或年长者下车。

（四）在车上要保持安静

不要高声谈笑，即便你自以为讲的事情十分有趣，也会影响旁人，让人厌烦。

（五）讲究公共卫生

公共汽车上人多空气流通不好，为了安全不许吸烟、吃东西或把脏东西随身携带，也不可以随地乱扔赃物。打喷嚏会使唾液四溅，想打的时候一定要以手帕掩口。

◆【阅读资料】

电车里的礼貌课

在西方社会，“女士优先”是男士恪守的社交原则，在一些不起眼的小事上谦让和照顾女士，被认为是男子汉气质与绅士风度的表现。因此，在不少西方国家，都有一条不成文的规矩：即女士搭乘公共汽车的时候，同车的男士应主动让座。在这种情况下，女士无需推让，只需要一声“谢谢”，便可以安然入座。

一天，正是上班时候的交通高峰时间，一辆搭载了不少乘客的电车，缓缓地停靠在站台上。一位太太登上了电车，她穿着合体的套装，拎着一只小小的漆皮包，在车厢里走了一步，便犹豫地站住了，因为乘客挺多，已经没有空座位了。一位先生见状，便客气地站起身对她说："请坐这儿吧。"这位太太走上前，看也没看他一眼，便一声不吭地坐下了，让座的先生颇感诧异，周围的乘客也都对她这种不礼貌的行为感到不满。

这位先生站在她的身边，想了一下，俯下身问她："太太，您刚才说什么？我没有听清楚。"那位太太抬头看看他，奇怪地说："我什么也没有说呀。""喔，对不起，太太。"那位先生淡淡地说："我还以为您在说'谢谢'呢。"

车里其他乘客都笑了起来，那位不讲礼貌的太太在众人的笑声中羞得满脸通红。

资料来源：李荣建．社交礼仪．北京：清华大学出版社，2007.

四、乘坐轿车的礼仪

(一) 与亲友一同乘车时

应请女士与长辈先上车，并为之打开车门。如果女士裙子太短或太紧不宜先上车，应请男士先上，此时男士不必相让。

(二) 上下轿车时的方法

先轻轻坐在座位上，再把双腿并拢，然后一同收进车内；下车时，要双脚同时抬起同时着地，不可一先一后。

(三) 乘坐轿车的方式

若一人乘车，可坐后排；若三人乘车，且为同性，可前排坐一位，后排坐两位；若三人中男女皆有，那么可全部坐在后排。一男二女，女士可坐在一侧，男士坐另一侧；二男一女，宜请女士居中。

在商务活动中，乘坐轿车要讲究接待礼仪。(此内容在接待礼

仪中已讲)

五、乘火车、客轮礼仪

(一) 乘火车的礼仪

1. 上车

乘火车时，若同行者中有男士或年轻者，应由他们首先上车，找好座位，放好行李之后，再帮助女士或长者上车。下车时也应由男士或年轻者先开道。

2. 上车后

对号入座，不能见座就座。去餐车就餐时，不宜抢座。遇上两个并排的座位已经坐着一个人，那么坐前应有礼貌地征得对方的同意。

3. 与其他乘客交谈

不要很热情地向在座的人做自我介绍，客客气气地向邻近的乘客点头致意就行了。分别时可与周围的乘客道声再见。在车上与其他乘客交谈时，应注意以不妨碍他人为宜。不要夸夸其谈，也不要打听他人的隐私。可以谈高雅的或者无足轻重的，不要说家长里短。假若身旁的乘客正在阅读书刊或闭目养神，更不要大声谈笑或自言自语，以免干扰别人。不要随意取阅人家的书刊，也不要悄悄凑过去与别人看同一份报纸。

4. 遵守公共秩序

在火车上吃的东西，最好不要带有刺鼻的气味。果皮纸屑不要随手乱扔，更不可以投到窗外。在车上不要吸烟。要管教孩子不准用脏手乱抓、乱拿他人的物品。晚间进入客车包厢休息，如遇人正在宽衣就寝，应当在走廊稍候回避一下。自己脱衣服就寝时应背对其他人，日间换衣裳要去洗衣间。再热也不可赤膊，不要穿背心、短裤和拖鞋上车。在车上不要把腿随便放到对面的坐椅上，更不能放到窗子上。

（二）乘客轮的礼仪

1. 上船

有秩序地排队上船是上客轮首先要遵守的，男士或年轻者应留意照顾同行的女士或年老者。

2. 遵守公共秩序

与同客房的人谈话、散步不要强逼他人，他人同意才能同行。不要乱翻别人的东西，不要盯视他人的睡相。去别的客房串门，最好事先约定，不要不约而到，进门时要敲门。去餐厅、阅览室、娱乐室等地方，不要不拘小节，要有礼貌地向在座的人问好，并经过允许后入座。在娱乐室、歌舞厅里不要纠缠异性或恶语伤人。出入舱口或在甲板上散步时，要为女士或他人让路，不要在甲板上大声说笑、四处追逐，影响别人，对船员也要友好。

3. 在船行中应遵守有关的规则

在船上标明“旅客止步”之处，多为船员工作或休息的场所，不要因为好奇心而妨碍他人的工作。船上各种各样的电路、蒸汽开关很多，禁止随意触动，小心发生意外。白天舞动花衣服或手帕会被其他船只认为打旗语；晚上拿手电乱晃，也可能被当成灯光信号；雾天不宜大声喧哗，也不要在甲板上听收音机、录音机。

4. 下船

船至码头要有秩序地下船，男士或年轻者可走在前面，以帮同行的女士或年长者下船。

六、乘飞机礼仪

（一）上下机

安全检查和上下飞机时，要有秩序，对空中小姐的问候要点头致意，或向其回应问候。

（二）上机后

不要抢占别人的座位，要对号入座。若在机舱内感到闷热，可以请空中小姐打开座位上方的通风阀，也可以解开外衣或将其脱下，但不可脱得只剩内衣，更不宜打赤膊。更衣要去洗手间。

（三）遵守公共秩序

在机上要注意坐卧姿势，不要妨碍到他人为好。在机上不小心碰到了其他乘客，应当致歉；如别的乘客主动向自己打招呼，应友好地回应。要是自己打算休息则应向对方致歉并说明理由。在机舱内谈话声音不要太高，尤其当人休息时。在交谈中许多话题都可以涉及，惟独要避开那些可能吓着别人的话题，有关劫机、坠机等空难事件是忌讳谈论的。对飞机上的物品都应当爱惜，不能随意取拿。登机后要收好空中小姐给的清洁卫生袋，不要等到急需时再找。在飞机上绝对不可以随地吐痰，不要吸烟，享用免费餐时要量力而行，不要觉得是不花钱的东西，就吃得过量了。认真听从空中小姐的各项建议并对她的服务表示感谢。没有特别需要，不要乱按座位旁边的按钮呼叫空中小姐，其他机上设备也不要乱碰。

（四）遇到紧急情况的处理

班机误点或临时改降、迫降，不要惊惶失措，而需镇静合作。

七、乘地铁礼仪

（一）在地铁车厢里应该保持端正的站姿，给人挺直的感觉

不要将双脚大大叉开，如果你不能保持平衡，可以抓住扶手或吊环。但注意不要将身体靠在竖立的钢杆上，或是抱住它不放，这些失礼的动作无疑会“侵占”其他乘客的空间。如果站立过久，支持不住时，可以将左脚与右脚的间距放宽些，或者将一只腿稍稍弯曲，以缓解疲劳，但腿叉开过大就显得很不雅了，而过于弯曲也容易造成身体的倾斜，妨碍到别人。

（二）坐在座位上，也不要有无精打采、自由散漫的姿势

双腿随意乱晃、跷二郎腿、把脚伸到走道上，都是很不文明的行为。对于女性乘客来说，并腿而坐的优雅坐姿尤为重要，稍不留心就仪态尽失了。男性乘客则要注意不可叉开两腿仰靠在椅背上，不要不断地抖动双腿，或歪向一侧。特别是当身边坐着女性乘客时，两腿自然垂放，两手放于身前，身体端正才是最具风度的坐姿。

八、乘电梯礼仪

（一）电梯内正确的站法

等电梯时，要主动面带微笑向他人颔首问安；进电梯时不争先恐后；要尽量能够避免靠近他人和背对他人，在电梯内正确的站法是，先进电梯者要靠墙而站，不要以自己的背对着别人，可站成“n”字形，看到双手抱满东西的人，可代为按钮。

（二）进出电梯的礼节

与不相识的人同乘电梯，进入时要按先后顺序，出来时应由外向里依次而出，不能抢进抢出。与熟人同乘电梯，尤其是与尊长、女士、客人同乘电梯时，应视电梯类别而定：进入有人管理的电梯时，应主动后进后出。进入无人管理的电梯时，则应当先进后出，先进控制电梯，让他人进入不急，后出也是为了控制电梯，让他人可以从容走出。电梯到达时，熟人之间也不要太过客气，你推我让，以致耽搁时间，引起电梯门前乘客不满。

第三节　购物、游览礼仪

购物、游览礼仪是人们在购物、游览时所需要遵守的礼仪规范。

一、购物礼仪

（1）浏览商场时，保持安静，不大声说笑。

（2）挑选物品时，轻拿轻放，看后放回原处；如果手有污渍，应避免触摸商品，尤其不可触摸食品。

（3）使用商场手推车时，注意停放位置，避免堵塞通道，用完应停放到指定位置。

（4）结账时，自觉排队。

二、游览礼仪

（1）在景区、古迹、博物馆、动物园、植树园、花园等参观、游览时，要遵守参观、游览的规则，不大声喧哗，不乱涂乱画，不随地丢弃垃圾，要爱护公共设施。

（2）某些地方禁止拍照，一般都有明显的标志；但在博物馆、新产品展览处、古文物、私人宅院等地，尽管可能没有设立不准拍照的标志，也禁止拍照。

（3）不能随意对着不相识的人照相，拍照时注意不要影响、妨碍他人的交通。

（4）街心公园、动物园、植树园里和一些大的家院里常有松鼠、候鸟、鸽子、天鹅等自然动物，禁止用手抓捕和挑逗。

（5）游览区内有花草树木，不要随便采花摘叶，攀登树木或践踏绿色草坪。

（6）游览时保持和谐的人际关系，互相体谅，互相帮助。

第四节　观看演出、球赛礼仪

观看演出、球赛礼仪是人们在观看电影、戏剧、音乐会以及观看各类球赛时所需要遵守的礼仪规范。

一、观看演出礼仪

（一）提前几分钟到场

提前几分钟到场，这样可以从容地找到座位。在电影开演或演出开始后入场势必影响其他人，尤其是座位在中间时，边上的观众为给你让路都要受到干扰。如果你在开演以后进场，在入场后稍等片刻，当眼睛能适应黑暗时再找座位，或者让服务员带你尽快到你的座位上去。

（二）当你进入或离开座位而打扰别人时

遇到这种情况应该礼貌地说“对不起，借光”，如果别人必须起身让你通过，你便要说“谢谢你”或“对不起”。万一你第二次必须通过某一个人座位时，你便需要说“对不起，又打扰了你”。当别人让你通过时，你更要说“谢谢你们”。在通过陌生人面前的时候，男士和女士都应该面对舞台并且紧贴着前排座位的靠背走过去，注意不要让手提包等物品从前面观众的头上拖过去。

（三）当你坐着的时候，也要让出足够的地方让别人通过

如果只把膝盖偏到一边别人就可以，当然最好。但是如果地方太小以至于别人要从你膝上挨过去时，你当然只好站起来再坐下，不过动作要快，因为站起来就会挡住你身后人的视线。

（四）不宜中途退场

如需要退场应该安排在幕间或一个节目结束后。幕间休息时，可以站起来走动走动、放松放松，吸烟者可以到休息室吸烟。

（五）遵守观看演出礼仪要除“四害”

“蚊子”：手机响声；“苍蝇”：说话声；“老鼠”：记者摄像来回走动；“跳蚤”：观众来回走动，蹦来蹦去。

◆【阅读资料】

观看演出的不同鼓掌方式

在观看演出的时候，什么时候应该击掌致意，应该区分是什么样的演出形式。不同的演出形式，人们在观看演出的时候，表达致意的形式是不同的。比如看京剧的时候，可能更多的是用喝彩来表达对演员表演的肯定。如果是看西乐，可能更多的是击掌的方式。如果是看流行音乐，可能就要跺脚。而看京剧跺脚是表达喝倒彩，听西方音乐，跺脚是表达不满的情绪。可是如果是摇滚音乐，跺脚是互动，是表达激动的方式。所以要了解各种演出的规范，而不仅仅是什么时候击掌。中国人看音乐会和外国人在鼓掌方面是不一样的，中国人击掌，是用时间的长度来表达对演出者的赞赏、肯定的程度，而外国人是用击掌的次数表达对演出的肯定。所以经常看到这样的报道，在国外看音乐会的时候，观众的掌声多达十几次，而我们国内的报道是，掌声长达十几分钟。这就告诉大家，东西方文化的细节是有差异的，所以当听交响乐等西乐的时候，要用掌声的次数表达敬意，在听中式音乐会的时候，要用击掌时间的长度来表达自己的敬意。

资料来源：社交礼仪网。

二、观看球赛礼仪

（一）观看篮球比赛礼仪

篮球比赛既简单又综合多变，既有对抗性又有娱乐成分；既给个人发挥的空间的又强调集体的配合。观赛时，可以带上内容健康、尺寸恰当、表达心意的标语牌，适时亮出。在入场仪式上，逐一介绍双方比赛队员时，观众要为每一位球员鼓掌。比赛中，良好的互动可以激发运动员的斗志，因此，在观赛过程中，可以采取多种形式为运动员加油呐喊、助威喝彩，但不得发出与裁判员相同或相似的笛声和哨声，例如，手机要关闭或调整为震动状态。加油时，既应为己方加油，也应为对方高超的竞技水平喝彩。

注意控制情绪，文明友善，不说冒犯对方球队的话，更不能谩骂队员、教练和裁判，不往场内扔杂物。禁止在对方球员罚球时用荧光棒等干扰。

（二）观看足球比赛礼仪

足球比赛是对抗性、冲撞性很强的球类运动。观看足球比赛，情绪起伏会很大，因此，应特别注意控制自己的情绪。球队入场，要为双方球员鼓掌，为营造赛场氛围，球迷可以穿着与自己喜爱球队相同颜色的球衣，可以采取敲锣打鼓、有节奏鼓掌、摇摆旗帜等方式喝彩助威。观赛时，尽量不站起来，如前排有人站起来，影响到自己的视线，可以平和的语气提示对方；不喝倒彩，不辱骂、不用语言攻击场上队员、教练员、裁判员。不携带赛场明令禁止的各种物品入场，不往场地内投掷杂物，以免造成场内秩序混乱。比赛结束后带走垃圾，妥善处理。不得发出与裁判员相同或相似的笛声和哨声，例如：手机要关闭或调整为震动状态。

（三）观看排球比赛礼仪

较之冲撞性的球类运动，排球被称作高雅运动。进入排球比赛场地，观众举止应文雅得体。开赛前，举行运动员入场仪式，向观众行礼时，观众应以热情的掌声回应。比赛时，配合球场上运动队员始终营造高涨的赛场氛围，适时适度地呐喊助威。当队员每一次精彩的倒地救球、拦网或进攻得分时，观众的叫好声是对运动员的最大鼓励。当自己支持的球队由于失误而失分时，观众的掌声是对运动员的最大安慰。注意维持正常的赛场秩序，不向场内扔东西。

比赛用球飞到观众席时，请捡起交到赛场工作人员处，而不应直接扔回场内，更不可把比赛用球当作纪念品留下。尊重裁判，特别在裁判员做出“持球”、“连击”等犯规判罚时，观众由于距离赛场较远，不宜轻易认为裁判误判，不能发出嘘声，更不能辱骂裁判员。不得发出与裁判员相同或相似的笛声和哨声，例如，手机要关闭或调整为震动、静音状态。

（四）观看乒乓球比赛礼仪

乒乓球运动是一项技术很精细的运动。比赛过程中，运动员处于一种高度集中的状态，必须仔细观察对手，迅速判断来球的旋转、速度、力量、落点及节奏，以决定自己回球的战术手段，这需要一个良好的赛场环境。因此，每个死球和每局结束可以鼓掌喝彩，但在发球开始到成为死球之前，不应鼓掌、跺地板、大声讲话、呐喊助威、随意走动、展示旗帜和标语等。不应使用闪光灯拍照。闪光灯会影响运动员的视力，使运动员无法判断来球的路线，从而影响回球的质量和命中率。不将锣鼓和喇叭带进体育馆内，过大的声音、过激的语言都会影响运动员的心情和注意力。不在场馆内吸烟，手机也要关闭或调整为振动、静音状态。

（五）观看羽毛球比赛礼仪

羽毛球是一项高雅的运动项目。比赛对声音、色彩、光线乃至室内风要求比较严格。比赛中，观众要相对安静，不能随意发出响声，将手机关闭或调至静音状态。羽毛球赛场的背景一般相对较暗，不能使用闪光灯拍照。运动员发球时，观众不能呐喊助威。为运动员加油鼓劲时，可以呼喊运动员或运动队的名称；对精彩的比赛可报以长时间的热烈掌声和喝彩。不应喝倒彩，更不能用带有敌意的语言攻击对方。观赛可穿便装，但不宜穿怪异服装。不得发出与裁判员相同或相似的笛声和哨声，例如，手机要关闭或调整为震动、静音状态。

（六）观看网球比赛礼仪

网球也是一项高雅的运动项目。比赛时，运动员的注意力始终必须保持高度集中，而观众发出的噪音则会使他们分心，影响运动员的水平发挥，这一点在发球时表现得尤为突出。观看比赛，应提前入场。如果比赛已经开始，可在第3、5、7单局比赛结束换边时，由引导员帮助尽快入座。发球时运动员通常会用球拍原地拍球，这是运动员给自己加油打气并思考战术的过程，此时观众应该保持安静。比赛过程中，不能使用闪光灯拍照。观众去洗手间或者买饮料，最好在选手进行90秒休息的时候走动，在一个球成为死球的时候再回到座位上。比赛中，当捡到球员打飞的球后，应在比赛暂停时将球扔入场内，千万不可在比赛进行时将球扔进场内。不得发出与裁判员相同或相似的笛声和哨声，例如，手机要关闭或调整为震动、静音状态。

◆**【阅读资料】**

网球较其他球类运动进入中国的时间要稍晚一些，由于它本身硬件条件要求高，导致了这项运动的成本要高于其他大多数"平民项目"，拉开了它与大多数国人的距离，成为了真正意义上的"贵族运动"。人们都知道网球在国外是项"贵族运动"，但这种"贵族"不是价格上的贵族，而是贯穿于整个比赛的一种精神层面的贵族。如果你是在法国或者英国看网球，你会发现赛场内的工作人员都身着礼服礼帽，手戴白手套，彬彬有礼地向每位入场观众微笑服务，而赛场内的饮料点卖的则是香槟。观看比赛的过程中，观众要遵守极其严格的赛场规则：迟到后必须等到单局比赛结束方可入场；比赛开始后，观众不得随意走动；一球不结束，就不能鼓掌……场内的一流服务和对观众的严格要求造就了网球无与伦比的贵族气息。

（七）观看棒球、垒球比赛礼仪

棒球、垒球比赛是在室外场地进行攻守对抗的球类运动。观众人数多，流动性大，场面气氛激烈。观看棒球、垒球比赛时观众可能相当狂热，所以应注意控制自己的情绪。可为自己喜爱的球队加油，但要控制节奏，不能狂呼乱喊。投球和击球时刻是最紧张的，运动员需要集中全部精力，此时不要发出声响，击球后和场上出现精彩的本垒打时，方可尽情喝彩。不得发出与裁判员相同或相似的笛声和哨声，例如，手机要关闭或调整为震动、静音状态。

（八）观看手球比赛礼仪

手球运动以其快速的攻防转换和激烈的对抗使其具有较强的观赏性。比赛中，队员之间的传球花样繁多，观众可加以重点关注。观赛时，不要向场地内乱扔杂物。要在每节比赛结束后如厕或者买饮料。欢呼喝彩要和场上比赛的节奏相吻合。如罚球之前，观众最好保持安静，不要扰乱运动员的情绪，罚球结束之后再鼓掌喝彩。不得发出与裁判员相同或相似的笛声和哨声，例如，手机要关闭或调整为震动、静音状态。

（九）观看曲棍球比赛礼仪

曲棍球比赛具有攻守转换速度快、对抗激烈等特点。观众可随着攻防节奏的变化鼓掌或加油呐喊。在判罚短角球和点球时，全场应保持安静，因为这两种罚球都要听到裁判员的哨音才能触球。短角球是否成功取决于技、战术的配合，噪音可能会影响队员间的交流和发挥。点球则是守门员和罚球队员间的斗智斗勇，保持安静可以使运动员集中注意力，更好地发挥技战术水平。不得发出与裁判员相同或相似的笛声和哨声，例如，手机要关闭或调整为震动、静音状态。

第五节　图书馆阅览礼仪

图书馆阅览礼仪是人们在图书馆、阅览室所需要遵守的礼仪规范。

图书馆、阅览室是公共学习的场所，在那里看书特别讲究文明礼貌。

进入图书馆、阅览室要衣着整洁，不要穿拖鞋背心。进馆要按次序。就座时，移动椅子不要出声。不要为朋友占座。走路时要轻，以免影响他人。阅读时也不要读出声音，也不要和熟人交谈。不要利用阅览室休息、睡觉。要爱护桌椅板凳等公共财产。

查阅图书目录卡的时候，不要把卡片翻乱撕坏，也不应在卡片上涂画。要爱护图书，轻拿、轻翻、轻放。不能因自己需要某些资料而损坏图书，私自剪裁图书是极不道德的行为。对开架书刊应逐册取阅，不要同时占有多份。阅后立即放回原处，以免影响他人阅读。借阅图书应按期归还。

【本章小结】

公共场所礼仪的总原则是：女士优先，遵守公共秩序，仪表整洁、讲究卫生、尊老爱幼、礼让妇女。

交通礼仪是人们在行路以及乘车、乘船、乘飞机、乘地铁、乘电梯时所需要遵守的礼仪规范。

购物、游览礼仪是人们在购物、游览时所需要遵守的礼仪规范。

观看演出、球赛礼仪是人们在观看电影、戏剧、音乐会以及观看各类球赛时所需要遵守的礼仪规范。

图书馆阅览礼仪是人们在图书馆、阅览室所需要遵守的礼仪规范。

◆【案例分析】

A 君的旅行

A 君是某公司的销售人员，乘火车到外省某公司洽谈一笔生意。火车上人很多，A 君感到很疲惫，就将腿伸到过道上，整个人歪在座位上睡了起来，他的头一会儿便歪在旁边一位女士的身上，那位女士很不好意思，不断地移开自己的身体。连同他熟睡的样子和发出的呼噜声，令邻座的乘客都觉得很可笑。

等他睡醒以后，又打开 MP3 旁若无人般地听起音乐，嘴里还跟着音乐哼哼，声音很大，并取出香烟，开始吞云吐雾。邻座的乘客都不由皱起了眉头。

【思考题】

请评价 A 君在火车上的行为。

【实训题】

实训目标：

通过实训，掌握乘车的方法与礼规。

实训内容：

学生 3 ~4 人一组，分配不同角色，模拟乘坐出租车、轿车、火车的情景，演练乘车礼仪。

实训要求：

在学生设计乘车情景演练中，教师跟踪指导，纠正细节问题。选择情景演练比较规范的小组和出现错误较多的小组在全体学生面前进行演示、练习、评析，促进学生更好地掌握乘车礼仪。

【复习思考题】

一、单项选择题

1. 在和上级一同出差的时候，如果主人或者上级亲自驾车，商务人员应该坐在(　　)。

A. 副驾驶座　B. 后排右座　　　C. 后排左座

2. 在商务交往中，乘坐轿车已经成为日常工作的重要组成部分。由主人驾驶的双排五人座轿车由尊到卑正确的座次排列顺序是(　　)。

A. 副驾驶座、后排右座、后排左座

B. 后排左座、副驾驶座、后排右座

C. 后排右座、后排左座、副驾驶座

3. 观看演出时，如座位在中间，需通过先到者座位面前时，应该朝对方(　　)通过。

A. 正面　　B. 背面　　C. 侧面

二、多项选择题

1. 下面符合乘车礼仪的是(　　)。

A. 乘车时最好不要与司机交谈，不宜谈论隐私性内容

B. 乘车时不能打开车窗乱扔废弃物

C. 为了节省时间可以对着车内的后视镜补妆

2. 搭乘飞机应注意的礼节是(　　)。

A. 飞机起飞时调整座椅应考虑前后座位的人，不要突然放下座椅靠背

B. 上下飞机时，应向站立在舱口相送的空姐点头致意

C. 不要在供应饮食时到洗手间去

D. 根据飞机座位的标号按秩序入座

3. 参见博物馆时，无礼的行为有(　　)。

A. 遇有不明白之处，向讲解员请教

B. 在一间艺术珍品前长时间逗留

C. 呵斥乱跑的孩子

D. 将衣物存于衣帽间

三、简答题

1. 公共场所活动应遵守哪些原则?

2. 行路时应遵守哪些礼仪规范？

3. 乘电梯应注意哪些礼仪？

延伸阅读～～

1. 李荣建．社交礼仪．北京：清华大学出版社，2007.

2. 王颖．商务礼仪．大连：大连理工大学出版社，2007.

第五章

酬宾礼仪

课前导读

◆【知识学习目标】

通过本章的学习，了解宴会的种类，掌握中餐、西餐、工作餐、鸡尾酒会、舞会、茶话会的禁忌与礼规。

◆【能力培养目标】

通过本章的学习，具备参加酬宾仪式的基本能力。

◆【教学重点】

宴会礼仪、舞会礼仪、茶会与沙龙礼仪。

◆【教学难点】

中餐礼仪、西餐礼仪。

“有朋至远方来，不亦乐乎。”酬宾待客是交际朋友、联络感情的一种交往方式，也是政务活动和商务活动中常见的应酬之一。了解和运用酬宾礼仪，有针对性地招待好来自四方的宾朋是人们必备的礼仪修养。

第一节 宴会礼仪

一、宴会礼仪安排流程

宴会是指请人赴宴的聚会，是社会交往中比较常见的礼仪活动形式之一。由于宴会种类复杂，明目繁多，因此在交往中掌握各种宴会的特点和要求是十分必要的。

（一）宴会的类型

宴请是公务交往中最常见的交际活动形式之一。常用的宴请形式有宴会、招待会、茶话会、工作进餐等。

1. 宴会

宴会是较为隆重的正餐，可分别在早晨、中午、晚上举行，以晚宴最为隆重。

2. 国宴

国宴是国家元首或政府首脑为国家的庆典或为欢迎外国元首政府首脑来访而举行的规格最高的宴会。宴会厅悬挂国旗，安排乐队奏国歌及席间乐，席间有致辞、祝酒。

3. 正式宴会

正式宴会安排与国宴大致相同，但不挂国旗、不奏国歌，宴席的规格也不同。宾主均按餐桌上写有姓名的席卡入座。正式宴会讲究排场，它对来宾、服务员的服饰、仪容、仪表、仪态，以及餐具、酒水和菜肴的道数，均有一定的要求。

4. 便宴

便宴即非正式宴会。这种宴会形式简单，可不排席位，不安排正式讲话，菜肴道数可酌减。西方人的午餐有时不上汤，不上烈性酒。便宴较随便、亲切，宜用于日常友好交往。

5. 家宴

家宴即在家中设便宴招待客人。中国人喜欢采用这种形式，以示亲切友好。家宴往往由主妇亲自下厨烹调，家人共同招待。

6. 招待会

招待会是指各种不备正餐、较为灵活的宴请形式，备有食品、酒水、饮料。通常不排席位，可以自由活动。

7. 冷餐会

这种宴请形式可在室内外举行，参加者可坐可立，并可自由活动。菜肴以冷食为主，酒和菜均可自取，亦可请服务员端送。

8. 酒会

它以酒水招待为主，略备小吃，不设坐椅，以便客人随意走动，自由交往。酒会举行的时间较为灵活，上午、下午、晚上均可。客人到达和退席时间不受限制。近年国际上举办大型活动采用酒会的形式渐趋普遍，1980 年我国国庆招待会也改用酒会形式。

9. 茶话会

茶话会是一种更为简单的招待方式，它一般在客厅举行，不排座位，请客人一边品茶一边交谈。

10. 工作进餐

工作进餐是现代交往中经常采用的一种非正式宴请形式，它不请配偶，只请与工作有关的人员，利用进餐时间，边吃边谈问题。

（二）宴会的桌次、座位的安排及席间布置

宴会桌次的安排最为讲究。中国人习惯用圆桌。两桌和两桌以上桌次的安排有横、竖、花三种方式，可根据餐厅的不同开头来确定，长方形餐厅采用直排或横排利用率较高，而正方形餐厅采用花排则更为美观。

西式宴会则一般采用长桌。桌形的各种变化，以参加人数的多少和餐厅的大小开头而决定。

但不论是中式宴会还是西式宴会，不论是二桌还是十桌、百桌，桌次排定的大致原则基本相同，即主桌排定以后，其余桌次的高低以离主桌位的远近而定，离主桌越近的桌次越高，离主桌越远的桌次越低。平行桌以右桌为高，左桌为低。

桌次排定以后，更重要的是排定每一桌上就餐人员的席次，这项工作既复杂，礼仪要求又十分严格。

1. 中式宴会席次安排

中式宴会席次的安排相对容易。席次的高低与桌次的高低原理基本相同，即右高左低，先右后左。主宾应安排在第一主人的右侧，副主宾应安排在第二主人的右侧，以此类推。如有夫人同桌就座，按国际惯例，应将主人穿插安排，第一主人的右侧和左侧安排主宾夫妇，第二主人的右侧和左侧安排副主宾夫妇，依次类推。我国的习惯是以个人本身职务排列，以便谈话，如夫人出席，常把女方排在一起，主宾夫人坐女主人的右侧。当遇一些特殊情况时便要灵活掌握，比如主宾身份高于主人，为表示对他的敬重，可以把主宾排在第一主人的位置，而主人则坐在主宾位置上，第二主人坐在主宾的左侧。假如需要配译员时，一般应将译员安排在主宾的右侧；同一桌上需安排第二译员时，可将其安排在第二主宾右侧，与第三宾客隔开的座位上。

2. 西式宴会席次安排

西式宴会席次的安排有两种，这与圆桌席次的安排原理如出一辙。但要注意，不要把宾客排在桌端，如果有译员，自然也安排在第一或第二主人的右侧，与主人席间隔一席，以便主客交谈。也有译员不上席的，为便于主客交谈，可安排其坐在主人和主宾的背后。

冷餐台的菜台一般都用长方桌，摆在餐厅四周或餐厅的中央都可以。就餐者通常是自由走动用餐。如需坐下用餐，也可摆四五人一桌的方桌或圆桌，座位略多于全体客人数，以便与席者自由就座。

酒会一般摆小圆桌或茶几，以放置些花瓶、烟缸、干果、小吃等。无坐席时，参加者可自由选择对象交谈。

（三）客人抵达和离去时间及其他注意事项

1. 宴请大都要发出请柬

事先口头约定的也要补发，这既是礼节、礼貌上的需要，也是起提醒、备忘之用。请柬要在宴请前1－2周发出，以便被邀请者有所准备。国际上习惯对夫妇两人发一张请柬，我国习惯每人发一张。宴请的时间应以主、客双方都合适。

2. 决定接受邀请前去赴宴，要做的第一件事就是搞清楚宴请的时间和地点

从时间上讲，提前一二分钟到达是最为适宜的，过早或过晚都是失礼的，同时，应对宴请所需的时间给予充实的安排，赴宴而逗留时间过短同样是失礼的。其二，对宴请的地点以及行车的路线事先应该做到心中有底，因为这是准时到达宴请场所的重要保证。再有一点，一定要对请柬上注有的桌次号码牢记在心，避免到宴请场所后东张西望，有失风度。

3. 宴请开始，主人应在门口迎候来宾

有时还可由少数其他主要人员陪同主人列队欢迎客人。客人抵达后，宾主相互握手问候，随即由工作人员将客人引进休息厅。休息厅内安排有相应身份者对应客人，并以饮料待客。若无休息厅，可请客人直接进入宴会厅，但不落座。

4. 主宾到达后，主人应陪同主宾进入休息厅与其他客人见面

当主人陪同主宾进入宴会厅时，全体客人就座，宴会即可开始。如果主人和主宾要发表讲话，一般安排在热菜之后，甜食之前进行。主人先讲。双方讲话有时也可安排在入席时进行。主人与主宾离座宴会即告结束。

西方习俗中客人抵达宴会厅时，要专人负责唱名。而在宴会

上以女士为第一主人，人们入座、用餐、离席，均应以女主人的行动为准，不得抢先。

5. 客人离去时，主人应送至门口，热情话别

在较正式的场合，在门口列队欢迎客人的人员，此时还应列队于门口，与客人一一握手告别，表示欢送之意。

（四）席间礼仪

一旦到了宴请场所，并找到了入座的桌次以后，要注意桌上的座位卡是否写着自己的名字，不可随意乱坐。只有确认自己的桌次、座位无误，而主人或主宾又已经入座的情况下，才可从椅子的左方入座。入座后，坐姿要端正，不可用手托肋或将双臂肘放在桌上，也不要随意翻动菜单，摆弄餐具或餐巾，这些举动都会给人以迫不及待的坏印象，最好是将一双空手放在自己的大腿上。尽管脚是别人看不见的，但同样也应守规，要平放在自己的座位下，把脚搁在椅档上或伸出去踢着别人会使旁人和自己都感到尴尬。有时，坐定以后，服务人员还会递上一方湿毛巾，此时应礼貌地接下来并轻轻擦拭自己的双手和嘴角，不可用它擦脸，更不能用它擦颈脖或手臂。

当主人示意用餐可以开始后，便可将桌上的餐巾拦开，平摊在自己的双腱上。但要请注意，中式餐是将餐巾全部打开，西式餐的午餐也是如此，而西式餐的晚餐则是将餐巾打开到双折为止。将餐巾塞在颈脖里或系在腰带上的做法早已过时。拿餐巾来擦餐具或酒具的做法更是失礼的行为，因为这至少表明你对餐、酒具的清洁持怀疑态度。假如中途需要离开片刻时，可将餐巾稍微折一下放回桌上，也有人将其放在椅上。

二、中餐宴会礼仪

（一）举行中餐宴会，应提前发出请柬

其内容包括活动形式、举行的时间、地点、主人的姓名（以

单位名义邀请，则用单位名称）。请柬行文不用标点符号，所提到的人名、单位名、节日名称都用全称。请柬格式与行文，中外文本差异较大，注意不能生硬照译。如果宴请外宾，则宴会时间的选定应避开外宾的忌讳，如对信奉基督教的人士不要选13日，伊斯兰教在斋月内白天禁食，宴请宜在日落后举行。此外，菜肴的选择应兼顾外宾的饮食习惯和宗教信仰，如宴请印度教徒不能用牛肉；伊斯兰教徒不饮酒，用清真席；佛教徒只食素，不吃海参与动物内脏。

（二）中餐的餐具主要有杯、盘、碗、碟、筷、匙

在正式的宴会上，水杯放在菜盘上方，酒杯放在右上方。筷子和汤匙最好放在专用的小架上。酱油、醋、辣油等佐料应一桌数份，并要备好牙签和烟灰缸。有时宴请外国宾客时，除放置筷子外，还应摆上刀叉，一桌数份。

◆【阅读资料】

正确使用筷子用餐有八忌

第一，每次一筷夹的菜不宜太多；

第二，夹菜后接夹到自己盘碟途中不能滴水不停；

第三，不能用筷子如“拨草寻蛇”似的在菜盘中胡搅一气；

第四，不能在用餐前将筷子放入汤中“洗涮”；

第五，不能用嘴吮筷子的菜卤；

第六，不能用筷子代替牙签剔齿缝；

第七，不能用筷子敲打盘碗；

第八，不能用筷子指点人。

（三）上菜顺序

即先上冷盘，后上熟菜，最后上甜食和水果。宴会上桌数再多，各桌也要同时上菜。上菜的方式大体上有以下几种：

（1）把大盘菜端上，由各人自取；

（2）由招待员托着菜盘逐一往每个人的食盘中分盛；

（3）用小碟盛放，每人一份。

（四）用餐时要注意文明礼貌

应先用公筷或汤匙将所需菜肴接夹到自己的盘碟中，然后再用自己的筷子慢慢食用，而不能直接到菜盘中夹菜送入嘴中。若同时需要使用汤匙时，应先将筷子放下。右手握筷，左手持匙的做法同样是忌讳的。

吃东西要把嘴闭上咀嚼，不要拿筷子和汤匙整个往嘴里塞；喝汤不要发出声音，汤若太烫，可过一会儿再喝，不要用嘴去吹；不要一边吃东西，一边找人聊天；用牙签剔牙时，应用物或餐巾掩住嘴；不要让餐具发出任何声响。假如遇有鱼刺肉骨之类的杂物需要吐出时，也必须用筷子放在嘴唇间将杂物接送到自己的碟盘中，直接吐于桌布上的行为是不礼貌的。

客人入席后，不要立即动手取食，而应待主人招呼，再与大家一同开始用餐。不要无故在中途离去。吃饱后，应等众人都放下筷子，并见主人示意散席后，方可离座。

三、西餐宴会礼仪

西餐宴会礼仪见涉外宴请礼仪。

四、工作餐礼仪

工作餐是在商务交往中具有业务关系的合作伙伴，为进行接触、保持联系、交换信息或洽谈生意而采用用餐形式进行的商务聚会。它不同于正式的工作餐、正式宴会和亲友们的会餐。它重在一种氛围，意在以餐会友，创造出有利于进一步进行接触的轻松、愉快、和睦、融洽的氛围。它是借用餐的形式继续进行的商务活动，把餐桌充当会议桌或谈判桌。工作餐一般规模较小，通常在中午举行，主人不用发正式请柬，客人不用提前向主人正式进行答复，时间、地点可以临时选择。出于卫生方面的考虑，最好采取分餐制或公筷制的方式。在用工作餐的时候，还会继续商务上的交谈。但这时候需要注重的是，这种情况下不要像在会议室一样，进行录音、录像，或是安排专人进行记录。非有必要进行记录的时候，应先获得对方首肯。千万不要随意自行其是，似乎对对方不信任似的。发现对方对此表示不满的时候，更不可以坚持这么做。

工作餐是主客双方“商务洽谈餐”，所以不适合有主题之外的人加入。假如正好碰到熟人，可以打个招呼，或是将其与同桌的人互做一下简略的介绍。但不要擅做主张，将朋友留下。万一有不识相的人“赖着”不走，可以委婉地下逐客令“您很忙，我就不再占用您宝贵时间了”或是“我们明天再联系。我会主动打电话给您”。

现在很多单位的工作餐都采取自助的形式，这个时候要特别注意用餐礼仪，以免给他人造成不便。

（一）排队

首先要排队取餐，排队时要注意礼让尊者，长者、上级、女士、宾客通常为尊者。另外要按队伍方向前进，不能在别人都前进的时候你猛回头或是后退，从而撞翻别人的餐盘或踩到别人的脚。

（二）取餐具

取餐具时要注意不要挑挑拣拣、反复更换，要一次就拿准，而且要注意拿着餐具的尾端；餐具不小心掉了，千万不要拣回来又放回；由于是分食制，取菜时要使用公用餐具而不能使用个人餐具，即使你的餐具还未用过；要小心不要混用公共餐具，要一菜一餐具。

（三）取菜

取菜要用餐具取，千万不能用手抓取主食，更不能对着食物和菜肴讲话，以免唾液溅到主食上。初次取菜时量要少，千万不能盘子堆得像座小山一样，吃不了造成浪费。舀汤的时候注意不要让汤菜溢到外边。取菜时只取自己所用，不必为他人夹取。

用完餐后自己把餐具拿走，碗筷放到食堂规定的位置，不要乱扔。自助餐不可打包带走。另外，要等饭菜全部咽下后再离座，不要边走边嚼，也不能边走边用牙签剔牙，这非常不雅观。

五、鸡尾酒会礼仪

鸡尾酒会亦称酒会。通常以酒类、饮料为主招待客人。一般酒的品种较多，并配以各种果汁，向客人提供不同酒类配合调制的混合饮料（即鸡尾酒）；还备有小吃，如三明治、面包、小鱼肠、炸春卷等。

（一）邀请客人

主人可以在一两个星期之前以电话邀请客人。至于大而较隆重的酒会，请柬需在两星期前或更早一点就发出。正式的请柬只用女主人名义（如某某夫人、小姐）发出，但近来的年轻夫妇喜欢把两个人的名字一同印上请柬。有时候用信的形式会显得亲切得多。由于鸡尾酒会是属于一种比较自由轻松的酒会，赴会者在衣着方面不用讲究太多，只要穿常服便可以了。

（二）鸡尾酒会的时间

如果是午餐时间的酒会，时间是正午12时至下午1时45分。业务上的餐前鸡尾酒会开始的时间较早，一般是上午11时30分至中午12时30分或下午1时结束。如果是晚间举行的话，通常是自下午6时或6时30分至7时30分或8时。客人可以有迟到30分钟的限度，再迟些便有对主人不敬之嫌了。

（三）鸡尾酒会的礼节

由于客人可以迟到30分钟之久，所以必须有专人负责留意门口。在较大的酒会，男女主人都是分工合作的；男主人照顾酒水的供应，欢迎客人和给他们安放衣物，女主人则留在会场中欢迎来客，和他们应酬寒暄，把他们介绍给他们可能会喜欢结识的朋友。

至于客人方面，不应依赖主人为他们互相介绍，而应当在会场中四处行走，同时自我介绍或为别的朋友介绍。如一群朋友正在谈天，有一个人后来加入了，此时认识他的人便应主动把他介绍给其他不认识的人，然后再继续他们的话题。

中途需要离去的客人要向男主人道别。

（四）酒和饮料的准备

一般可以只备两三种酒，同时另备两三种饮料给那些不喝酒的人饮用。普通的鸡尾酒会，一般给每人预备三杯酒。在一些特殊场合上最上等的是香槟鸡尾酒。

鸡尾酒会中也要准备些点心，不过食物简简单单即可。为求新鲜，果仁、脆薯片等可以在会前摆设出来，但其他的则须在数小时前准备妥当。普通的食品包括各式三明治、热香肠、饼干等。有时也会摆些中式点心。客人可以随意选取自己合意的食物，不过要注意，狼吞虎咽状是十分失礼的。

（五）参加鸡尾酒会应避免的行为

早到，即使提前一分钟也不好；晚到也不好，于预定结束时间前 15 分钟才到，然后又待了一小时，明明主人已经累坏了，还硬拖着不走。

用又冷又湿的右手和人握手。

右手拿过餐点，牛奶味还没抹干净，就和人握手（请用左手拿餐点，要不然，吃完就应立刻用餐巾把手仔细擦拭干净）。

和别人说话时东张西望，好像担心错过哪个很重要的人物，这是非常不礼貌的。但是在鸡尾酒会上，这种错误却很常见。

抢着和贵宾谈话，不让别人有和他们搭讪的机会。

硬拉着主人讨论严肃话题，说个不停。要知道，主人还有更重要的事要做，没功夫和你谈整晚！

霸占餐点桌，以致别的客人没机会接近食物。

把烟灰弹到地毯上，或拿杯子当烟灰缸。

六、咖啡礼仪

接待客人喝咖啡已成为最通行、最简单的一种待客方式。如果特意请客人喝咖啡，则应约定见面时间并大致估计一下约会要持续多长时间。约会地点既可以是办公室，也可以是比较考究的咖啡馆。

喝咖啡的方法：

左手扶杯耳，右手持小匙，给咖啡加糖时，如果是砂糖，可用汤匙舀取，直接加入杯内；如是方糖，则应先用糖夹子把方糖夹在咖啡碟的近身一侧，再用汤匙把方糖加在杯子里。如果直接用糖夹子或手把方糖放入杯内，有时可能会使咖啡溅出，从而弄脏衣服或台布。在用汤匙把咖啡搅匀以后，应把汤匙放在碟子外边或左边。不能让汤匙留在杯子里就端起杯子喝，也切不可使用汤匙来喝咖啡，因为汤匙只是用来加糖与搅和。端杯时，应用拇指和食指拈住杯耳两边，而不应将食指穿过杯耳。如果在咖啡馆约会，可要些热的甜食，例如：鸡蛋饼、小煎饼、油炸饼、苹果馅饼、布丁以及烤菜青等。

◈【阅读资料】

喝咖啡的四注意

商务场合，咖啡已经成为基本饮料。得体规范地喝咖啡，要注意四个问题：

一是举止得体。咖啡匙是专门用来搅咖啡的，喝的时候要取出来放到垫碟上。不能用咖啡匙舀着咖啡一匙一匙地慢慢喝，也不要用咖啡匙来捣碎杯中的方糖。

右手拿着咖啡的杯耳，左手轻轻托着咖啡碟，慢慢地移向嘴边轻轻啜。不宜俯首去就咖啡杯，不要把咖啡杯从咖啡碟中拿起来。

二是不要乱喝咖啡。如果是在吃西餐的时候喝咖啡，咖啡应该是吃西餐的最后一道工序，而不是提前要咖啡。吃西餐的时喝咖啡，应该加点糖或牛奶。

三是有些人不宜喝咖啡，比如孕妇、有心血管疾病的人，有胃病、患癌症的人，以及老年女性不宜喝咖啡，否则会影响健康。如果知道你的商务伙伴有这些情况，在征得对方同意的情况下尽可能选用其他饮料。

四是喝咖啡不宜过量。咖啡里含有咖啡因，少量有提神作用，如果过量就会对身体有害。研究表明，每天喝咖啡超过五杯的人，大脑思维能力会有所下降；喝咖啡过量，会使性情变得暴躁易怒，在工作中造成失误。

第二节 舞会礼仪

舞会礼仪是人们参加舞会时共同遵守的行为规范。

一、舞会前的准备

舞会，是人们增进交往和友谊的一种社交活动。参加舞会，可以锻炼身体，陶冶情趣，结识朋友，扩大交际，沟通信息，是社交活动中一种集娱乐与交往为一体的方式。舞场，是高雅文明的场所，因此，参加舞会者必须讲究礼节。

（一）舞会组织者的准备

举办舞会的时间最好在晚上 7 点以后至 11 点之前，一般以不超过 3 小时为宜，否则将影响休息和工作。舞场的选择应当视舞会的规模和人数来确定。邀请的男女客人数量应大体相等。

被邀请的对象一经确定，就应发出请帖。请贴一般应提前一个星期发出，以便于客人及早做出安排或回复。

舞会的音乐伴奏十分重要，节奏明快、旋律优美的音乐，会使人心旷神怡，怡然自得。

因此舞会最好请一个乐队伴奏。如果条件有限，也可以用音响代替。音响效果的好坏对舞会的成功与否有着直接的影响。如果使用音响，最好选一些文明高雅适合跳不同舞步的舞曲，舞会进行到一定时候，还可以请朋友中会唱歌的伴唱，激发大家的兴趣。

舞会场所除了应有一个足够被邀请者跳舞的舞池以外，还应有衣帽间、饮料室和停车场。舞场应宽敞明亮，适当加以装饰，灯光要柔和。

（二）参加舞会者的准备

1. 容貌

参加舞会，容貌必须整洁干净，头发要梳理得整整齐齐，口腔、手等部位都应清洁，最好事前刷一次牙，洗一次澡，避免身上有汗味，有胡子的男性要修修胡子。参加舞会不要吃带有强烈刺激气味的食品；否则，会满口蒜、葱等异味，这是对对方不尊重的表现。

2. 服饰

参加舞会，衣着穿戴要整齐、美观、大方、清洁，参加舞会的服饰要尽可能和环境融为一体，像是过于灰暗的服饰，与舞会的气氛就不太协调。醒目，又要结合自身条件，显得和谐自然和落落大方，以漂亮、鲜艳、飘逸、轻便为宜。男士的最佳舞会服装当推西装，笔挺的衣料，再配上合适的领结、黑亮的皮鞋，给人一种充满活力的印象。

如果是亲朋好友在家里举办的小型生日派对等活动，要选择与舞会的氛围协调一致的服装，女士则最好穿便于舞动的裙装或穿旗袍，搭配色彩协调的高跟皮鞋。

作为男士，一定要头发干净，衣着整洁。一般的舞会可以穿深色西装，如果是夏季，可以穿淡色的衬衣，打领带，最好穿长袖衬衣。

如果应邀参加的是大型正规的舞会，或者有外宾参加，这时的请柬会注明：请着礼服。接到这样的请柬一定要提早做准备，女士的礼服在正式场合要穿晚礼服。晚礼服源自法国，法语是“袒胸露背”的意思。有条件经常参加盛大晚会的女士应该准备晚礼服，偶尔用一次的可以向婚纱店租借。近年也有穿旗袍改良的晚礼服，既有中国的民族特色，又端庄典雅，适合中国女性的气质。

小手袋是晚礼服的必需配饰。手袋的装饰作用非常重要，缎子或丝绸做的小手袋必不可少。

穿着晚礼服一定要佩戴首饰。露肤的晚礼服一定要佩戴成套的首饰，如项链、耳环和手镯。晚礼服是盛装，因此最好要佩戴珠宝首饰，在灯光的照耀下，首饰的光闪会为你增添光彩。

男士的礼服一般是黑色的燕尾服，黑色的漆皮鞋。正式的场合也需戴白色的手套。男士的头发一定要清洁，因为跳舞时两人的距离较近，并保持口腔卫生，最好用口腔清新剂。

二、邀舞

交谊舞广泛流行于世界各国，它既体现着人们的活力、青春和朝气，又是一种很好的社交方式。参加交谊舞会，在向别人邀舞时，必须注意以下礼节。

在舞会上，一般都是男士邀请女士跳舞。在关系很好、很熟的情况下，也可以女士邀请男士。如果是女士邀请男士，男士一般不得拒绝，音乐结束时，男士应将女士送回其原来的座位，待其落座后，说一声：“谢谢，再会!”然后离去，切忌在跳完舞后，不予理睬。男士如有意邀请一位素不相识的女士跳舞，必须先认真观察她是否已有男伴舞；如有，一般不宜前去邀请，以免发生误会。男士邀请女士跳舞，如果女士不愿意跳，不能勉强。无论男士或女士，一个人单独坐在远离人群的地方，别人就不要去打扰。如果坐在一群人中间，则可以走过去邀请对方跳舞。邀请舞伴，要观察一下对方的情况，不要几个人同时抢邀一个舞伴，更不能为邀舞伴而发生争吵，在舞会上争夺舞伴是十分不礼貌的。男士如果邀请女舞伴同赴舞会，不应让舞伴独坐，而自己邀请别人起舞。男士要记住，在第一支舞曲和最后一支舞曲时应邀自己的女伴同舞。

邀请时，男士应步履庄重地走到女士面前，弯腰鞠躬，同时轻声微笑说：“想请你跳个舞，可以吗?”弯腰以 15 度左右为宜，不能过分，过分了，反而会有不雅之嫌。

在正常的情况下，两个女性可以同舞，这意味着她们在现场没有舞伴。但两个男性却不能同舞，因为这样意味着他们不愿意向在场的女士邀舞，这是对女性的不尊重。所以，只有当两位女士已在跳舞池内起舞时，两位男士才可采取同舞的方式，追随到她们身边，然后共同向她们邀舞，再分别组成新的两对舞伴。

在朋友相聚的联欢会上，男士应避免只同一位女士跳舞。男士如果仅仅和妻子跳舞也是不礼貌的。如果有人把一位女士介绍给一位男士，这位男士就必须请她跳一支舞。

在家庭舞会中，第一场舞应由主人夫妇、主宾夫妇共舞，如果夫人不跳，也可由已成年的女儿代之。第二场舞应由男主人与主宾夫人，女主人与男主宾共舞。舞会上，男主人应陪无舞伴的女宾跳舞或为她们介绍舞伴，并要照顾其他的客人。男宾应轮流邀请其他女宾，再次是女主人家庭的女宾。

三、拒绝邀舞

参加舞会，邀请者固然应当彬彬有礼，但受邀者也应当落落大方，彼此都应表现出良好的思想修养和高雅的文化素质。如果决定拒绝别人的邀请时，则要注意礼貌待人。

一般情况下，女方最好不拒绝别人的邀舞，如果决定谢绝，则应说："对不起，我想休息一下。"或者说："真对不起，我不会跳舞。"以此求得对方的谅解。

如果女士已经答应和别人跳这一支舞了，则应向前来邀请者表示歉意："对不起，已经有人邀我了，等下一曲吧。"

已经婉言谢绝别人的邀请后，在一曲未终了时，女士不应同别的男士共舞，否则会被认为是对前一位邀请者的蔑视，是很不礼貌的表现。

如果同时有两位男士邀请一位女士跳舞，女士最好是礼貌地谢绝。如果已接受其中一位的邀请，对另一位则应表示歉意，礼貌地说："对不起，已经有人邀我了，等下一曲吧。"

当女士已经拒绝一次男士的邀请后，如果这位男士再次前来邀请，在确定无特殊的情况下，不应再次拒绝，女方应愉快接受邀请。

如果自带舞伴，两个人多跳几场当然可以，但如果别人来请，不能一概拒绝，更不能说一些不礼貌的话。

如果夫妇二人同去参加舞会，跳过一曲后，有人前来邀请夫人，先生应按礼节促请夫人接受，决不能代夫人回绝对方，这也是有失礼节的表现。

◆【阅读资料】

拒邀礼仪

在一个周末舞会上，一位妙龄少女不仅相貌出众，而且舞姿优美，令许多男青年为之倾倒，其中有一位修养较差的男士对其纠缠不清，频频与这位少女搭讪。

男：我好像在哪儿见过您，您贵姓？

女：我姓我父亲的姓。

男：那么，您的父亲姓什么呢？

女：我的父亲当然姓我祖父的姓了。

男：您做什么工作的？

女：干四个现代化的。

男：你家住在哪里？

女：地球上。

男：您家有几口人？

女：和我家的自行车一样多。

男：那么，你家有几辆自行车？

女：每人一辆。

这位聪明的美貌少女针对轻薄男子别有用心的提问，巧妙应答，既不失礼，又让他一无所获。

资料来源：李荣建．社交礼仪．北京：清华大学出版社，2007.

四、舞姿风度

跳舞的风度，主要是指人在跳舞时的姿态和表情。姿态是人的外在动作，表情则是其内在的感情。在舞会上，怎样做才算是有风度呢？

舞姿要端正、大方和活泼，整个身体应始终保持平、正、直、稳，保持好重心，身体不要摇晃。跳舞时，男女双方都应面带微笑，说话要和气，声音要轻细，不要旁若无人地大声谈笑。

神情、姿态要轻盈自若，给人以欢乐感。表情应谦和悦目，动作要协调舒展，男士不要强拉硬拽，女士不挂、扑、靠、扭。

跳舞时，男方的右手应手心向下向外，用大拇指的背面轻轻将女方挽住，而不应用右手手掌心紧贴女方腰部；左手使左臂以弧形向上与肩部成水平线举起，掌心向上，拇指平腰，只将女伴的右掌轻轻托住。女方的左手应轻轻地放在男士的右肩上，右手轻轻地搭在男士的左手上。跳舞中，双方握得或搂得过紧，都是有失风度的。

跳舞时，双方的身体应保持一定的距离。跳四步舞时，舞步可稍大些，表现出庄重、曲雅和明快的姿态；跳三步舞时，双方应保持一定的距离，让身躯略微昂起向后，使旋转时重心适当，表现出热情、舒展、轻快和流畅的情绪与节奏；跳探戈舞时，随着乐曲中切分音所含节拍的弹性跳跃，男女双方的舞姿与步法变化较多，舞步可稍大些；跳伦巴舞时，男女双方可随着音乐节奏轻轻扭动腿部及脚踝，臀部不应大幅度地摆动。

五、如何避免舞会尴尬

社交舞中最优先考虑的基本原则是安全及其他舞伴者的方便，以下几个规则可以避免在舞会中发生尴尬。

1. 参加舞会时，所有的男士、女士都必须穿着整洁得体

灯光绒或格子呢的、肘部打补丁的休闲西装不宜出现在十分正规的舞会上。即使是夏天，男士也得穿长裤去参加舞会，穿西装短裤、沙滩裤去跳舞是不礼貌的。避免穿无袖或吊带的衣服，尤其在较活跃的舞中，因为触摸到舞伴湿漉漉的肌肤并不是件愉悦的事。

2. 不管舞会是否正式，都应穿舞鞋

不宜穿运动鞋或任何胶底鞋，因为它们会黏在地板上，当你做旋转动作时可能会导致膝盖受伤。

3. 参加“迪斯科专场”舞会的装扮

参加“迪斯科专场”舞会的装扮就不必受以上约束。T恤、

牛仔裤、超短裙、运动鞋都可以穿，人们只求在扭摆中宣泄得酣畅淋漓，领带、高跟鞋反倒成了累赘。

4. 一般由男士带领女士跳舞，女士应密切配合

无论舞步娴熟与否，男士应带领舞伴与舞场中其他人的舞蹈方向保持一致，一般按逆时针方向绕行，而不要在舞场中横冲直撞。跳舞时不小心踩了对方的脚，应马上说“对不起”。

5. 男士不要因为紧张而把舞伴搂得太近，或把舞伴的手握得太牢，这样容易引起误会

女士也要放轻松，不要把全身的分量都压在舞伴身上。如果女士发现舞伴故意搂紧自己，或某支舞曲放个没完没了，使自己很不耐烦，女士可以不失礼貌地说：“我累了，想回座位上去。”

第三节　沙龙礼仪

沙龙礼仪是人们在参加沙龙时应遵循的礼仪规范。以社交为目的的专门性的室内聚会，一般都被称为沙龙。沙龙在我国，尤其是在商界非常流行。商界人士看中沙龙这种社交的形式，主要是因为它形式自然、内容灵活、品位高雅，可以使渴望友谊、注重信息的人们，既正规而又轻松愉快地与其他人进行交际。

一、沙龙的类型

按照人们在聚会中所讨论的中心话题或从事的主要活动来区别，沙龙的类型有：

（一）综合型沙龙

包罗万象，内容众多的，叫做综合型沙龙。

（二）交际型沙龙

亲朋好友、同事、同学相互之间以保持联络为目的的，叫做

交际型沙龙。

（三）联谊型沙龙

为了接待来访者，意在相互了解，加深认识的，叫做联谊型沙龙。

（四）学术型沙龙

以学术讨论为主要内容的，叫做学术型沙龙。

（五）文艺型沙龙

由文学艺术爱好者发起、参加的，叫做文艺型沙龙。

（六）休闲沙龙

以休闲、娱乐为主要活动形式的，叫做休闲型沙龙。

二、交际型沙龙

交际型沙龙的目的是为了使参加者之间保持接触，进行交流。因此，它的具体活动形式灵活多样。座谈会、校友会、同乡会、聚餐会、庆祝会、联欢会、生日派对、节日晚会、家庭舞会等等，都属于交际型沙龙。

在通常情况下，交际型沙龙的地点、时间、形式、主人和参加者，均应事先议定。它可以由一人发起、提议，也可以由全体参与者群策群力，共同讨论决定。

（一）举办交际型沙龙的地点

地点应当选择条件较好的某家客厅、庭院，或是宾馆、饭店、餐馆、写字楼内的某一专用的房间。它至少应当做到面积大、通风好、温风适中、照明正常、环境幽雅、没有噪音、不受外界其他的任何干扰。

（二）举办交际型沙龙的时间

时间一般应为 2 到 4 小时。在具体执行上，则不必过分地“严守规章”。只要大家意犹未尽，那么将其适当地延长一些是完全必要的。通常，为了不影响正常工作，交际型沙龙以在周末下午或晚间举行为好。

（三）举办交际型沙龙的形式

形式应根据具体目的，而加以选择。如果大家只想“见一见”，或是“聚一聚”，那么就应当选择较为轻松、随便的同乡会、聚餐会、联欢会、节日晚会或家庭舞会。要是打算好好地“谈一谈”，或是“聊一聊”，则不妨选择不宜“跑题”、分神的咖啡会、座谈会、讨论会等形式。当然，在具体操作上，这几种形式也可以彼此交叉，或同时使用。有时，不确定交际型沙龙的具体程序或具体“议题”，而听凭参与者们任意发挥，也是可行的。

（四）交际型沙龙的组织

如果交际型沙龙是在某家私宅内举行，其主人自然就是此次沙龙的主人。如果它是在外租用场地举行的，则一般应由其发起者或组织者担任主人。若他独身未婚或配偶不在本地，则应由其父母、子女、同事或秘书来临时充任男主人或女主人。按惯例，沙龙的主人应当有男有女，以便“对口”去分别照顾男宾、女宾们。

交际型沙龙的参加者，大体上应当事先确定好。在某些较为正式的交际型沙龙上，参加者彼此之间相识者居多有助于大家多交流，少拘束。当然，它也不绝对地排斥“新人”加入。只不过“新人”的加入，应提前征得主人的首肯，并以不会同有前嫌的人在沙龙上“狭路相逢”为前提。

（五）参加交际型沙龙的准备

前去参加交际型沙龙之前，应认真对自己的仪表、服饰进行必要修饰与斟酌。男士通常应当理发、剃须，换着西装套装或休闲型西装；女士则需要作发型、化淡妆，并选择旗袍、时装、连衣裙等式样的服装。若夫妇或情侣二人一同赴约，则其穿着打扮，应彼此保持和谐一致。作为东道主，男女主人的穿戴，应当尽可能地向自己的身份靠拢。

（六）交际型沙龙的礼仪

1. 要恪守规定

所谓恪守规定，就是要求在参加沙龙时，遵守时间，按时赴约，不得无故迟到、早退或是违约。

2. 要尊重妇女、长者

妇女是人类的母亲，长者是大家的前辈，鉴于这种原因，要主动自觉地尊重、照顾、休谅、帮助、保护妇女和长者，并积极地为其排忧解难。许多人平常津津乐道的绅士风度和高尚修养，其实都不是空谈，它们在现实生活中，是与尊重妇女、尊重长者紧密联系在一起的。

3. 要体谅主人

要求在参加沙龙活动时，应当设身处地的时时处处多替主人着想，并尽可能地对其援之以手。参加沙龙之初，不要忘了问候主人。在沙龙举办期间，可以找机会向主人询问一下“我能做一些什么”。在沙龙结束时，在向主人道别之后，方可告辞。在沙龙举办期间，即使有些事情不一定尽如人意，也要保持克制、别说怪话。不要对主人所做的安排，品头论足，说三道四。不要当着他人的面，大算让主人难堪的“历史旧账”，或是指责、非议、侮辱主人。

4. 主动与他人进行交流

可以主动地同身边的人进行攀谈，可以旁听他人的交谈，也可以加入他人的交谈。在同他人交谈时，应当表现得诚恳虚心。同时，还应当扩大一下自己的交际范围。除了与老朋友交谈之外，还应尽量借此良机，去认识更多的新朋友。

三、休闲型沙龙

休闲型沙龙有：游园联欢会、远足郊游会、家庭音乐会、小型运动会、俱乐部聚会等等。与交际型沙龙相比，同样也具有社交的功能，只不过休闲性、娱乐性较为突出。假如称之为寓交际于休闲，或是寓交际于娱乐，大约更为贴切。有一位颇有成就的西方大企业家曾经说过："我的成功，主要不是来自谈判桌上，而是来自乡间别墅或是俱乐部里同对手的友好接触。"他的话，对休闲型沙龙的功能，做出了最通俗的正确诠释。

（一）在休闲型沙龙里，应当表现得像玩

所谓像玩，就是要求"轻装上阵"，脱下西服套装，西服套裙、时装、礼服和磨人夹脚的皮鞋，卸下表明地位与身份的首饰，洗去脸上厚厚的铅华，换上与休闲型沙龙的具体环境相般配的牛仔装、运动装、休闲装，穿上方便的运动鞋，实实在在地进入自己此时此地的角色之中。

反之，如果在休闲型沙龙里露面时，依旧一本正经，男的穿西装、打领带，女的着套裙、蹬高跟皮鞋，未免会让人觉得道貌岸然，装腔作势，破坏别人愉悦的心情。

（二）在休闲型沙龙里，应当表现得会玩

所谓会玩，有两种含义。它一方面是指玩的技巧，另一方面则是指对玩的内容的选择。不会玩，只要肯去学，又有人教，一般不难对待。而在对玩的内容的选择上误入歧途，那可就因小失大，害己害人了。

在休闲型沙龙所玩的内容，应当既高雅脱俗，又适合于使人轻松、愉快。总之，是要又能玩、又好玩，而且还要力争做到大家大都会玩。一般来讲，打桥牌、下象棋、打网球、打高尔夫球，或是举办小型音乐演奏会，都是休闲型沙龙宜于优先选择的玩的内容。不过有一条必须坚守的界限不容逾越，那就是大家在玩的同时，必须严守国家法律，严守社会公德，绝对不可以为图一时的快感，而贸然犯险。绝不能与"黄、赌、毒"三个字沾边。搓一搓麻将虽说档次不高，但还是可能的。然而绝对不可以为了显富斗阔或"赚两个钱"，而去与人聚赌。不可以动不动就一掷千金地去"找小姐"，为了寻欢作乐，而与陪坐、陪酒、陪舞的"三陪小姐"勾勾搭搭，甚至无视礼义廉耻，玩弄异性，卖淫嫖娼，更不可以吸毒、贩毒，触犯国法。

（三）在休闲型沙龙里，应当表现得以玩为主

既然是休闲、娱乐，在沙龙里，就是以玩为主，以玩为中心，以玩为主要活动内容。不要表现得过分急功近利，那边请来的客人刚刚玩得渐入佳境，心情甚好，这里的主人就立即原形毕露，摊牌叫价了，只会欲速而不达，"盲人点灯，白费蜡"。

该办的事自然要办，该说的话当然要说，只不过一定要选择最佳的时机。要是玩完之后，或是过上一两天再谈正事，往往可能比在玩的时候"转移话题"，更易于奏效。

有经验的职业人士都懂得：该工作时就要工作，该休息时就要休息，"不懂得休息，就不懂得工作"。因此，参加休闲型沙龙时，切勿忘记应当以"休闲"为主，以"交际"为辅，不要随便将二者倒置。否则，既会败坏他人的雅兴，又会令人侧目。

【本章小结】

酬宾待客是交接朋友、联络感情的一种交往方式，也是政务活动和商务活动中常见的应酬之一。了解和运用酬宾礼仪，有针对性地招待好来自四方的宾朋是人们必备的礼仪修养。

宴请是公务交往中最常见的交际活动形式之一。常用的宴请形式有宴会、招待会、茶话会、工作进餐等。

舞会礼仪是人们参加舞会时共同遵守的行为规范。

沙龙礼仪是人们在参加沙龙时应遵循的礼仪规范。

◆【案例分析】

王女士的尴尬

王女士有一次去看望一个亲戚，这个亲戚见到晚辈来访非常

高兴，席间，不住地用她的筷子给王女士夹菜，一筷子接一筷子，弄得王女士应接不暇。而且王女士发现，这个亲戚在用餐时又特爱用嘴嘬筷子头，几乎每吃一口都嘬一下，看得王女士一个劲地反胃，顿时食欲皆无，还说不出来。

【思考题】

请评价主人待客的行为。

【实训题】

实训目标：

通过实训，具备组织茶话会的能力。

实训内容：

由学生自己组织“中秋之夜师生亲情”茶话会。

实训要求：

学生按照茶话会礼仪规范进行组织，老师检查指导，保证茶话会圆满成功。

【复习思考题】

一、单项选择题

1. 餐巾除防止菜食弄污衣服，还可传递另外的信息。中途离席时，可把餐巾置放在椅座上，表示“暂时离开”；放在餐桌上则表示(　　)。

A. 还要一杯酒　　B. 离席取食

C. “一去不回”　　D. 二小时

2. 请指出下图中的位次排列：

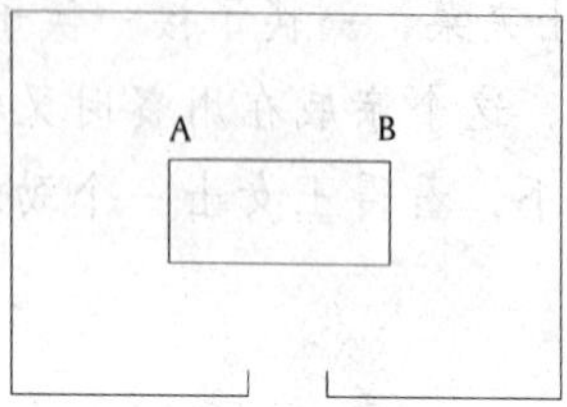

图 1

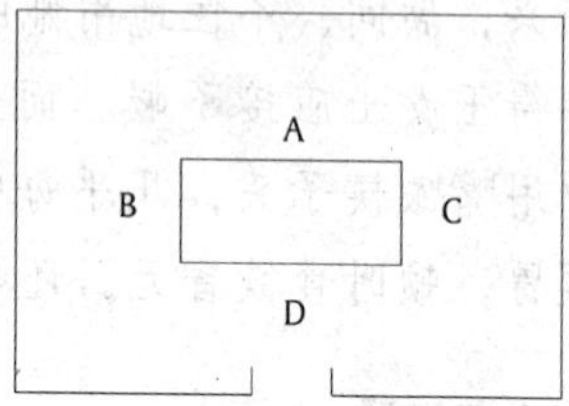

图 2

A. 图 1 中客人应坐在(　　)处。

B. 图 2 中主宾应坐在(　　)处。

3. 中餐宴会在排列座位时，一般正对着门的位置是(　　).

A. 主人　　　　B. 主宾

C. 第二主人　　　　D. 第二宾

二、多项选择题

1. 喝咖啡时，合理的调羹使用方法是(　　).

A. 使用调羹来搅拌糖和牛奶

B. 用调羹舀咖啡、一勺一口地喝

C. 调羹用完以后，应放在盘子里，不能放在桌子上

2. 商务活动时宴请的准备工作有(　　).

A. 了解客人的身份、人数，以确定宴请的形式、标准、己方陪同人员及位置次序

B. 宴请时，主人方陪同人员在人数、级别方面应与客人对等

C. 如宴请客人中有女士，应安排女士陪同

D. 宴请时间以对主宾双方都合适为宜，若难以兼顾，则从客人方便着想；同时注意少数民族的特殊饮食习惯

E. 如宴请外国人士，应事先征询对方对用餐形式的意见，即中餐、西餐或其他形式

F. 根据宴请的目的、形式、标准选定宴请地点和预订，并告

知每位宴请和陪同人员（包括时间、地点、参加主要人员等）

G. 较正式的宴会应发请柬，写座位卡和摆放菜谱，入席时要有人引位

H. 先客人之前到达，等候迎接客人

3. 下面符合舞会礼仪规范要求的是(　　)。

A. 无论男士还是女士，当其一人单独在远离人群的地方时，不宜前去打扰

B. 如果自带舞伴，可以拒绝其他人的邀请

C. 在正常情况下，两位女士可以共舞，但两位男士不宜共舞

D. 一般情况下，被邀请者如果没有特殊理由不应拒绝邀请，若要拒绝应表示歉意以求对方谅解

三、简答题

1. 什么是宴会？宴会的类型有哪些？

2. 参加宴请活动，如果中间有急事需要中途离场，应该怎么办？

3. 参加舞会应做哪些准备？

4. 根据中餐次礼，如何排列一张八仙桌和一张圆桌的位次顺序？如果主人夫妇共同邀请贵宾夫妇等人，又该怎样排列圆桌的位次顺序，请画图以示。

延伸阅读～～

1. 杨海清．现代商务礼仪．北京：科学出版社，2006.

2. 李荣建．社交礼仪．北京：清华大学出版社，2007.

第六章

会议礼仪

课前导读

◆【知识学习目标】

通过本章的学习，掌握参加社交活动中的一般会议特别是专题会议的方法与礼规。

◆【能力培养目标】

通过本章的学习，具备在社交活动中组织各种专题会议的基本能力。

◆【教学重点】

会议准备礼仪和会议服务礼仪。

◆【教学难点】

专题会议服务礼仪。

会议是社会组织洽谈商务、布置工作、沟通交流的重要方式，在组织内部与外部工作中具有不可忽视的地位。组织会议不仅需要具备专业的知识，而且要做好方方面面的准备，遵守会议礼仪。

第一节 一般会议礼仪

会议是指有领导、有组织地使人们聚在一起，对某些议题进行商议或讨论的集会。在社交活动中，不管是组织或参加何种会议，都必须遵守会议礼仪，因为在这种高度聚焦的交际场合，稍有不慎，便会严重有损个人和组织的形象。

一、会前准备礼仪

（一）会前准备五要素

要开好一个会，准备工作是十分重要的。根据参加会议的人数不同、会议接待的准备工作的内容不同以及会议接待的方式不同，对会议的组织方法，礼仪要求也不同。一般应在会前组成一个会务组，专门处理有关问题。会前准备礼仪包括五个要素：

1. WHEN—时间

时间是指会议开始的时间和要进行多长时间。这样能让参会人员很好地安排自己的工作。

2. WHERE—地点

地点是指会议在什么地点举行，要注意会议室的布局是否适合这次会议的举行。

3. WHO—人物

以外部客户参加的公司外部会议为例，会议由哪些人员参加，公司内部谁来主持和出席，是否已经请到了合适的外部嘉宾来出席这个会议。

4. WHAT—会议的议题

会议的议题就是要讨论哪些问题。

5. OTHERS—会议其他事项的准备

这是根据本次会议的类型、目的，需要准备的物品，例如，纸、笔、笔记本、投影仪、公司资料、会议纪念品等，还要考虑是否需要准备饮料、点心等，以及对来宾的接送服务，与会人员的座次安排。

（二）会前准备礼仪

在以上五要素的指导下，具体的组织准备工作一般分为以下几项：

1. 拟定会议主题

会议的主题，即会议的指导思想。会议的形式、内容、任务、议程、期限、出席人员等，特别是会议的规模和接待规格，都只有在会议的主题确定下来之后，才可以据此一一加以确定。

2. 拟发会议通知

会议通知应包括以下六项：

（1）标题，它重点交代会议名称。

（2）主题与内容，这是对会议宗旨的介绍。

（3）会期，应明确会议的起止时间。

（4）报到的时间与地点，特别要交代清楚交通路线楚。

（5）会议的出席对象，如对象可选派，则应规定具体条件。

（6）会议要求，它指的是与会者材料的准备与生活物品的准备，以及差旅费报销和其他费用问题。通知后面要注意附回执，这样可以确定受邀请的人是否参加会议，准备参加会议的是否有其他要求等。对于外地的与会者还要附上到达会议地点和住宿宾馆的路线图，以避免问路等不必要的麻烦。

3. 起草会议文件

会议所用的各项文件材料，均应于会前准备完毕。其中的主要材料，还应做到与会者人手一份。需要认真准备的会议材料包括会议日程、开幕词、闭幕词和主题报告。特别要说明的是，会议日程是会议活动在会期以内每一天的具体安排，它是了解会议情况的重要依据。它的形式既可以是文字的也可以是表格的。它可以随会议通知一起发放，也可以在签到时随其他会议资料一起发放。

4. 安排招待与会场布置

对于与会人员的交通、膳宿、医疗、保卫等方面的具体工作，应精心和妥当地做好准备工作。并应提前布置好会场。会场的选择，要根据参加会议的人数和会议的内容来决定。最好是从大小适中、地点合理、附属设施齐全及停车方便等几个方面来考虑。英国的首相丘吉尔曾说："绝对不用太大的房间，而只要一个大小正好的房间。"而且超过一天的会议，应尽量把地点定的离与会者住所较近一些，免得与会者来回奔波。如果会场不易寻找，应在会场附近安设路标以作指点。对必用的音响、照明、空调、投影、摄像设备，事先要做认真调试。需用的文具、饮料等应预备齐全。

5. 坐席的配置

坐席的配置要和会议的风格和气氛协调，讲究礼宾次序，主要有以下几种配置方法：

（1）圆桌型。如果是使用圆桌或椭圆形桌子。这种布置使与会者同领导一起围桌而坐，从而消除不平等的感觉。另外，与会者能清楚地看到其他人的面容，因而有利于互相交换意见。这种形式适于10~20人左右的会议。座次安排应注意来宾或上级领导与组织领导及陪同面对面坐，来宾的最高领导应坐在朝南或朝门的正中位置，组织最高领导与上级领导相对而坐。同级别的对角线相对而坐。

（2）口字型。如果使用长形方桌。这种形式比圆桌型更适用于较多人数的会议。

(3) 教室型。这是采用得最多的一种形式，它适用于以传达情况、指示为目的的会议，这时与会者人数比较多、而且与会者之间不需要讨论、交流意见。这种形式主席台与听众席相对而坐。主席台的座次按人员的职务、社会的地位排列，目前国内的惯例是：前排高于后排，中央高于两侧，左座高于右座。凡属重要会议，在主席台上每位就座者身前的桌子上，应先摆放好写有其本人姓名的桌签。排列听众席的座次，目前主要有两种方法：一是按指定区域就座，二是自由择座。

会前周密详尽的准备，是会议圆满成功举行的基础。在会前准备工作的各个环节，都要注意相应的重点和礼仪要求，才能保证会议的准备工作顺利进行。

二、会议服务礼仪

(一) 主持人礼仪

各种会议的主持人，一般由具有一定职位的人来担任，其礼仪表现对会议能否圆满成功有着重要的影响。主持人主要有落实议程、控制时间、掌握会场等三项工作。处理这三项工作是否得力，是检验一名会议主持人是否称职的最佳标准。

1. 落实议程

作为会议的现场指挥者和掌握者，主持人要使既定的会议议程得以落实，重点是要做好以下两件事情。

(1) 熟悉议程。要使议程得以落实，主持人首先就必须熟悉议程，才能在会议进行时熟练地驾驭会议，并且要沉着妥善地应付一切难以想像的突发性问题。

一般较为正式的会议，其议程大都包括下列各项：

①主持人宣布正式开会。必要时，须全体起立，奏国歌、会歌。

②专人做主题报告。

③对主题报告进行分组讨论，或者进行大会发言、讨论。

④进行总结，达成共识，或者通过相应的会议决议，宣布散会。

(2) 执行议程

在一般情况下，会议的主持人作为会议的工作人员，未经会议主席团授权或批准，无权变更会议的议程，尤其是会议的主要议程的。不论遇到了什么情况，主持人都必须履行自己的职责，以确保会议按照既定方针办，兑现各项议程，完成预期的任务。执行会议议程，是主持人的天职。

2. 控制时间

对主持者而言，在控制会议时间方面要做的主要工作，一是要掌握起止时间，二是要限制发言时间，三是要留有休息时间。对于这三点稍有疏忽，都会使会议的进行受到不良的影响。

(1) 掌握起止时间 。任何一次会议，都有自己公开宣布的起止时间。这一时间一经确定，便应得到全部与会者、特别是会议工作人员的遵守。任何人，不论他是什么身份，若是对会议时间不加遵守，就等于表明他不重视这次会议，并且不尊重其他的与会者。

因此，没有非常重要的特殊情况，主持人是不宜随便拖延开会与散会时间的。严格遵守会议的起止时间，是主持人所必做的“例行公事”。

(2) 限制发言时间。限制发言时间是防止会议拖延的良方之一。在一般情况下，拟定会议议程时，即应对每位发言人的发言时间有所限定，并一律通知其本人。主持人主持会议时在这方面所要做的工作，一是在发言人发言之前最好再关照一下其限定的时间长度；二是可用技术性手段 ，例如，时间一到，即以铃响提示发言人。需要强调的是，限制发言时间不可手法粗暴，态度恶劣。不要当众口头打断他人的发言，令其难以下台。

（3）留有休息时间。倘若会议举行时间较长，一般应当在其间安排一定长度的休息以供与会者略事休息，活动手脚，处理私事。大体上，一次会议最好控制在 3 小时以内，并以两小时左右为佳。凡举行会议的时间长于 1.5 小时，即应在其间安排一次长约 1 刻钟左右的休息。如果会议事先未订要开多长时间，而在举行的过程中已经超过了 1 个小时，并且尚未告终，则主持人应主动建议进行一次必要的会间休息。在会间休息前，需当众明确休息时间的具体长度，以便与会者能够准时返回会场。

3. 掌握会场

在会议进行期间，主持人掌握会场能力的大小，往往会影响到会议的成败。在掌握会场时，主持人最重要的是要注意少讲多看和调节气氛。

（1）少讲多看。主持人的主要任务是主持会议，而不是充当主要的报告人或发言人。因此一定要注意恪守本分，不抢风头，尤其不要在主持会议的过程中兴之所至，信口开河，离题万里。在主持会议时，主持人所要做的基本上是“照本宣科”，使既定的会议议程得以贯彻。此外，他最应做的就是多看多听，认真观察会议的进行情况和现场的情绪反应，以便防微杜渐，尽可能地不出问题，少出问题，并且及时地发现问题，解决问题。

（2）调节气氛。当然，主持人在会场上仅仅多看多听还是不够的，他还必须变被动为主动，采取必要的措施，以调节现场的气氛，令其保持良好的状态。当贵宾出席会议时，主持人可在开会之初或对方演讲之前，对其进行适当的介绍。在发言人发言前与结束时，主持人应领头鼓掌，以带动全场听众予以响应。万一会场出现局部骚动混乱时，主持人则应以适当的方式及时加以阻止。

（二）会议服务礼仪

会议进行中的服务要做到稳重、大方、敏捷、及时。

1. 会议签到

为掌握到会人数，严肃会议纪律，凡大型会议或重要会议，通常要求与会者在入场时签名报到。会议签到的通行方式有三：一是签名报到，二是交券报到，三是刷卡报到。负责此项工作的人员，应及时向会议的负责人进行通报。签到时设一张签字台，配上 1 至 2 名工作人员，如果接待档次比较高，可以派礼仪小姐承担。签字台应备有毛笔、钢笔和签到本。向客人递钢笔时，应脱下笔套，笔尖对自己，将笔双手递上。如果是毛笔，则应蘸好墨汁后再递上。签到本应精致些，以便保存。如需要发放资料，应礼貌地双手递上。接待人员应经常向会议组织者汇报到会人数。

2. 例行服务

会议举行期间，一般应安排专人在会场内外负责迎送、引导、陪同与人员。对与会的贵宾及老、弱、病、残、孕者，少数民族人士、宗教界人士、港澳台同胞、海外华人和外国朋友，往往还需进行重点照顾。会议接待人员应有礼貌地将与会者引入会场就座。对重要来宾应先引入休息室，由组织领导亲自作陪，会议开始前几分钟再到主席台就座。与会者坐下后，接待人员应递茶，或递上毛巾、水果，热情向与会者解答各种问题，满足各种要求，提供尽可能周到的服务。对与会者的正当要求，应有求必应。

3. 餐饮安排

举行较长时间的会议，一般要为与会者安排会间的工作餐。与此同时，还应为与会者提供卫生可口的饮料。会上所提供的饮料，最好便于与会者自助饮用，不提倡为其频频斟茶续水，那样做，既不卫生安全，又有可能妨碍对方。如果必要，还应为外来的与会者在住宿、交通方面提供力所能及、符合规定的方便条件。

4. 现场记录

凡重要的会议，均应进行现场记录。具体方式有笔记、打印、录入、录音、录像等，即可单独使用，又可交叉使用。负责手写笔记会议记录时候，对会议名称、出席人数、时间地点、发言内容、讨论事项、临时动议、选举表决等基本的内容要力求做到准确、清晰。

5. 编写简报

有些重要会议，往往在会议期间要编写简报。编写会议简报的基本要求是快、准、简。快，是要求其讲求实效；准，是要求其准确无误；简，是要求其文字精炼。

6. 做好会后服务的准备

会议进行之中，就应为会后服务做好准备，例如，会后要照相，就应提前将场地、椅子等布置好，摄影师做好摄影的准备。另外，会后的用车也应在会议结束前妥善安排。

（三）参会人员礼仪

一个会议的成功举行，离不开所有参会人员的积极配合。

1. 遵守纪律

大凡正式会议，都会提前宣布有关会议纪律。即使有些会议没有对会议纪律作明文规定，事实上它也是在人们的意识中客观存在的。

（1）准时到会。严守会议时间，是保证会议顺利进行的基本条件之一。接到会议通知后，应当按照通知上规定的具体时间，准时出席会议。参加在本地举行的会议，应提前5分钟进入会场，以便有一定的时间进行个人必要的会前准备，例如：签到、寻位、领取材料等等。参加在外地举行的集会，最好提前1天报到，以便事先熟悉情况。参加任何会议，都不应当迟到或者缺席不到。

（2）保持安静。在集会进行期间，全体参会者都应自觉维持会场秩序，保持会场安静，不影响发言人的讲话与听众的倾听。在发言人或主持人讲话时，不应有意起哄，或是间接制造与其有碍的噪音。在会场上使用手机，收听录放机和mp3，玩弄电子游戏机，吃东西、喝饮料等行为更是应该予以杜绝。与发言者意见相左时，可以通过适当的渠道进行表达。但是不应当在对方发言时予以打断，或是大声予以斥责、议论、狂吹口哨，拍打桌椅，跺脚乱踢等等。在集会上鼓掌，主要是为了对发言者表示欢迎和支持。不应反其道而行之，对发言者大“ 鼓倒掌”。在开会之时，不应当随意走动，或者与周围的人交头接耳。在一般情况下，带孩子参加会议是不允许的。

（3）不得逃会。参加会议，必须自始至终。万一有特殊原因，需要中途离去，应事先请假。必要时，还需向主持人说明原因，并为此而致歉。不允许在集会时“半途而废，不辞而别”。在他人发言期间当众退场，不仅自己失礼，而且也是失敬于对方的。

2. 认真倾听

对集会上的每一位听众而言，在会议进行期间认真倾听他人的发言，是对对方尊重的具体表现，同时也是自己掌握会议精神的主要途径。要真正做好这一点，需要注意以下三点事项：

（1）事先准备。参加集会前，应进行必要的准备工作 。要进行充分的休息，养精蓄锐，否则在会议时疲劳困乏，大打瞌睡，必定影响听讲。要处理好其他工作，免得在开会时魂不守舍，三心二意，用心不专。要预备好必要的辅助工具，如纸、笔、录音机等等。要认真阅读会议下发的材料，以便全面了解会议情况，掌握会议主旨。

（2）聚精会神。在会议举行时，每一名听众都要聚精会神地聆听他人的讲话、发言。在倾听他人为讲话时，切勿心神不定，“魂游”于会场之外。当自己讲话、发言后，更要注意专心聆听别人的讲话、发言。

（3）笔录要点。民间有句很有道理的俗语，叫作“好记性不如烂笔头”，强调的其实就是做笔记的重要性。参加会议时，有条件的话，就要尽可能地对他人的讲话、发言择其要点进行笔录。

笔记做得如果得当，对于会后深入体会和准确传达会议精神，都会帮助极大。

◆【阅读资料】

商务会议禁忌事项

1. 发言时不可长篇大论，滔滔不绝（原则上以3分钟为限）。
2. 不可从头到尾沉默到底。
3. 不可取用不正确的资料。
4. 不要尽谈些期待性的预测。
5. 不可做人身攻击。
6. 不可打断他人的发言。
7. 不可不懂装懂，胡言乱语。
8. 不要谈到抽象论或观念论。
9. 不可对发言者吹毛求疵。
10. 不要中途离席。

资料来源：大学生创业网。

三、会议结束礼仪

会议结束之后，全部接待人员应分工明确，做好相关的后续性工作，而且还应该注意以下细节，才能够体现出良好的礼仪规范。主要包括以下几项：

（一）形成会议文件

会议结束一般会形成会议文件，这些会议文件包括会议决议、会议纪要和会议总结等，一般要求尽快形成，会议一结束就要下发或公布。

（二）处理相关材料

根据工作需要与有关保密制度的规定，在会议结束后应对与其有关的一切图文、声像材料进行细致的收集、整理。收集、整理会议的材料时，应遵守规定与惯例，应该汇总的材料，一定要认真汇总；应该存档的材料，要一律归档；应该回收的材料，一定要如数回收；应该销毁的材料，一定要仔细销毁。

（三）安排后续活动

会议结束后，有时还会安排一些后续的活动，如联欢会、会餐、参观、合影留念等。由于不同会议的与会者有不同的性格特点，所以计划和安排的活动要适合与会者的口味。同时要注意计划周密和安全考虑。

（四）协助返程

大型会议结束后，其主办单位一般应为外来的与会者提供一切返程的便利。若有必要，应主动为对方联络、提供交通工具，或是替对方订购、确认返程的机票、船票、车票。当团队与会者或与会的特殊人士离开本地时，还可安排专人为其送行，并帮助其托运行李。

◈【阅读资料】

会议中遭遇尴尬的化解妙招

一、以异中求同化解尴尬

若是公司内部会议进行一半时，上司因不同意某位同事的想法而加以斥责时，其他同事可以试着先以“异中求同”的方式来化解僵局。由于与会者都是针对某一特定议题，透过会议来彼此讨论观点，其中必有部分相似之处，而非只有“零”或“一百”两个极端的战争。因此，其他人可以先分析主管的想法，再罗列另一位同事的观点，例如“主管，你的想法有A、B、C，而他的意见是A、C、D，其实你们都认为A与C是可行的”，找出中间交集之处后，特别针对相似之处加以讨论来缓和尴尬的气氛。

二、暂停会议，彼此冷静

如果上司当时是对某位部属的情绪反应、或是同事间意见不同时，那么我建议最好的方式是停止争吵，由会议主持人宣布休会5至10分钟，先让双方冷静一下，气氛稍稍缓和之后再持续会议讨论。此外，会议主持人也可以先跳开这个争议的话题，选择有趣的议题或争议性较低的议题来讨论，同时，个性较为活泼、广为大家接受的同事可以主动胡扯些适宜的话，来化解突然冷却的气氛、打破僵局。当气氛缓和后，再继续进行议程。

三、对外会议，事前推演

除了公司的内部会议时有尴尬情景发生，对外的会议，尤其是对客户报告或讨论的会议，也常会有意见相左而争执不下的情形。但所有打圆场的方式都不如事前做好准备工作、避免僵局的方式来得有效。在与客户开会前，公司内部先预演，设定好讨论议题的顺序，针对可能会受到客户质疑或较为敏感的议题，先做好沙盘推演，甚至先假设客户可能提出的各式问题，准备最为合宜的答复，并且及时提出解决之道。会议前若有充分的准备，就能尽量避免会议僵局，也就不用时时出来打圆场了。

资料来源：大学生创业网。

第二节　专题会议礼仪

社会组织要经常举行一些专题会议，与公众进行沟通。每一次专题会议的目的不同，仪式要求不同，礼仪规范也有不同的要求。

一、新闻发布会礼仪

新闻发布会，简称发布会，有时亦称记者招待会。它是一种主动传播各类有关的信息，谋求新闻界对某一社会组织或某一活动、事件进行客观而公正的报道的有效的沟通方式。新闻发布会的常规形式是：由某一组织或几个有关的组织出面，将有关的新闻界人士邀请到一起，在特定的时间里和特定的地点内举行一次会议，宣布某一消息，说明某一活动，或者解释某一事件，争取新闻界对此进行客观而公正的报道，并且尽可能地争取扩大信息的传播范围。发布会礼仪，一般指的就是有关举行新闻发布会的程序规范和与会者需要注意的礼仪细节。

（一）新闻发布会的准备

筹备新闻发布会的准备工作包括主题的确定、时空的选择、人员的安排、材料的准备等具体工作。

1. 主题的确定

一般来讲，新闻发布会的主题大致有两种类型：一是说明性主题如企业推出新产品、企业的经营方针有所改变等，此时，新闻发布会主要是对外宣布决定。二是解释性主题。如企业产品质量出现了问题、企业内部有重大事项的变化等，此时，新闻发布会主要是针对所发生的事件进行解释。主办方可根据情况，确定好新闻发布会的主题。

2. 时间的选择

选定时间要注意避开节假日，避免与重大社会活动相冲突，防止与新闻界的宣传重点撞车。有些事件发生后，时效性极强，拖延时间可能会失去意义，此时应马上召开新闻发布会。新闻发布会举行的地点可以考虑在本组织所在地，事件的发生地，或者当地有名气的宾馆、会议厅等。发布会的现场还应考虑交通是否方便，采访条件是否优越。扩音、录音、录像设备是否完好，座位是否够用等等。

3. 媒体的邀请

新闻发布会主要是面对新闻记者发布消息，所以记者是主宾。邀请哪些记者参加应根据发布会的性质而定。如果是为了扩大影响和知名度，可以多种类、多层次地广邀记者参加。如果只在一定的范围内进行宣传、解释，则应将请柬送到新闻单位和记者本人手中，并及时利用电话联系，落实记者的出席情况。

4. 材料的准备

准备主要包括新闻发言人的发言稿、回答提纲、报道提纲及其他辅助材料的准备。发言稿既要紧扣主题，又要全面、准确、真实、生动。为了使发言人在现场回答问题时表现自如，可事先预测一下记者将要问到的问题并准备好回答提纲，以便使发言人做到心中有数，必要时予以参考。另外，每一个单位召开新闻发布会都有自己的宣传目的。因此可以事先将报道重点、有关的数据、资料编印出来，作为记者采访报道的参考资料。其他辅助材料则包括相关图片、实物、模型、录像、光碟等，其目的是增强发言人的讲话效果，加深与会者对会议主题的认识和理解。

5. 确定主持人和发言人

与其他会议有所不同的是，新闻发布会的主持人和发言人的选择非常重要，选择是否得当，直接关系到发布会的成败。新闻发布会的主持人大都由主办单位的公关部负责人、办公室主任或秘书长担任，而且应该是仪表堂堂、反应灵敏、语言流畅、善于把握大局、长于引导提问、对主持会议具有丰富经验的人。而发言人一般由本组织的领导人担任，因为领导人对本组织的方针、政策及各方面的情况比较了解，由他们回答记者的提问更具权威性。对发言人的基本要求还包括思想修养好，学识渊博、思维敏捷、能言善辩等。

（二）新闻发布会的程序及礼仪要求

1. 签到

新闻发布会的入口处要设立签到处，安排专人负责签到、分发材料、引入会场等接待工作。接待人员要热情、大方、举止文雅。

2. 会议开始

主持人将召开新闻发布会的目的、将要发布的消息或要公布的事情经过、真相做一简要介绍。主持人应根据会议主题调节好会议气氛，当记者的提问远离会议主题时，要善于巧妙地将话题引向主题；当会场出现紧张气氛时，能够及时调节缓和，并切实把握好会议的进程和时间。

3. 发言人发言

发言人在会上发言时，要突出重点，具体而恰到好处，语言要生动自然，吐字要清晰，

切忌吵嚷冗长。回答记者提问时要准确自如，不要随便打断记者的提问。对于不愿透露或不好回答的事情，不应吞吞吐吐，要婉转幽默地向记者做出解释。遇到不友好的提问，应该保持冷静，礼貌地阐明自己的看法，不能激动或发怒以免引起负面报道。

4. 会议结束

新闻发布会结束之后，主办人员要向参会者一一道别，并感谢他们的光临。个别记者有特殊要求时，有关人员还应耐心地给予答复。

新闻发布会后，主办单位还应及时收集到会记者做出的报道，检查是否达到了新闻发布会的目的，是否有不利于本单位的报道，并予以更正和说明。

二、展览会礼仪

展览会，主要是指有关方面为了介绍本单位的业绩，展示本组织的成果，推销本组织的产品、技术或专利，而集中陈列实物、模型、文字、图表、影像资料供人参观了解所组织的宣传性聚会的形式。展览会不仅有强大的说服力、感染力，可以现身说法打动观众，为主办单位广交朋友，而且还可以借助于个体传播、群体传播、大众传播等各种传播形式，使有关主办单位的信息广为

传播，提高其名气与声誉。

展览会礼仪，通常是指组织在组织、参加展览会时，所应当遵循的规范与惯例。一般涉及展览会的组织和礼仪要求两部分。

(一) 展览会的组织工作

1. 明确展览会的目的

任何一个展览会都应有明确的目的和针对性，如此才能明确展览会的对象、展览会的规模、展览会的形式等问题。一般情况下，按照展览会的目的来划分，展览会可被分为宣传型展览会和销售型展览会两种。顾名思义，宣传型展览会显然意在向外界宣传、介绍参展单位的成就、实力、历史与理念，所以它又叫做陈列会。而销售型展览会则主要是为了展示参展单位的产品、技术和专利，来招徕顾客，促进其生产与销售。通常，人们又将销售型展览会直截了当地称为展销会或交易会。只有明确了展览会的目的，并以此来进行展览会的策划、准备和实施，才能使展览会的宗旨和意图更加突出。

2. 确定时间和场地

在选择展览会举办的时间和场地时，要针对展览会的目的、对象、形式及效果等多种因素综合考虑。

举办展览会所用的具体时间的长短，亦称为展期。根据展期的不同，展览会有长期展览会、定期展览会和临时展览会之分。长期展览会，大都常年举行，其展览场所固定，展品变动不大。定期展览会，展期一般固定为每隔一段时间后，在某一特定的时间之内举办，例如，每三年举行一次或者每年春季举行一次等。其展览主题大都不变，但允许变动展览场所或展品内容有所变动。而临时展览会，则随时可以根据需要与可能举办。它所选择的展览场所、展览内容及展览主题，往往不尽相同，但其展期大都不长。

以展览会所占场地不同而论，展览会有室内展览会和露天展览会之别。前者大都被安排在专门的展览馆或是宾馆和本单位的展览厅、展览室之内。它大都设计考究、布置精美、陈列有序、安全防盗，并且可以不受时间和天气的制约，显得隆重而有档次。后者则安排在室外露天之处，它可以提供较大的场地、花费较小，不过受天气等自然条件影响较大。

3. 参展单位的确定

一旦决定举办展览会，就要对参展单位发出正式邀请，或向社会发布招商广告。邀请或召集参展单位的主要方式为：刊登广告，寄发邀请函，召开新闻发布会等等。不管是采用其中任何一种方式，均须同时将展览会的宗旨、展出的主要题目、参展单位的范围与条件、举办展览会的时间与地点、报名参展的具体时间与地点、咨询有关问题的联络方法、主办单位拟提供的辅助服务项目、参展单位所应负担的基本费用等等，一并如实地告之参展单位，以便对方据此加以定夺。

在确定参展单位的时候，必须注意两厢情愿，不得勉强。对于报名参展的单位，主办单位应根据展览会的主题与具体条件进行必要的审核。切勿衣莠不分，来之不拒。当参展单位的正式名单确定之后，主办单位应及时地以专函形式进行通知，令被批准的参展单位尽早有所准备。

4. 展览内容的宣传

展览会前，主办单位应设计好展览会的会徽、会标及相关的宣传标语，并就展览会的主题、内容、时间、地点做广泛的宣传，吸引各界人士的注意和兴趣。

对展览内容宣传的种方式包括：举办新闻发布会；邀请新闻界人士到场进行参观采访；发表有关展览会的新闻稿；公开刊发广告；张贴有关展览会的宣传画；在展览会现场散发宣传性材料和纪念品；在举办地悬挂彩旗、彩带或横幅；利用升空的彩色气球和飞艇进行宣传。

为了搞好宣传工作，在举办大型展览会时，主办单位应专门成立对外进行宣传的组织机构。其正式名称，可以叫新闻组，也可以叫宣传办公室，主要负责与新闻界和参展单位的联系，提供有价值的新闻资料和宣传资料，以扩大影响范围，增强展览会的效果。

5. 展览会的布展制作

具体包括区域的合理分配，文字、图表、模型与实物的拼接组装，灯光、音响、饰件的安装，展板、展台、展厅的设计与装潢等。对展览会的组织者来讲，展览现场的规划与布置，通常是其重要职责之一。在布置展览现场时，基本的要求是：展示陈列的各种展品要围绕既定的主题，进行互为衬托的合理组合与搭配，要在整体上显得井然有序、浑然一体。

所有的参展单位都希望自己能够在展览会上拥有理想的位置。展品在展览会上进行展示陈列的具体位置，称之展位。在一般情况下，展览会的组织者要想尽一切办法充分满足参展单位关于展位的合理要求。假如参展单位较多，并且对于较为理想的展位竞争较为激烈的话，则展览会的组织者可依照展览会的惯例，采用竞拍、投标或抽签等方法对展位进行合理的分配。不管采用上述何种方法，组织者均须事先将其广而告之，以便参展单位早做准备，尽量选到称心如意的展位。

6. 其他的辅助服务项目

主办单位作为展览会的组织者，有义务为参展单位提供一切必要的辅助性服务项目。否则，不单会影响自己的声誉，而且还会授人以柄。由展览会的组织者为参展单位提供的各项辅助性服务项目，最好有言在先，并且对有关费用的支付进行详尽的说明。

具体而言，为参展单位所提供的辅助性服务项目包括：展品的运输与安装；车、船、机票的订购；与海关、商检、防疫部门的协调；跨国参展时有关证件、证明的办理；电话、传真、电脑、复印机等现代化的通讯联络设备的调试；举行洽谈会、发布会等商务会议或休息之时所使用的适当场所；餐饮以及有关展览时使用的零配件的提供；供参展单位选用的礼仪、讲解、推销人员等。

（二）展览会的礼仪要求

1. 主办单位人员的礼仪

主办单位的人员要注意自己的形象，穿着要庄重，举止要文雅。要搞好与参展单位的关系，做好各项服务工作，对既定的展期、展位、收费标准不能做随意改动。主持人应显得庄重、诚恳、气派，使公众由此对其支持的展览会和产品产生信赖感。

2. 参展单位人员的礼仪

参展单位的工作人员除具备与产品相关的专业素质外，还要掌握展览知识和技能，礼貌地对待每一位参观者，达到公众满意的效果。参展单位的工作人员应统一着装，胸前佩戴标明本人单位、姓名、职务的胸卡，礼仪小姐应身穿色彩鲜艳的单色旗袍，胸披写有参展单位或其产品名称的红色绶带。按照惯例，工作人员不应佩戴首饰，男士应该剃须，女士则以淡妆为宜。

参展单位的工作人员应用热情、诚恳公正的原则接待每一位参观者。当参观者进入展位时，要主动与之打招呼以示欢迎；对于观众提出的问题，要做到百问不烦、认真回答；当观众离开时，应主动与其道别。

展会期间参展单位的工作人员要各尽其责，不得东游西逛、无故脱岗，更不允许在参观者到来时坐、卧不起，怠慢对方。对于个别不遵守展览会规则，乱摸乱动展品的观众要以礼相劝，必要时可请保安人员协助，避免与参观者直接发生冲突。

作为参展单位的讲解员，在讲解时要注意语言流畅、语调清晰、声音洪亮。对于介绍的内容要实事求是，并突出自己展品的特色，必要时还可以做一些现场示范。讲解完毕，应对听众表示谢意。

3. 参观者的礼仪

作为展览会的参观者，要服从大会的管理，遵守大会的秩序，不嬉笑打闹，不乱摸乱拿展品，与参展单位和展览会工作人员共同维护展览会的秩序和声誉，做一个文明守法的参观者。

二、赞助会礼仪

所谓赞助，通常是指组织或个人拿出自己的钱财、物品，来对其他单位或个人进行帮助和支持。在现代社会中，赞助是社会慈善事业的重要组成部分之一。它不仅可以扶危济贫，向社会奉献自己的爱心，体现出自己对于社会的高度责任感，以自己的实际行动报效社会和人民，而且也有助于提高组织或个人在社会上的知名度、美誉度，塑造良好的公众形象。

为了扩大影响，在公开进行赞助活动时，往往会专门为此而举行以赞助为主题的会议，即为赞助会。赞助会礼仪，一般指的是筹备、召开赞助会的整个过程中所应恪守的有关礼仪规范，其主要内容包括赞助的类型、赞助会议程、活动的评估等。

(一) 赞助的类型

根据不同的标准，赞助的类型可有各种不同的划分。其中最为常见的赞助类型，大致共有以下十类：

1. 赞助公益事业

它是指对社会的公共设施、公共活动进行赞助，直接地造福于社会、造福于人民，并可赢得公众与舆论的激赏。

2. 赞助慈善事业

它是指对社会慈善福利组织或慈善福利活动的赞助。它既可以向社会表明本单位勇于承担自己的社会义务、社会责任，又有助于获得政府与社会的好感。

3. 赞助教育事业

它是指对教育界的赞助。它可以给予教育界以有力的支持，并且为本单位日后的进一步发展培养必不可少的广大后备人才。

4. 赞助科研活动

它是指对科学研究与学术活动的赞助。此举不仅表明本单位对人才与科技进步的重视，而且还可以使自己得到专家、学者的肯定、支持或指导。

5. 赞助专著出版

它是指对确有学术水平的学术专著出版所给予的赞助。它主要可以表明本单位对知识的无比重视和对学术研究的大力支持。

6. 赞助医疗卫生

它是指对医疗、保健、卫生、康复事业的赞助。它体现着本单位对于全社会的关怀，同时也是对社会的一种奉献。

7. 赞助文化活动

它是对文化事业的赞助。它有助于促进我国的社会主义精神文明建设，用高尚的精神去鼓舞人民，教育人民，提高其文化修养与精神境界。

8. 赞助展览画廊

它是指对于具有一定艺术品位的非赢利性的展览、画廊的赞助。它体现着本单位的艺术品位以及对艺术界的支持和帮助。

9. 赞助体育运动

它是指对各类体育比赛活动的赞助。体育比赛是当今的社会热点之一，对其进行赞助，不仅能吸引消费者的目光，达到提高销售额和利润的目标，更重要的是体育运动所推崇的公正、公平更能使厂商的宣传效果和品牌价值提升到较高的水平，一举两得。

10. 赞助娱乐消闲

它是指对群众性娱乐休闲活动的赞助。它表达了本单位对广大群众的关怀与诚意，可提高对方对本单位的认同感。

另外，还有依据赞助物所划分的赞助的类型。赞助物，在此特指赞助单位或个人向受赞助者所提供的赞助物品。它往往取决于赞助单位或个人的实力与受赞助者的实际需求。通常，赞助物可以分为现金、实物、义卖和义工四类。

（二）赞助会的议程

1. 宣布赞助会正式开始

赞助会的主持人，一般应由受赞助单位的负责人或公关人员担任。在宣布正式开会前，主持人应恭请全体与会者各就各位，保持肃静，并且邀请贵宾到主席台上就座。

2. 奏国歌

此前，全体与会者须一致起立。在奏国歌之后，还可奏本单位标志性歌曲。有时，奏国歌、奏本单位标志性歌曲，可改为唱国歌、唱本单位标志性歌曲。

3. 赞助单位正式实施赞助

其具体做法通常是赞助单位的代表首先出场，口头上宣布其赞助的具体方式或具体数额。随后，受赞助单位的代表上场。双方热情握手。接下来，由赞助单位的代表正式将标有一定金额的巨型支票或实物清单双手捧交给受赞助单位的代表。必要时，礼仪小姐应为双方提供帮助，若赞助的物资重量、体积不大时，亦可由双方在此刻当面交接。在此过程之中，全体与会者应热情鼓掌。

4. 赞助单位代表发言

他的发言内容，重在阐述赞助的目的与动机。与此同时，还可以对本单位的简况略作介绍。

5. 受赞助单位代表发言

此刻的发言者，一般应为受赞助单位的主要负责人或主要受赞助者。其发言的中心，应当集中在对赞助单位的感谢方面。

6. 来宾代表发言

根据惯例，可邀请政府有关部门的负责人讲话。他的讲话，主要是肯定赞助单位的义举，同时亦可呼吁全社会积极倡导这种互助友爱的美德。该项议程，有时亦可略去。至此，赞助会即可宣告结束。

在赞助会正式结束后，赞助单位、受赞助单位双方的主要代表以及会议的主要来宾，通常应当合影留念。此后，宾主双方可稍做晤谈，然后来宾即应一一告辞。在一般情况下，在赞助会结束后，东道主大都不为来宾安排膳食。如确有必要，则至多略备便餐，一般不宜设宴待客。

（三）赞助活动的评估

在赞助会结束后，尤其是在整个一项赞助活动告一段落之后，赞助单位有必要对其进行一次认真而系统的评估。对赞助活动进行的评估，实际上主要是指在对赞助活动进行综合分析和系统总结之后，对其社会效果所进行的科学评价与分析。

1. 要将实施效果与先期计划相比照

重点研究一下赞助单位是否真正地实现了自己的赞助意图，赞助活动的预定目标是否业已达到。

2. 要掌握社会各界对赞助活动的认同程度

可通过各类调查，了解各类公众，包括受赞助单位、地方政府、新闻媒介对此次活动的真实评价与看法。

3. 要及时发现赞助活动的所长与所短

要认真总结赞助活动因何而成功，或者因何而受挫。对于己方与其他各方的问题，都不应当讳疾忌医。

4. 要了解赞助活动在实施过程中所出现的问题

不管这些问题是否已在意料之中，原因在于何方，均应被认真看待，并引起重视。

三、茶话会礼仪

茶话会是社交色彩最浓的一种。它是为了联络老朋友、结交新朋友，具有对外联络和招待性质的社交性集会。参加者可以不拘形式地自由发言为主，并且备有茶点。茶话会一般不排座次，起码座次安排不会过于明显。可以自由活动，与会者不用签到。茶话会礼仪，包括会议的主题、来宾邀请、时间地点的选择、茶点的准备、座次的安排、会议的议程、发言等七个方面。

（一）茶话会的主题

茶话会的主题，一般可以分为联谊、娱乐、专题三种。以联谊为主题的茶话会举行的较多。以娱乐为主题的茶话会，为了活跃气氛，而安排一些文娱节目，并以此作为茶话会的主要内容，以现场的自由参加与即兴表演为主。专题茶话会，是在某个特定的时刻，或为某些专门问题而召开的茶话会，以听取某些专业人士的见解，或是和某些与本单位有特定关系的人士进行对话。

（二）来宾的邀请

主办单位在筹办茶话会时，必须围绕主题来邀请来宾，尤其是确定好主要的与会者。来宾可以是本单位的顾问、社会知名人士、合作伙伴等各方面人士。茶话会的来宾名单一经确定，应立即以请柬的形式向对方提出正式邀请。按惯例，茶话会的请柬应在半个月之前被送达或寄达被邀请者，被邀请者可以不必答复。

（三）时间和空间的具体选择

这是茶话会要取得成功的重要条件。辞旧迎新、周年庆典、重大决策前后、遭遇危难挫折的时候，都是召开茶话会的良机。根据惯例，举行茶话会的最佳时间是下午四点钟左右。有些时候，也可以安排在上午十点钟左右。在具体进行操作时，也不用墨守成规，应该以与会者特别是主要与会者的方便与否，以及当地人的生活习惯为准。茶话会往往是可长可短的，关键是要看现场有多少人发言，发言是否踊跃。如果把时间限制在一个小时到两个小时之内，它的效果往往会更好一些。

适合举行茶话会的场地主要有：一是主办单位的会议厅；二是宾馆的多功能厅；三是主办单位负责人的私家客厅；四是主办

单位负责人的私家庭院或露天花园；五是包场高档的营业性茶楼或茶室，餐厅、歌厅、酒吧等地方不宜举办茶话会。

（四）茶点的准备。

茶话会不上主食，不安排品酒，只提供茶点。茶话会是重“说”不重“吃”的，没必要在吃的方面过多下工夫。在茶话会上，为与会者所提供的茶点，应当被定位为配角。我们在进行准备时要注意的是：对于用来待客的茶叶、茶具，务必要精心准备。应尽量挑选上品，不要滥竽充数。还要注意照顾与会者的不同口味，比方说是绿茶、花茶还是红茶。最好选用陶瓷茶具，并且讲究茶杯、茶碗、茶壶成套。除主要供应茶水外，在茶话会上还可以为与会者略备一些点心、水果或是地方风味小吃。需要注意的是，在茶话会上向与会者所供应的点心、水果或地方风味小吃，品种要适合、数量要充足，并要方便拿取，同时还要配上擦手巾。按惯例，在茶话会举行后不必再聚餐。

（五）座次的安排

从总体上来讲，在安排与会者的具体座次时，必须和茶话会的主题相适应。安排茶话会与会者具体座次的时候，可以采取下面的办法：

1. 环绕式

就是不设立主席台，把座椅、沙发、茶几摆放在会场的四周，不明确座次的具体尊卑，而听任与会者在入场后自由就座。这一安排座次的方式，与茶话会的主题最相符，也最流行。

2. 散座式

散座式排位，常见于在室外举行的茶话会。它的座椅、沙发、茶几四处自由地组合，甚至可由与会者根据个人要求而随意安置。这样就容易创造出一种宽松、惬意的社交环境。

3. 圆桌式

圆桌式排位，指的是在会场上摆放圆桌，请与会者在周围自由就座。圆桌式排位又分下面两种形式：一是适合人数较少的，仅在会场中央安放一张大型的椭圆形会议桌，而请全体与会者在周围就座；二是在会场上安放数张圆桌，请与会者自由组合。

4. 主席式

在茶话会上，这种排位是指在会场上，主持人、主人和主宾被有意识地安排在一起就座，并且按照常规就座。

（六）茶话会的基本议程

1. 主持人宣布茶话会开始

宣布开始前，主持人要请与会者各就各位。宣布开始后，主持人可对主要与会者略加介绍。

2. 主办单位的主要负责人讲话

主要负责人的讲话应以阐明这次茶话会的主题为中心内容，还可以代表主办单位，对全体与会者表示欢迎和感谢，并且恳请大家一如既往的理解和支持。

3. 与会者发言

这些发言在任何情况下都是茶话会的重心。为了确保与会者在发言中直言不讳，畅所欲言，通常，主办单位事先不对发言者进行指定和排序，也不限制发言的具体时间，而是提倡与会者自由地进行即兴式的发言。一个人还可以多次发言，来不断补充、完善自己的见解、主张。

4. 主持人总结

主持人略做总结后，可以宣布茶话会结束。

（七）茶话会的发言

现场发言在茶话会上举足轻重。茶话会假如没有人踊跃发言，或者是与会者的发言严重脱题，都会导致茶话会的最终失败。茶话会上，主持人更重要的作用是在现场上审时度势，因势利导地引导与会者的发言，并且控制会议的全局。大家争相发言时，主持人决定先后。没有人发言时，主持人引出新的话题，或者恳请某位人士发言。会场发生争执时，主持人要出面劝阻。在每位与会者发言前，主持人可以对发言者略作介绍。发言的前后，主持人要带头鼓掌致意。

与会者在要求发言时，可以举手示意，但也要注意谦让，不要争抢；不管自己有什么高见，都不要打断别人的发言。肯定成绩时，要力戒阿谀奉承。提出批评时，不能讽刺挖苦。切忌当场表示不满，甚至私下里进行人身攻击。

【本章小结】

会议是社交活动中沟通和交流的重要方式，一般会议礼仪包括会前准备礼仪、会议服务礼仪和会议结束礼仪。

专题会议礼仪包括新闻发布会礼仪、展览会礼仪、赞助会礼仪和茶话会礼仪。

◆【案例分析】

小刘的公司应邀参加一个研讨会，该次研讨会邀请了很多商界知名人士以及新闻界人士参加。老总特别安排小刘和他一道去参加，同时也让小刘见识一下大场面。

小刘早上睡过了头，等他赶到，会议已经进行了二十分钟。他急急忙忙推开了会议室的门，“吱”的一声脆响，他一下子成了会场上的焦点。刚坐下不到五分钟，肃静的会场上又响起了摇篮曲，是谁在播放音乐？原来是小刘的手机响了！这下子，小刘可成了全会场的明星……

没过多久，听说小刘已经另谋高就了。

资料来源：熊经裕．现代适用社交礼仪．北京：金盾出版社，2003.

【思考题】

小刘违背了会议礼仪中哪些基本的礼仪规范?

【实训题】

实训目标:

通过本节实训，掌握茶话会的筹备和举办。

实训内容:

把学生分为4组，设计茶话会的主题，分别演练来宾的邀请，场地的选择和布置，茶点和用品的准备，会议的主持和服务等环节。

实训要求:

在学生设计茶话会方案及各个环节的演练中，老师全程跟踪指导，纠正细节问题。并及时对各环节的演练进行评估和小结。

【复习思考题】

一、单项选择题

1. 会前准备五要素包括时间、地点、人物、议题和(　　)。

A. 其他事项

B. 文件

C. 茶水

二、多项选择题

1. 新闻发布会的程序包括(　　)。

A. 签到

B. 会议开始

C. 发言人发言
D. 会议结束

三、简答题：

1. 一般会议礼仪的内容有哪些？
2. 参加新闻发布会，应该注意哪些礼仪规范？

延伸阅读～～

1. 熊经裕．现代适用社交礼仪．北京：金盾出版社，2003.

第七章

专题活动礼仪

课前导读

◆【知识学习目标】

通过本章的学习，掌握开业仪式、庆典仪式、剪彩仪式、交接仪式及签约仪式的方法和礼规。

◆【能力培养目标】

通过对本章的学习，具备组织专题活动的基本能力。

◆【教学重点】

开业典礼、庆典仪式的礼规。

◆【教学难点】

专题活动的筹备与组织。

专题活动是指社会组织围绕某一明确的目标而专门开展的社会活动。其主要有开业典礼、庆典仪式、剪彩仪式、交接仪式和签约仪式等。专题活动的目的是提高社会组织的知名度和美誉度，塑造良好的组织形象。因此，社会组织一定要按照礼仪要求，精心安排好专题活动。

第一节　开业典礼

开业典礼，是指在单位创建、开业，项目完工、落成，某一建筑物正式启用，或是某项工程正式开始之际，为了表示庆贺或纪念，而按照一定的程序所隆重举行的专门的仪式。开业典礼是社会组织第一次向公众亮相，也是社会组织提高知名度，树立良好形象的极好机会。要使第一次亮相在公众心目中留下美好而深刻的印象，开业典礼就应该遵循庄重、热烈的原则。

一、开业典礼的准备

（一）主张节俭

开业典礼是企业或组织在成立、开业之际向广大公众的首次公开亮相，开业仪式历来是备受重视的仪式之一，将其办得红红火火、隆重、喜庆也是理所当然的事情。但在举办开业典礼时应主张节俭，量力而行。切忌大摆排场，铺张浪费，更不要将钱花在烟花爆竹、吃喝玩乐上。

（二）邀请来宾

开业仪式应该热热闹闹、来宾越多越好，最好能邀请到知名人士参加，为仪式增添许多光彩。在邀请来宾时应事先安排，认真填写请柬，并装入精美的信封内，由专人送到对方手中。切忌错填或漏填，更不可误送。

（三）布置场地

开业仪式举办现场，应布置彩旗，悬挂横幅写明典礼、庆典名称，悬放彩色气球，摆放花篮等，还可以配有锣鼓队以助兴，使整个场面隆重、喜庆。在整个典礼活动中，要让组织标志给观众留下深刻的印象，可将组织标志做成大模型，放置在会场醒目之处，在会场四周的彩旗上印上组织的标志，在发放典礼的纪念品上打上标志符号。

（四）搞好服务

作为主办方，在举行开业典礼仪式时必须安排人员专门负责接待和服务来宾的工作，如迎接来宾，为来宾引导、端茶倒水的礼仪服务等。若有重要来宾前来祝贺，应由主办方亲自迎接、招待。若为其他一般来宾，要有专门负责服务的人员如礼仪小姐等负责客人的接待工作。切忌客人到来时无人过问，不理不睬。

（五）广泛宣传

举办开业仪式的主旨在于塑造本单位的良好形象，那么就要进行舆论宣传，以吸引社会各界对自己的注意，争取社会公众对自己的认可或接受。为此要做的常规工作有：

（1）选择有效的大众传播媒介，进行集中性的广告宣传。广告宣传的内容有：开业仪式举行的日期、开业仪式举行的地点、开业之际对顾客的优惠、开业单位的经营特色等。

（2）邀请有关的大众传媒界人士在开业仪式举行之时到场进行采访、报道，以便对本单位进行进一步的正面宣传。

（六）礼品准备

举行开业仪式时赠予来宾的礼品，一般属于宣传性传播媒介的范畴之内。

二、开业典礼的议程及礼仪要求。

（一）开幕仪式

开幕仪式是开业仪式的常见形式之一。通常它是指公司、企业、宾馆、商店、银行正式启用之前，或是各类商品的展示会、博览会、订货会正式开始之前，所正式举行的相关仪式。每当开幕仪式举行之后，公司、企业、宾馆、商店、银行将正式营业，有关商品的展示会、博览会、订货会将正式接待顾客与观众。

依照常规，举行开幕式需要较为宽敞的活动空间，所以门前广场、展厅门前、室内大厅等处，均可用作开幕仪式的举行地点。在会场的正面应悬挂开幕式的横幅，较为隆重的开幕式还应悬挂国旗、会旗等，会场周围应悬挂彩旗等。

开幕仪式的主要程序共有六项：

（1）仪式宣布开始，全体肃立，介绍来宾。

（2）邀请专人揭幕或剪彩。揭幕的具体做法是：揭幕人行至彩幕前恭位，礼仪小姐双手将开启彩幕的彩索递交给对方。揭幕人随之目视彩幕，双手拉启彩索，令其展开彩幕。全场目视彩幕，鼓掌并奏乐。

（3）在主人的亲自引导下，全体到场者依次进入幕门。

（4）主人致词答谢。

（5）来宾代表发言祝贺。

（6）主人陪同来宾进行参观。开始正式接待顾客或观众，对外营业或对外展览宣告开始。

（二）开工仪式

开业仪式的常见形式之二是开工仪式。开工仪式，即工厂准备正式开始生产产品、矿山准备正式开采矿石时，专门举行的庆祝性、纪念性活动。

为了使出席开工仪式的全体人员均能耳濡目染，身临其境，开工仪式在生产现场举行。即以工厂的主要生产车间、矿山的主要矿井等处，作为举行开工仪式的场所。除司仪人员按惯例应着礼仪性服装之外，东道主一方的全体职工均应穿着干净而整洁的工作服装出席仪式。

开工仪式的常规程序主要有五项：

（1）仪式宣布开始，全体起立，介绍各位来宾，奏乐。

（2）在司仪的引导下，本单位的主要负责人陪同来宾行至开工现场肃立，例如，机器开关或电闸附近。

（3）正式开工。届时应请本单位职工代表或来宾代表来到机器开关或电闸旁，首先对其躬身施礼，然后再动手启动机器或合上电闸。全体人员此刻应鼓掌致贺，并奏乐。

（4）全体职工各就各位，上岗进行操作。

（5）在主人的带领下，全体来宾参观生产现场。

（三）奠基仪式

开业仪式的常见形式之三是奠基仪式。奠基仪式，通常是一些重要的建筑物，比如大厦、场馆、亭台、楼阁、园林、纪念碑等，在动工修建之初，正式举行的庆贺性活动。

奠基仪式举行的地点，一般应选择在动工修筑的建筑物施工现场。而奠基的具体地点，则按常规均应选择在建筑物正门的右侧。在一般情况下，用以奠基的奠基石应为一块完整无损、外观精美的长方形石料。在奠基石上，通常文字应当竖写。在其右上款，应刻有建筑物的正式名称。在其正中央，应刻有“奠基”两个大字。在其左下款，则应刻有奠基单位的全称以及举行奠基仪式的具体年月日。奠基石上的字体，大都讲究以楷体字刻写，并且最好是白底金字或黑字。在奠基石的下方或一侧，还应安放一只密闭完好的铁盒，内装与该建筑物相关的各项资料以及奠基人的姓名。届时，它将同奠基石一道被奠基人等培土掩埋于地下，以志纪念。

通常，在奠基仪式的举行现场应设立彩棚，安放该建筑物的模型或设计图、效果图，并使各种建筑机械就位待命。

奠基仪式的程序大体上共分五项：

（1）仪式正式开始，介绍来宾，全体起立。

（2）奏国歌。

（3）主人对该建筑物的功能以及规划设计进行简介。

（4）来宾致词道喜。

（5）正式进行奠基。此时，应锣鼓喧天，或演奏喜庆乐曲。首先由奠基人双手持握系有红绸的新锹为奠基石培土。随后，再由主人与其他嘉宾依次为之培土，直至将其埋没为止。

（四）破土仪式

开业仪式的常见形式之四是破土仪式。破土仪式，亦称破土动工。它是指在道路、河道、水库、桥梁、电站、厂房、机场、码头、车站等正式开工之际，专门举行的动工仪式。

破土仪式举行的地点，大多应当选择在工地的中央或其某一侧。举行仪式的现场，务必要事先进行过认真地清扫、平整、装饰。至少，也要防止出现道路坎坷泥泞、飞沙走石，或是蚊蝇扑面的状况。

倘若来宾较多，尤其是当高龄来宾较多时，最好在现场附近临时搭建某些以供休息的帐篷或活动房屋，使来宾得以免受风吹、日晒、雨淋，并稍事休息。

破土仪式的具体程序共有五项：

（1）仪式宣布开始，介绍来宾，全体肃立。

（2）奏国歌。

（3）主人致词，以介绍和感谢为其发言的重点。

（4）来宾致词祝贺。

（5）正式破土动工。其常规的做法是：首先由众人环绕于破土之处的周围肃立，并且目视破土者，以示尊重。接下来，破土者须双手执系有红绸的新锹垦土三次，以示良好的开端。最后，全体在场者一道鼓掌，并演奏喜庆音乐，或燃放鞭鼓。

一般而言，奠基仪式与破土仪式在具体程序方面大同小异，而其适用范围亦大体相近。故此，这两种仪式不宜同时举行于一处。

（五）竣工仪式

开业仪式的常见形式之五是竣工仪式。竣工仪式，有时又称落成仪式或建成仪式。它是指本单位所属的某一建筑物或某项设施建设、安装工作完成之后，或者是某一纪念性、标志性建筑物——诸如纪念碑、纪念塔、纪念堂、纪念像、纪念雕塑等，建成之后，以及某种意义特别重大的产品生产成功之后，所专门举行的庆贺性活动。

举行竣工仪式的地点，一般应以现场为第一选择，例如，新建成的厂区之内、新落成的建筑物之外，以及刚刚建成的纪念碑、纪念塔、纪念堂、纪念像、纪念雕塑的旁边。

应予重视的是，在竣工仪式举行时，全体出席者的情绪应与仪式的具体内容相适应。比方说，在庆贺工厂、大厦落成或重要产品生产成功时，应当表现得欢快而喜悦。在庆祝纪念碑、纪念塔、纪念堂、纪念像、纪念雕塑建成时，则须表现得庄严而肃穆。

竣工仪式的基本程序有七项：

（1）仪式宣布开始，介绍来宾，全体起立。

（2）奏国歌，并演奏本单位标志性歌曲。

（3）本单位负责人发言，以介绍、回顾、感谢为主要内容。

（4）进行揭幕或剪彩。

（5）全体人员向竣工仪式的“主角”——刚刚竣工或落成的建筑物，郑重其事地恭行注目礼。

（6）来宾致词。

（7）进行参观。

（六）下水仪式

开业仪式的常见形式之六是下水仪式。所谓下水仪式，是造船厂在吨位较大的轮船建造完成、验收完毕、交付使用之际，为其正式下水起航而特意为之举行的庆祝性活动。

按照国际上目前所通行的做法，下水仪式基本上都是在新船码头上举行的。届时，应对现场进行一定程度的美化。在船动静门口与干道两侧，应饰有彩旗、彩带。在新船所在的码头附近，应设置专供来宾观礼或休息之类用的彩棚。

对下水仪式的主角新船，亦须认真进行装扮。要在船头扎上由红绸结成的大红花。并且在新船的两侧船舷上扎上彩旗，系上彩带。

下水仪式的主要程序共有五项：

（1）仪式宣布开始，介绍来宾，全体起立，乐队奏乐，或锣鼓齐奏。

（2）奏国歌。

（3）由主人简介新船的基本状况，例如，船外、吨位、马力、长度、高度、吃水、载重、用途、工价等。

（4）由特邀掷瓶人行掷瓶礼，砍断缆绳，新船正式下水。

（5）来宾代表致词祝贺。

◈**【阅读资料】**

行掷瓶礼，是下水仪式上独具特色的一个节目。它在国外由来已久，并已传入我国，它的目的，是要渲染出喜庆的气氛。它的做法，则是由身着礼服的特邀嘉宾双手持一瓶正宗的香槟酒，用力将瓶身向新船的船头投掷，使瓶破之后酒香四溢，酒沫飞溅。在嘉宾掷瓶以后，全体到场者须面向新船行注目礼，并随即热烈鼓掌。此时，还可在现场再度奏乐或演奏锣鼓，施放气球，放飞信鸽，并且在新船上撒彩花，落彩带。

资料来源：韦克俭．现代礼仪教程．北京：清华大学出版社．2006.

（七）通车仪式

开业仪式的常见形式之七是通车仪式。通车仪式，大都是在重要的交通建筑完工并验收合格之后，所正式举行的启用仪式，例如，公路、铁路、地铁以及重要的桥梁、隧道等，在正式交付使用之前，均会举行一次以示庆祝的通车仪式。有时，通车仪式又叫开通仪式。

举行通车仪式的地点，通常均为公路、铁路、地铁新线路的某一端，新建桥梁的某一头，或者新建隧道的某一侧。

在现场附近，以及沿线两旁，应当适量地插上彩旗、挂上彩带。必要之时，还应设置彩色牌楼，并悬挂横幅。在通车仪式上，装饰的重点，应当是用以进行“处女航”的汽车、火车或地铁列车。在车头之上，一般应系上红花。在车身两侧，则可酌情插上彩旗，系上彩带，并且悬挂上醒目的大幅宣传性标语。

通车仪式的主要程序有六项：

（1）仪式宣布开始，介绍来宾，全体起立。

（2）奏国歌。

（3）主人致词。其主要内容是，介绍即将通车的新线路、新桥梁或新隧道的基本情况，并向有关方面谨致谢意。

（4）来宾代表致词祝贺。

（5）正式剪彩。

（6）首次正式通行车辆。届时，宾主及群众代表应一起登车而行。有时，往往还须由主人所乘坐的车辆行进在最前方开路。

（八）通航仪式

开业仪式的常见形式之八是通航仪式。通航仪式，又称首航仪式。它所指的是飞机或轮船在正式开通某一条新航线之际，所正式举行的庆祝性活动。一般而言，通航仪式除去主要的角色为飞机或轮船之外，在其他方面，尤其是在具体程序的操作上，往往与通车仪式大同小异。因此，对其将不再赘述。对其进行实际操作时，一般均可参照通车仪式的具体做法进行，要特别注意的是飞机首航仪式不得放飞气球。

第二节　庆典仪式

庆典，是各种庆祝仪式的统称。庆典的礼仪，即有关庆典的礼仪规范。

一、庆典仪式的类型

在商界所举行的庆祝仪式大致可以分为四类：

（一）本单位成立周年庆典

通常，它都是逢五、逢十进行的，即在本单位成立五周年、十周年以及它们的倍数时进行。

（二）本单位荣获某项荣誉的庆典

当单位本身荣获了某项荣誉称号、单位的“拳头产品”在国内外重大展评中获奖之后，这类庆典基本上均会举行。

（三）本单位取得重大业绩的庆典

这种情况例如，千日无生产事故、生产某种产品的数量突破多少万台、经销某种商品的销售额达到多少千万元等，这些来之不易的成绩，往往都是要庆祝的。

（四）本单位取得显著发展的庆典

当本单位建立集团，确定新的合作伙伴，兼并其他单位，分公司或连锁店不断发展时，都值得庆祝一番。

就形式而论，商界各公司所举行的各类庆祝仪式，都有一个最大的特色，那就是要务实而不务虚。若能由此而增强本单位全体员工的凝聚力与荣誉感，并且使社会各界对本单位重新认识、刮目相看，那么大张旗鼓地举行庆典，多进行一些人、财、物的投入，任何理智、精明的商家，都会对此在所不惜。反之，若是对于宣传本单位的新形象、增强本单位全体员工的自豪感无所作为，那么举行一次庆典即使花不了几个钱，也没有必要好大喜功、非要去搞它不可。

二、庆典组织礼仪

庆典既然是庆祝活动的一种形式，那么它就应当以庆祝为中心，把每一项具体活动都尽可能组织得热烈、欢快而隆重。不论是举行庆典的具体场合、庆典进行过程中的某个具体场面，还是全体出席者的情绪、表现，都要体现出红火、热闹、欢愉、喜悦的气氛。庆典所具有的热烈、欢快、隆重的特色，应当在具体内容的安排上，得到全面的体现。

（一）来宾的确定

精心确定好庆典的出席人员名单，一般来说，庆典的出席者通常应包括如下人士：

（1）上级领导。地方党政领导、上级主管部门的领导，大都对单位的发展给予过关心、指导，所以应该邀请出席。

（2）社会名流。社会各界的名人对于公众最有吸引力，能够请到他们，将有助于更好地提高筹办单位和组织的知名度。

（3）大众传媒。主动与传媒合作，将有助于它们公正地介绍本单位的成就，进而有助于加深社会对本单位的了解和认同。

（4）合作伙伴。合作伙伴经常是彼此同呼吸、共命运的。请他们来与自己一起分享成功的喜悦，是完全应该的，而且也是绝对必要的。

（5）社区关系。它们是指那些与本单位共居于同一区域、对本单位具有种种制约作用的社会实体。请它们参加本单位的庆典，会使对方进一步了解本单位、尊重本单位、支持本单位，或是给予本单位更多的方便。

（6）单位员工。员工是本单位的主人，本单位每一项成就的取得，都离不开他们的兢兢业业和努力奋斗。所以在组织庆典时，是不容许将他们完全“置之度外”的。

以上人员的具体名单一旦确定，就应尽早发出邀请或通知。鉴于庆典的出席人员甚多，牵涉面极广，故不到万不得已，均不许将庆典取消、改期或延期。

（二）来宾的接待

与一般的专题活动中来宾的接待相比，对出席庆祝仪式的来宾的接待，更应突出礼仪性的特点。不但应当热心细致地照顾好全体来宾，而且还应当通过主办方的接待工作，使来宾感受到主人真挚的尊重与敬意。庆典的接待小组，原则上应由年轻、精干、身材与形象较好、口头表达能力和应变能力较强的男女青年组成。

接待小组成员的具体工作有以下几项：

1. 来宾的迎送

即在举行庆祝仪式的现场迎接或送别来宾。

2. 来宾的引导

即由专人负责为来宾带路，将其送到既定的地点。

3. 来宾的陪同

对于某些年事已高或非常重要的来宾，应安排专人始终陪同，以便关心与照顾。

4. 来宾的招待

即指派专人为来宾送饮料、上点心以及提供其他方面的关照。

（三）环境的布置

庆典仪式是非常热烈、喜庆、隆重的仪式，可在现场张灯结彩，悬挂彩灯、彩带，张贴一些宣传标语，并且张挂标明庆典具体内容的大型横幅。如果有能力，还可以请乐队、锣鼓队届时演奏音乐或敲锣打鼓，渲染热闹的气氛。但是这类活动应当要适度，不要热闹过了头，成为胡闹，或者“喧宾夺主”。

在举行庆典之前，务必要把音响准备好。尤其是供来宾们讲话时使用的麦克风和传声设备，在关键时刻，绝不允许临阵“罢工”，让主持人手忙脚乱、大出洋相。在庆典举行前后，播放一些喜庆、欢快的乐曲，只要不抢占“主角”的位置，通常是可以的。但是对于播放的乐曲，应先期进行审查。切勿让工作人员自由选择，随意播放那些凄惨、哀怨、让人心酸和伤心落泪的乐曲，或是那些不够庄重的诙谐歌曲和爱情歌曲。

（四）庆典的程序

庆典礼仪规定，拟定庆典的程序时，必须坚持两项原则：第一，时间宜短不宜长。大体上讲，它应以一个小时为其极限。这既为了确保其效果良好，也是为了尊重全体出席者，尤其是为了尊重来宾。第二，程序宜少不宜多。程序过多，不仅会加长时间，而且还会分散出席者的注意力，并给人以庆典内容过于凌乱之感。

依照常规，庆典大致上应包括四项程序。

1. 宣布庆典正式开始

这时，全体起立，奏国歌，唱本单位之歌。

2. 本单位主要负责人致辞

其内容是，对来宾表示感谢，介绍此次庆典的缘由等。其重点应是报捷以及庆典的可“庆”之处。

3. 邀请嘉宾讲话

出席此次的上级主要领导、协作单位及社区关系单位，均应有代表讲话或致贺词。不过应当提前约定好，不要当场当众推来推去。对外来的贺电、贺信等等，可不必一一宣读，但对其署名单位或个人应当公布。在进行公布时，可依照其“先来后到”为序，或是按照其具体名称的汉字笔画的多少进行排列。

4. 安排文艺演出

这项程序可有可无，如果准备安排，应当慎选内容，注意不要有悖于庆典的主旨。

第三节　剪彩仪式

◆【阅读资料】

据说，剪彩仪式的发明纯属偶然。它起源于美国。1912 年，美国一家小镇有一家大百货公司准备开张，吉日已定，老板威尔斯严格按照当地的风俗，在早早开着的店门前横系着一条布带。万事俱备，只待开张。不曾想他十岁的女儿从店里匆匆忙忙跑出来，不小心撞断了绳子。等在门外的客人以为百货公司开张了，便蜂拥而入，争相购买货物，公司财源茂盛，十分兴旺。于是人们认为这根绳子帮了大忙，不少店家争相效法、广为推行，有意识地举行一个剪绳仪式，再逐渐发展到今天的多种剪彩仪式。从剪彩仪式的起源可以看出，人们总是把它当作吉利与繁荣的象征。

资料来源：东方晓雪．仪典礼仪．郑州：中原农民出版社，2005.

剪彩仪式是开业典礼仪式高潮的体现，可以单独举行，也可以在庆典中进行。因此，剪彩仪式要求隆重而又热烈，准备工作要严密而细致。

一、剪彩仪式的准备

剪彩仪式的准备工作与前面介绍的庆典仪式的准备工作相类似，如舆论宣传、拟定人员、请柬发送、现场布置等，但剪彩仪式也有自己特殊的准备工作，应缜密细致地提前做好。

（一）剪彩物件的准备

1. 红（彩）色的缎带、绸带

缎带、绸带应具有一定的宽度，根据需要结成等距离的若干彩球。

2. 剪刀

剪刀应选用新的，为显示隆重热烈，讲究的单位选用金色的剪刀。但要注意事先应试一试刀口的锋利，剪彩时一刀两断将寓意着吉祥顺利、一帆风顺。因此要避免剪彩现场出现差错。

3. 托盘和剪刀、彩球的数量

它们应与剪彩的人数相一致。托盘供接（剪下的）彩球之用，应该华贵而醒目、大小适中、质地考究。每个盘中放置新剪刀一把，白色薄纱手套一副，用红绒布衬垫，使用时由礼仪小姐双手托上递送给剪彩者。

（二）剪彩人员的确定

剪彩人员主要在应邀的来宾中产生，其身份和影响应与剪彩仪式的内容和规格相统一，一般为上级领导、部门主管、社会名流以及专家顾问、合作伙伴和本单位代表，视情况确定一人或多人参与剪彩。剪彩人员确定后，对本单位以外的剪彩人员，必须由本单位的负责同志亲自出面或委派代表前往邀请，只打个电话或发个请柬显得过于草率。现场剪彩人员如果不止一位，应在邀请时向被邀请人员讲清。征得几位剪彩人员同意共同剪彩时，剪彩人员才能被正式确定下来。

（三）礼仪小姐的选定

礼仪小姐是剪彩仪式中负责引领宾客、拉牵彩带、递剪接彩等工作的服务人员，在仪式中担任着重要角色。礼仪小姐既可从礼仪公司中聘请，或向社会招募，也可以在本单位女职工中挑选。条件一般是容貌姣好、仪态端庄大方，还要具备一定的文化素养和气质，比较年轻和健康等。对挑选出的礼仪小姐，应该进行必要的教育和培训，让大家懂得剪彩仪式的意义和自己的责任，熟悉剪彩仪式的程序和应有的礼节，落实各自的分工和位置，以确保仪式有条不紊地进行。

二、剪彩的程序

在庆典中的剪彩仪式，只是整个庆典的一个组成部分。如果是单独举办剪彩仪式应有以下程序。

（一）嘉宾入场

剪彩仪式开始前五分钟，嘉宾便应在礼仪小姐的引领下集体入场。一般来说，嘉宾中的剪彩者应前排就座，座位上应事先放好席卡，中央级的来宾只写“首长”，其他人可直接写姓名。

（二）仪式开始

由举办单位主要负责人宣布仪式开始，奏乐、鸣炮（有的地方禁鸣则可免鸣炮），然后介绍到场的嘉宾，对他们的到来表示感谢。

（三）宾主讲话

由主办单位代表、上级主管部门代表、合作单位代表以及社会知名人士先后发言。讲话内容应具介绍性、鼓动性、祝贺性，做到短小精悍、言简意赅。

（四）进行剪彩

礼仪小姐在欢乐的乐曲声中登场，引领剪彩者按主办单位的安排站立在确定的位置，这时拉彩者拉起红绸及彩球。在剪彩者剪断红绸、彩球落盘时，全体人员热烈地鼓掌。

（五）后续活动

剪彩过程结束，主办单位可安排文艺演出、参观、联谊、座谈、签名、题词、就餐等后续活动，具体做法可因剪彩内容而定。最后可以向来宾赠送一些纪念性礼品，热情欢送他们离去。

三、剪彩仪式礼仪

剪彩仪式中，剪彩者和仪式上的礼仪小姐是最突出的人物，剪彩仪式的礼仪也主要通过他们表现出来。因此对他们的礼仪要求尤其重要。

（一）剪彩者的礼仪要求

剪彩者是剪彩仪式的主角，由于他们的特殊身份，成为人们和媒体关注的焦点。他们在仪式上的仪表举止行为，尤其要符合礼仪规范。

1. 修饰自己的仪表着装

剪彩者的仪表要庄重、整齐，着装要正规、严肃。着中山装、西装或职业制服均可，以剪彩内容的需要而选定。头发要梳理，颜面要洁净，给人以容光焕发、干净利落的好印象。

2. 注意剪彩中的举止行为

剪彩者在仪式全程中，应始终保持稳重的姿态、洒脱的风度和优雅的举止。起身剪彩时，应面带微笑地稳步走向待剪的彩带，从礼仪小姐的托盘中自取剪刀，并向礼仪小姐及两边的拉彩带者微笑示意，然后严肃认真地将彩带一刀剪断。如果剪彩者不止一人，还应当兼顾各位，彼此尽量同时开剪。剪完后，将剪刀放回托盘，并举手向人们致意或鼓掌庆祝。

3. 尊重主办单位，尽力配合仪式进程

剪彩者一定要按照约定的时间提前来到仪式现场，应当理解此时主办单位盼望嘉宾到位的心情。到现场后，可与主办单位或其他先到一步的嘉宾交流谈心，不宜独坐一隅。仪式开始后，则应专心听取别人发言，关注仪式进展程序，不宜喋喋不休地与人谈笑。剪彩归来回位之前，应先和主办单位的代表握手致贺，礼节性地谈几句，或与他们在一起长时间地鼓掌。在后续活动中，也应善始善终，听从主办单位的安排。切忌因自己地位高而指手画脚、自以为是，令主办单位为难。

（二）对礼仪小姐的礼仪要求

剪彩仪式上，通常都有礼仪小姐参加，她们承担着装点仪式、具体参与仪式的服务等重任，在仪式上虽说是配角，但却体现着举办单位和社会组织的形象和员工的素质，礼仪在她们身上显得尤其重要。

1. 仪容要高雅

剪彩仪式上的礼仪小姐，多数情况下统一身着中华民族传统的礼仪服装——旗袍（也有穿西式套装的），脚穿黑色高跟皮鞋，化上淡妆，盘起头发，面带微笑，步履轻盈。要争取一举一动、一颦一笑，都能给人以美的感受，做到典雅大方、光彩照人。

2. 举止行为要规范

在仪式进行中，礼仪小姐应训练有素，走有走姿，站有站相，整齐有序，动作一致。始终保持应有的微笑。如果在仪式进行中出现了小意外（比如剪了几次，仍未能剪断彩带）发生，礼仪小姐应平静地处理，不可手忙脚乱、大呼小叫，以确保仪式顺利进行。

3. 工作责任心要强

礼仪小姐在剪彩仪式中，应以规范的举止在服务中展示本单位的形象和风采，她们应当意识到，自己在仪式上的任何一点粗心大意都会给来宾留下深刻的印象，给单位带来损失。所以礼仪小姐的工作需要有很强的自控力和高度的责任心。

第四节 交接仪式

交接仪式，一般是指施工单位依照合同将已经建设、安装完成的工程项目或大型设备，例如厂房、商厦、宾馆、办公楼、机场、码口、车站、或飞机、轮船、火车、机械、物资等，经验收合格后正式移交给使用单位之时，所专门举行的庆祝典礼。交接的礼仪，一般是指在举行交接仪式时所须遵守的有关规范。通常，它具体包括交接仪式的准备、交接仪式的程序两个方面的主要内容。

一、交接仪式的准备

准备交接仪式，主要关注三件事：即来宾的邀约、现场的布置、物品的预备。

（一）来宾的邀约

来宾的邀请，一般应由交接仪式的东道主——施工、安装单位负责。在具体拟定来宾名单时，施工、安装单位亦应主动征求自己的合作伙伴——接收单位的意见。

从原则上来讲，交接仪式的出席人员应当包括：施工、安装单位的有关人员，接收单位的有关人员，上级主管部门的有关人员，当地政府的有关人员，行业组织、社会团体的有关人员，各界知名人士、新闻界人士，以及协作单位的有关人员等。在上述人员之中，除施工、安装单位与接收单位的有关人员之外，对于其他所有的人员，均应提前送达或寄达正式的书面邀请，以示对对方的尊重之意。

（二）现场的布置

在对交接仪式的场地进行选择时，通常应视交接仪式的重要程度、全体出席者的具体人数、交接仪式的具体程序与内容，以及是否要求对其进行保密等几个方面的因素而定。根据常规，一般可将交接仪式的举行地点安排在已经建设、安装完成并已验收合格的工程项目或大型设备所在地的现场。有时，亦可将其酌情安排在东道主单位本部的会议厅，或者由施工、安装单位与接收单位双方共同认可的其他场所。

（三）物品的准备

在交接仪式上，有不少需要使用的物品，应由东道主一方提前进行准备，主要有验收文件、一览表、钥匙等。验收文件，此处是指已经公证的由交接双方正式签署的接收证明性文件。一览表，是指交付给接收单位的全部物资、设备或其他物品的名称、数量明细表。钥匙，则是指用来开启被交接的建筑物或机械设备的钥匙。

在交接仪式的现场，可临时搭建一处主席台。必要时，应在其上铺设一块红地毯。至少，也要预备足量的桌椅。在主席台上方，应悬挂一条红色巨型横幅，上书交接仪式的具体名称，如“某某工程交接仪式”，或“热烈庆祝某某工程正式交付使用”。

在举行交接仪式的现场四周，尤其是在正门入口之处、干道两侧、交接物四周，可酌情悬挂一定数量的彩带、彩旗、彩球，并放置一些色泽艳丽、花朵硕大的盆花，用以美化环境。

若来宾所赠送的祝贺性花篮较多，可依照约定俗成的顺序，如“先来后到”、“不排名次”等等，将其呈一列摆放在主席台正前方，或是分成两行摆放在现场入口处门外的两侧。在此两处同时摆放，也是可以的。不过，若是来宾所赠的花篮甚少，则不必将其公开陈列在外。

在交接仪式上用以赠送给来宾的礼品，应突出其纪念性、宣传性。被交接的工程项目、大型设备的微缩模型，或以其为主角的画册、明信片、纪念章、领带针、钥匙扣等等，皆为上佳之选。

二、交接仪式的程序

交接仪式的程序，具体是指交接仪式进行的各个步骤。交接仪式包括五项基本程序：

（一）宣布仪式开始

主持人宣布交接仪式正式开始。此刻，全体与会者应当进行较长时间的鼓掌，来表达对于东道主的祝贺之意。在此之前，主持人应邀请有关各方人士在主席台上就座，并以适当的方式暗示全体人员保持安静。

（二）奏国歌

奏国歌之后，演奏东道主单位的标志性歌曲。此前，全体与会者必须肃立。

（三）正式交接

由施工、安装单位与接收单位正式进行有关工程项目或大型设备的交接。具体的做法，主要是由施工、安装单位的代表，将有关工程项目、大型设备的验收文件、一览表或者钥匙等等象征性物品，正式递交给接收单位的代表。此时，双方应面带微笑，双手递交、接收有关物品。在此之后，还应热烈握手。至此，标志着有关的工程项目或大型设备已经被正式地移交给了接收单位。

（四）代表发言

在交接仪式上，须由有关各方的代表进行发言。他们依次应为：施工、安装单位的代表，接收单位的代表，来宾的代表等。这些发言，一般均为礼节性的，并以喜气洋洋为主要特征。原则上来讲，每个人的此类发言应以三分钟为限。

（五）仪式结束

宣告交接仪式正式结束。随后安排全体来宾进行参观或观看文娱表演。此时此刻，全体与会者应再次进行较长时间的热烈鼓掌。

按照仪式礼仪的总体要求，交接仪式同其他仪式一样，在所耗费的时间上也是宜短不宜长的。在正常情况下，每一次交接仪式从头至尾所用的时间，大体上不应当超过一个小时。

第五节　签约仪式

签约，即合同的签署。它通常被视为一项标志着有关各方的相互关系取得了更大的进展，以及为消除彼此之间的误会或抵触而达成了一致性见解的重大的成果。因此，它极受人们的重视。根据仪典礼仪的规定：对签署合同这一类称得上有关各方的关系发展史上“里程碑”式的重大事件，应当严格地依照规范，来讲究礼仪，应用礼仪。

一、签约的准备

（一）签字厅的布置

签字厅应置好。布置的总原则是要庄重、整洁、清静。一间标准的签字厅，应当室内铺满地毯，除了必要的签字用桌椅外，其他一切的陈设都不需要。正规的签字桌应当为长桌，其上最好铺设深绿色的台呢。签署双边性合同时，可放置两张座椅，供签字人就座。签署多边合同时，可以仅放一张座椅，供各方签字人签字时轮流就座；也可以为每位签字人都各自提供一张座椅。签字人在就座时，一般应当面对正门。

在签字桌上，循例应事先安放好待签的合同文本以及签字笔、吸墨器等签字时所用的文具。

与外商签署涉外商务合同时还需在签字桌上插放有关各方面的国旗。插放国旗时，在其位置与顺序上，必须按照礼宾序列而行，例如，签署双边性涉外合同时，有关各方面的国旗须插放在该方签字人座椅的正前方。

（二）座次的安排

签字时各方代表的座次，是由主方代为先期排定的。合乎礼仪规范的做法是：在签署双边性合同时，应请客方签字人在签字桌右侧就座，主方签字人则应同时就座于签字桌左侧。双方各自的助签人，应分别站立于各自一方签字人的外侧，以便随时对签字人提供帮助。双方其他的随员，可以按照一定的顺序在己方签字人的正对面就座。也可以依照取位的高低，一次自左至右（客方）或是自右至左（主方）地列成一行，站立于己方签字人的身后。当一行站不完时，可以按照以上顺序并遵照“前高后低”的惯例，排成两行、三行或四行。原则上，双方随员人数，应大体上相近。

（三）协议文本的准备

签约之“约”事关重大，一旦签订即具有法律效力。所以，待签的文本应由双方与相关部门指定专人，分工合作完成好文本的定稿、翻译、校对、印刷、装订等工作。除了核对谈判内容与文本的一致性以外，还要核对各种批件、附件、证明等是否完整准确、真实有效以及译本副本是否与样本正本相符。如有争议或处理不当，应在签约仪式前，通过再次谈判以达到双方谅解和满意方可确定。作为主办方，应为文本的准备过程提供周到的服务和方便的条件。

二、签约仪式的程序

签约仪式有一套严格的程序，大体由以下步骤构成：

参加签约仪式的双方代表及特约嘉宾按时步入签字仪式现场。

签约者在签约台前入座，其他人员分主、客各站一边，按其身份自里向外依次由高到低，列队于各自签约者的座位之后。

双方助签人员分别站立在自己签约者的外侧。

签约仪式开始后，助签人员翻开文本，指明具体的签字处，由签字人签上自己的姓名，并由助签人员将己方签了字的文本递交给对方助签人员，交换对方的文本再签字。

双方保存的协议文本都签好字以后，由双方的签字人员郑重地相互交换文本，同时握手致意、祝贺，双方站立人员同时鼓掌。

协议文本交换后，服务人员用托盘端上香槟酒，双方签约人员举杯同庆，以增添合作愉快气氛。

签约仪式结束后，双方可共同接受媒体采访。退场时，可安排客方人员先走，主方送客后自己再离开。

三、签约仪式的礼仪

（一）注意服饰整洁、挺括

参加签约仪式，应穿正式服装，庄重大方，切不可随意着装。这反映了签约一方对签约的整体态度和对对方的尊重。

（二）签约者的身份和职位应对等

签约者的身份和职位双方应对等，过高或过低都会造成不必要的误会。其他人员在站立的位置和排序上也应有讲究，不可自以为是。在整个签约完成之前，参加仪式的双方人员都应平和地微笑着直立站好，不宜互相走动谈话。

（三）遵守国际惯例

签字应遵守“轮换制”的国际惯例。也就是，签字者应先在自己一方保存的文本左边首位处签字，然后再交换文本，在对方保存的文本上签字。这样可使双方都有一次机会首位签字。在对方文本上签字后，应自己与对方签字者互换文本，而不是由助签者代办。

（四）互相庆贺

当签字人员正式交换已经由有关方签署的合约时，各方签字人员应彼此握手，互相祝贺，在场人员应鼓掌以示庆贺。最后，双方举杯共饮香槟酒时，也不能大声喧哗叫喊。碰杯要轻，而后高举示意，浅泯一口即可，举止要文雅有风度。

【本章小结】

开业典礼，是指在单位创建、开业，项目完工、落成，某一建筑物正式启用，或是某项工程正式开始之际，为了表示庆贺或纪念，而按照一定的程序所隆重举行的专门的仪式，包括开幕仪式、开工仪式、奠基仪式、破土仪式、竣工仪式、下水仪式、通车仪式和通航仪式。

庆典的礼仪，即有关庆典的礼仪规范。庆典的程序：宣布庆典正式开始、本单位主要负责人致辞、邀请嘉宾讲话和安排文艺演出。

剪彩仪式可以单独举行，也可以在庆典中进行。这是整个庆典仪式的高潮。因此，剪彩仪式要求隆重而又热烈。

交接仪式，一般是指施工单位依照合同将已经建设、安装完成的工程项目或大型设备，例如厂房、商厦、宾馆、办公楼、机场、码口、车站、或飞机、轮船、火车、机械、物资等，经验收合格后正式移交给使用单位之时，所专门举行的庆祝典礼。交接的礼仪，一般是指在举行交接仪式时所须遵守的有关规范。通常，它具体包括交接仪式的准备、交接仪式的程序两个方面的主要内容。

签约，即合同的签署。应当严格地依照规范，来讲究礼仪，应用礼仪。

◆【案例分析】

某某大学校运会开幕式

时间：2007 年 11 月 23 日（星期五）上午 8：30－9：00

地点：校区运动场

主持人：学校第三届体育运动会组委会主任、副院长曾某

程序（约 30 分钟）：

裁判员、运动员队在开幕式开始前提前进场，各方队前设礼仪员，举标志牌。彩旗队 100 人，提前排好在运动场四周。

（一）宣布第三届体育运动会开幕式开始；

（二）全体起立，升国旗，奏《国歌》（同时升校旗、运动会会旗）（2 分钟）；

（三）学院党委副书记、副院长刘某致开幕辞（5 分钟）；

（四）运动员代表宣誓（2 分钟）；

（五）裁判员代表宣誓（2 分钟）；

（六）党委书记陈某宣布：学院第三届体育运动会开幕（彩

旗队届时把放在地上的彩旗举起摇动)。

(七) 运动员、裁判员队伍退场，表演开始（发彩炮）(共13分钟)：

1. 教师太极拳表演

2. 健美操表演

(八) 开幕式结束，田径项目比赛开始。

【思考题】

请运用开业典礼的礼仪分析上述案例的程序设计是否符合礼规。

【实训题】

实训目标：

通过实训，掌握庆典仪式中来宾接待的礼仪规范。

实训内容：

把学生按每2人一组，设计庆典仪式的具体场景，演练迎送、引导、陪同、接待等各个环节。

实训要求：

在学生演练的各个环节中，老师要跟踪指导，纠正细节问题。选择学校校庆的礼仪接待小组作为参考和示范，促进学生更好地掌握来宾接待中的礼仪规范。

【复习思考题】

一、单项选择题

1. 开业典礼就应该遵循(　　)、热烈的原则。

A. 庄重　　　　B. 严肃

C. 喜庆　　　　　　　　D. 大方

2. 剪彩仪式礼仪包括剪彩者的礼仪要求和(　　)。

A. 礼仪小姐的礼仪要求　　　　B. 服务人员的礼仪要求

C. 剪彩程序的礼仪要求

二、多项选择题

1. 交接仪式的程序有(　　)。

A. 宣布仪式开始　　　　B. 奏国歌

C. 正式交接　　　　D. 代表发言仪式结束

E. 仪式结束

2. 签约仪式的礼仪有(　　)。

A. 注意服饰整洁、挺括　　　　B. 注意身份和职位对等

C. 遵守国际惯例　　　　D. 互相庆贺

三、简答题

1. 开业典礼的议程及礼仪要求的内容有哪些?

2. 庆典的程序包括哪些环节?

3. 剪彩的程序包括哪些环节?

延伸阅读 ~ ~

1. 东方晓雪．仪典礼仪．郑州：中原农民出版社，2005.

2. 韦克俭．现代礼仪教程．北京：清华大学出版社，2006.

第八章
社交文书礼仪

课前导读

◆【知识学习目标】

通过本章的学习，了解社交文书礼仪的相关内容，掌握一般书信、专用书信的写作礼仪和柬帖类文书礼仪。

◆【能力培养目标】

通过本章的学习，具备运用社交文书礼仪的能力。

◆【教学重点】

一般书信、专用书信的写作礼仪和柬帖类文书礼仪。

◆【教学难点】

专用书信的写作礼仪。

社交文书是为各种特定的社会交往活动服务的、具有一定的礼仪性质和礼仪形式的应用文书，是为了适应人与人之间、社会组织之间、社会组织与个人之间的各种交往而产生和存在的。掌握并灵活运用各种社交文书的写作礼仪，对个人或组织的日常交际活动有着重要的实际意义。

第一节　信函礼仪

信函，是书信的正式称呼。在人际交往中，信函是一种应用极为广泛的书面交流形式。

一、信函的种类

信函是我国《邮政法》规定由邮政企业专营的一项主要业务。信函适用于交寄书面通信，各种公文和印有“内部”字样的书籍、报纸、期刊、教材及各种资料；各种事务性通知、稿件、提货单、请柬、征订单、协议、合同、票据、入场券、邮票、照片、报表等都属于信函的范围。

信函可以根据其具有的不同的内件性质、处理手续、赔偿责任、寄递区域等，分成不同的种类：

按内件性质，可分为信函、明信片、邮简、印刷品和盲人读物五种；

按处理手续，可分为平常函件和给据函件；

按照邮局所负的赔偿责任，可分为保价函件和非保价函件；

按寄递区域，可分为本埠函件和外埠函件。

二、一般书信写作礼仪

书信是一种向特定对象传递信息、交流思想感情的应用文书。“信”在古文中有音讯、消息之义，如“阳气极于上，阴信萌乎下”；（扬雄，《太玄经·应》）另外，“信”也有托人所传之言可信的意思，不论是托人捎的口信，还是通过邮差邮递的书信，以及近年出现的邮寄录音带、录像带、电子邮件等都具有这种含义。

用语言文字向特定对象传递信息和进行思想感情交流的信，一般要具备以下三个条件：一是有运用文字叙说事情原因和表达自己思想感情的能力；二是具备相应的书写工具；三是有人进行传递。亲笔给亲戚朋友写信，不仅可以传达自己的思想感情，而且能给受信人以“见字如面”的亲切感；科技不断进步，又相继出现了电话、电报、邮寄录音带、录像带、电子邮件等交流信息的手段。可以预见，未来电子邮件这一新兴的手段会被越来越多的人运用。

（一）书信的构成

一般而言，书信由笺文和封文两部分构成。

笺文即写在信笺上的文字，也就是寄信人对收信人的招呼、问候、对话、祝颂等。笺文是书信内容的主体，书信的繁简、俗雅及至其他方面的风格特征，几乎都由内容主体决定。

封文即写在信封上的文字，也就是收信人的地址、姓名和寄信人的地址、姓名等。封文是写给邮递人员看的，使邮递人员知道信从哪里来，寄往哪里去；万一投递员找不到收信人，还能将信退给寄信人。

完整的书信应该是笺文封文俱全，并且将笺文装入写好封文的信封内，然后将口封好付寄的。

（二）书信笺文的写作

1. 信笺的款式

通常使用的信笺有横竖两种款式。竖式信笺，又称中式信笺，是我国传统的信笺款式。现今有日渐减少的趋势，尤其是青少年中，已很少使用。横式信笺，又称“西式”信签，是目前社会上最常用的款式。

2. 笺文的结构及其写作规范

笺文实际上是一种书面谈话，要先向谈话对象礼貌地打招呼；接着要说些对对方表示尊重或亲爱的话；接下来要有几句应酬语自然地引出谈话的正题；再接下来才是正文；正文完了之后，还要说上几句结束谈话的应酬语；然后向受信人报自称并署名；最后写明谈话的时间。笺文的结构如表8－1。

表8－1　　　　笺文的结构

<table>
<tr><td rowspan="9">书信结构</td><td rowspan="4">首部</td><td>1. 称谓</td></tr>
<tr><td>2. 提称语</td></tr>
<tr><td>3. 启事敬语</td></tr>
<tr><td>4. 开头应酬语正文</td></tr>
<tr><td>正文</td><td>5. 正文</td></tr>
<tr><td rowspan="4">尾部</td><td>6. 结尾应酬和敬语</td></tr>
<tr><td>7. 问候祝颂</td></tr>
<tr><td>8. 自称、署名、礼告敬辞、时间（也可加写信地点）</td></tr>
<tr><td>9. 附候与补述</td></tr>
</table>

（1）称谓。称谓，是寄信人对受信人的称呼，它表示双方的关系，在信笺第一行起首的位置书写。笺文中的称谓包括名字（或号）、公职位、私关系（包括血统关系及亲戚关系）、尊词等。上述四者，可单独使用，也可两项联合使用，如“爸爸”、“妈妈”、“母亲大人”、“坤磊先生”等。

现在常用的称谓有“同志”、“先生”、“女士”等，用得极为普遍，弹性极大，对没有适当称呼的受信人，用“先生”、“女士”称呼，一般不会错。

（2）提称语。提称语是用来提高称谓的词语。我国传统书信中常用的提称语很多，而在礼仪简化的现代生活中，提称语常常被省略。省略提称语后，在称谓下加冒号“：”，如“高送老师：”。

（3）启事敬辞。启事敬辞，即表示开始叙说事理的敬辞。常用启事用语如表8－2。

表8－2 **常用启事用语表**

适用情况	常用语
祖父母、父母及上级	叩禀者 叩肃者 谨禀者 谨肃者 敬禀者 敬肃者
尊长	谨启者 敬启者 兹肃者
通常使用	启者 兹启者 径启者
请求时使用	敬恳者 敬托者 兹恳者
丧家讣告时使用	哀启者

（4）开头应酬语。开头应酬语是在述说正事之前，写几句问候、寒暄之类的话，以引导正文。开头应酬语属客套话，现在大多用“您好”，然后连接正文。

（5）正文。正文是笺文内容的主体，即书信所要说的事，所要论的理，所要叙的情。

正文的写作，除要求语言通顺、条理清晰之外，还须注意措辞得体。书信叙事论理与一般文章不一样，须根据受信人的特点及发信人与受信人的特殊关系来进行措辞，这方面的要求无定格定式，凭作者根据自己的理解、体会等交际经验去处理。

（6）结尾应酬语和结尾敬语。结尾应酬语的写作原则与开头应酬语相同，须从正文内容引出，要简捷自然，不落俗套。结尾敬语，应与前段的启事敬辞相呼应。

（7）问候祝颂语。常见的问候祝颂语有很多，如“向您全家问好”、“祝身体健康”、“祝你成功”等等。

（8）自称、署名、礼告敬辞及时间。笺文结尾，要写上发信人的名字和写信的时间。需要注意的是，应在名字之前加上相应的自称。自称，是对受信人的自称，如给祖父母写信时自称“孙”（或“孙女”），一封信中的自称与开头所书受信人的称谓应当是相呼应的。

（9）附候语及补述语。附候语是附带问候的辞令。附候语的写作应特别注意三点：一是要注意称谓的恰当，二是另行写起，三是力求简练。补述语，即信写毕之后又要补充说明的话语。补述语一般用“又及：”、“又启：”加以提示。补述语不宜过长。

（三）书信封文的写作

所谓封文，即写在信封上的文字。

1. 信封款式的选用及写作

我国目前通用的信封有两种款式：一种是竖式（又称“中式”），另一种是横式（又称“西式”）。在现代生活中竖式信封的使用日渐减少。横式信封封文内容分上中下三路，上路写受信人的地址，中路写受信人的姓名，下路写发信人的地址、姓名。贴邮票的位置，一般在右上角。

寄往国外的书信封文写作除须用寄往国家的文字书写（有的也可用英文书写）外，还有格式的明显区别。国外一般的规则是：封文左上方依次写发信人的姓名、地址（包括邮政编码）、国名（这三项内容也可写在背面封口上）；右下方依次写受信人的姓名、地址（包括邮政编码）、国名；右上角贴邮票。

2. 封文的项目如下：

（1）受信人的地址，包括住址或服务机关、学校、厂、店等及其邮政编码。

（2）受信人的姓名。

（3）发信人的地址、姓名。

3. 封文写作中的礼貌语言

邮寄书信是将笺文封好投寄邮局进行传递的。因此，封文中的礼貌语言还涉及邮递员与受信人的关系。邮寄书信封文中的礼貌语词有三部分：一是对受信人的称呼，二是启封辞，三是缄封辞。

（1）对受信人的称呼 。许多人习惯在受信人的名字之后加上私人关系称谓，如“某某父亲收”、“某某爱妻收”，这是错误的用法。封文中受信人姓名下的称呼不同于笺文中的称谓，它不是发信人对受信人的称呼，而是邮递员（送信人）对受信人的称呼。称呼的选用依受信人的社会职位而定，一般来讲，对高龄尊长称“老先生”、“女士”；对普通长辈及平辈，有职衔者可称职衔，也可称“同志”、“先生”、“女士”；对晚辈一般不称职衔，而称“先生”、“女士”。

（2）启封辞。启封辞是请受信人拆封的礼貌语词，它表示发信人对受信人的感情和态度，所以，在郑重严肃的书信中，应该精心选择运用。一般说来，对高龄尊长用“安启”、“福启”；对普通长辈用“钧启”、“赐启”、“道启”等；对平辈，则可依照受信人职业、性别等等不同，在“启”字之前加适当的修饰词，如对军人用“勋启”，对教师用“文启”，对女士用“芳启”等等；对晚辈一般用“启”或“收启”就可以了；对居丧者则须用“礼启”。启封辞在比较简单、随便的书信中可省略，也可以简化为“启”。

（3）缄封辞。缄，也即封闭之意。缄封辞表现发信人封信时的感情和态度，给长辈写信宜用“谨缄”；对平辈用“缄”即可；对晚辈一般用“手缄”。

三、专用书信写作礼仪

专用书信主要包括：介绍信、证明信、祝贺信、欢迎词、答谢词、感谢信等。

（一）介绍信

介绍信是用来介绍联系接洽事宜的一种应用文体。它具有介绍、证明的双重作用。介绍信主要有两种形式：普通介绍信和专用介绍信。

1. 普通介绍信

普通介绍信一般不带存根，正中写“介绍信”，内容包括称呼、正文、结尾、署名和日期，并注上有效日期。

◆【阅读资料】

（普通）介绍信范例

兹介绍我单位 ×× 同志，前往贵处联系，请接洽。

此致

敬礼

××单位（盖章）

年 月 日

2. 专用介绍信

专用介绍信共有两联，一联是存根，另一联是介绍信的本文。两联正中有间缝，同时编有号码。

◆【阅读资料】

专用介绍信范例

（ 字第 号）

兹介绍我单位 ×× 同志，前往贵处联系，请接洽。

年 月 日

（有效期 天）

字第 号（盖章）

（二）证明信

证明信是以机关、团体、个人的名义凭确凿的证据，证明某人身份、经历或者有关事件的真实情况的专用书信。证明信可分为组织证明信和个人证明信，前者又可分为普通书写证明信和印刷证明信。

不论是哪种类型的证明信，其结构都大致相同，一般都由标题、称呼、正文、署名和日期构成：

1. 标题

在第一行中间常冠以“证明信”、“证明”或写明“关于×××同志××情况（或问题）的证明”。

2. 称呼

顶格写上需要证明的单位的名称，之后加冒号。

3. 正文

正文是证明信的主体部分。另起一行，空两格写明被证明事项的全部事实，语言要准确、简明扼要。写完所证明的问题以后，另起一行空两格，加“特此证明”四字作结束语，不写祝愿、勉励之类的话。

4. 署名、日期

在正文右下方署上证明单位（或个人）名称（姓名），并由证明单位或证明人盖公章或签名、盖私章，否则证明无效。

如果是以个人名义出具的证明，它的标题、正文、结尾和组织证明信写作格式是一样的，但个人证明信写好后应交证明人所在的单位签署意见，加盖公章，以示负责。

证明信有时要作为结论根据的。因此，撰写时应严肃认真，实事求是，言之有据，语言准确，文字书写要清晰、工整，不要潦草。证明信的内容如有涂改，必须在涂改处加盖公章。

◆【阅读资料】

证明信范例

××大学党支部：

×年×月×日来信收到。根据信中要求，现将你校××同志的爱人、××同志的情况介绍如下：

××同志，现年××岁，中共党员，是我校××系教师，本人和家庭历史以及社会关系均清楚。该同志对教学工作认真负责，近年来多次被评为市级模范教师。

特此证明。

××省××市×大学党支部（公章）

×年×月×日

（三）祝贺信

祝贺信是表示庆贺或祝贺的信函。它不同于一般的信函。普通信函内容繁杂，叙述的事物较多，而祝贺信则是指某人、某家庭、某组织或某国家有了喜庆之事，对其表示祝贺的礼仪文书。祝贺信主要特点是具有祝贺性，并且祝贺信一般通过邮寄送达。

1. 祝贺信的分类

根据不同的标准，祝贺信有不同的分类方法。

（1）按照祝贺信的行文走向，可以分为国家之间的祝贺信、政党之间的祝贺信、上级单位给下级单位的祝贺信、同级单位之间的祝贺信、下级单位给上级单位的祝贺信等。

（2）按照祝贺信的性质不同，可以分为重大任职祝贺信、主要会议祝贺信和重大成就祝贺信等。

2. 祝贺信的格式与写法

（1）标题。祝贺信的标题一般在第一行正中位置写上“祝贺信”三字，也可以在这三个字前加上祝贺人或被祝贺人。

（2）称谓。需顶格写上接受祝贺信的单位或个人的名称、姓名。如果是写给个人的，最好在姓名后面加上“同志”、“先生”、“女士”等。

（3）正文。祝贺信的正文一般由四部分组成：

①简述对方所取得成绩的社会背景或会议召开的历史事件或其他事由。通常用“谨向你们表示热烈祝贺”等语言作为过渡语，引起下文。

②要用精练的话语概括说明对方的工作成绩。

③真诚表达祝贺者的希望和要求。

④以恳切的语言再次表示祝贺，如“谨祝取得新的、更大的成就”。

（4）结尾。有的写“此致、敬礼”，有的则干脆没有结束语。

（5）署名。在祝贺信的右下角写明发信单位或个人名称，最后注明年、月、日。

◆【阅读资料】

祝贺信范例

以下是朱镕基电贺他信·西那瓦就任泰王国总理。

曼谷泰王国总理他信·西那瓦阁下：

在阁下就任泰王国总理之际，我谨向阁下表示热烈的祝贺。

近年来，在我们两国政府和人民的共同努力下，中泰友谊不断加强，各领域的合作继续深化。中泰友好关系符合两国人民的利益，有助于地区和平、稳定与繁荣。我相信，在阁下任期内，在两国21世纪合作计划《联合声明》的指引下，中泰睦邻互信的全方位友好合作关系必将取得更大发展。

祝泰王国国家昌盛，人民幸福。

中华人民共和国国务院总理　朱镕基

二〇〇一年二月九日于北京

（四）欢迎词

欢迎词是在迎接宾客的仪式上、宴会上或会议开始时，主人表示欢迎宾客到来的讲话稿。欢迎词具有欢迎色彩浓厚、直接宣读、感情真挚的特点。根据性质不同，欢迎词可以分为欢迎外宾的欢迎词、单位的欢迎词等。

欢迎词的格式与写法：

1. 标题

一般只写“欢迎词”三个字，也可以在“欢迎词”前面加上致词人的姓名、职务等。

2. 称谓

在开头第一行顶格写明宾客的姓名、职务或其他团体的名称，并且一般要在姓名前加上“尊敬的”等词语，后面加上“先生”、“女士”等称呼。对外国首脑要加上“阁下”、“陛下”等称呼。

3. 正文

正文是欢迎词的主要内容。在正文的开头，一般要先表示热烈欢迎，写明欢迎的具体内容，主要包括欢迎宾客的理由、双方交往的过程与友谊、意义、作用等，并要表示对今后双方交往的期望。

4. 结尾

要再次表示热烈欢迎之意以及其他良好的祝愿。

◆【阅读资料】

欢迎词范例

尊敬的×××董事长先生，尊敬的贵宾们：

×××董事长先生与我们合资建厂已经两年，今天亲临我厂对生产技术、经营管理进行指导，我们表示热烈的欢迎。

两年来我们感到高兴的是，我们双方合资建厂、生产、经营管理中的友好关系一直稳步向前发展。我应当满意地指出，我们友好关系能顺利发展，是与我们双方严格遵守合同和协议、相互尊重和平等协商分不开的，是我们双方共同努力的结果。

我相信，通过这次×××董事长亲临我厂进行指导，能进一步加深我们双方的相互了解和信任，更能进一步增进我们双方友好合作关系的发展，使我厂更加兴旺发达。

最后，让我们再次以热烈的掌声，向董事长表示欢迎！

（五）答谢词

答谢词是宾客对主人的热情接待表示感谢的讲话稿。答谢词具有篇幅短小、感谢意愿强烈、直接宣读等特点。

答谢词的格式与写法：

1. 标题

标题一般只写“答谢词”三个字，也可以在“答谢词”前面加上致词人的姓名、职务等。

2. 称谓

称谓由个人姓名组成，在姓名前要加以“尊敬的”、“亲爱的”等词语，姓名后加以“先生”、“女士”等称呼。

3. 正文

正文是答谢词的主体，一般情况下由三部分组成：一是表示感谢的意思；二是叙说彼此间的友谊；三是表达美好的祝愿。

4. 结尾

结尾要再次表示谢意，像“致以诚挚的谢意”等。

◆【阅读资料】

答谢词范例

尊敬的×××先生，尊敬的×××集团公司的朋友们：

首先，请允许我代表全体成员对×××先生及×××集团公司对我们的盛情接待表示衷心的感谢。

我们一行五人代表××公司首次来贵地访问，此次来访时间虽短，但收获颇大。仅三天时间，我们对贵地的电子业有了比较全面的了解，与贵公司建立了友好的技术合作关系，并成功地洽谈了×××电子技术合作事宜。这一切，都得益于主人的真诚合作和大力支持。对此，我们表示衷心的感谢。

电子业是新兴的产业，蒸蒸日上，有着广阔的发展前景。贵公司拥有一支由网络专家组成的庞大队伍，技术力量相当雄厚，在网络工作站市场中一枝独秀。我们有幸与贵公司建立友好的技术合作关系，为我地电子业的发展提供了新的契机，必将推动我地电子业迈上一个新台阶。

最后我代表××公司再次向×××集团公司表示感谢，并祝贵公司迅猛发展，再创奇迹。更希望彼此继续加强合作，共创明天。

最后，我提议：

为我们之间正式建立友好合作关系，

为今后我们之间的密切合作，

干杯！

（六）感谢信

感谢信是指个人或单位为了感谢对方的关心与支持而写的书信。它具有具体性、明确性和鲜明性的特点。

感谢信的格式与写法：

1. 标题

一般在正中间写“感谢信”三个字，也可以写成“至×××的感谢信”。

2. 称谓

称谓由个人姓名组成，在姓名前要加以“尊敬的”、“亲爱的”等词语，姓名后加以“先生”、“女士”等称呼。

3. 正文

正文是感谢词的主体，一般情况下由三部分组成：一是说明感谢的缘由，并表示谢意；二是具体叙述对方对我方的帮助和支持；三是热情颂扬对方的可贵精神，并表示向对方学习的决心。

4. 结尾

以表示感谢的话语结束，像“致以最诚挚的敬意”。

5. 署名

在感谢信的右下角写明发信单位或个人名称，最后注明年、月、日。

◆【阅读资料】

感谢信范例

×××部队全体指战员：

我市的××引水工程由于资金匮乏，今年的施工进度受到了一定的影响，在这种情况下，你部全体指战员发扬了拥政爱民的光荣传统，积极为地方排忧解难，四千多官兵义务承担了工程输水管线的施工任务。在四个月的时间里，指战员们不怕苦，不怕累，顶着酷暑烈日，日夜奋战在施工第一线，终于如期完成了施工任务，为早日结束我市用水紧张的状况赢得了宝贵的时间。为此，我们代表全市人民特向你们表示衷心的感谢。

我们决心在党中央的领导下，加大改革开放的力度，进一步搞好城市建设和工农业生产，以实际行动感谢你们对我们的关心和支持，为把我市建成现代化的文明城市而努力奋斗！

此致

敬礼

××省×市人民政府（印）

×年×月×日

第二节　柬帖类文书礼仪

在一般礼仪文书中常用的柬帖类文书主要有请柬、聘书、贺卡几类。

一、请柬

请柬，又叫请帖，是为邀请宾客而发出的书面通知。请柬在社会交际中被广泛应用。一些公务活动包括召开较隆重的会议需要请柬；人们在结婚、祝寿、生育或举行其他庆典活动时，为邀请亲友赴宴或与会，也常常需要发请柬给被邀请者。发请柬是为了表示对客人的尊敬，也表明邀请者的郑重态度，所以请柬在款式和装帧设计上应美观、大方、精致，使被邀请者体会到主人的热情与诚意，感到喜悦和亲切。现在通行的请柬形式有双柬帖与单柬帖两种：双柬即双帖，将一张纸折成两等分，对折后成长方形；单柬帖即单帖，用一张长方形纸做成。无论双帖、单帖，帖文的书写或排版款式均有横排、竖排两种。

请柬的篇幅有限，书写时应根据具体场合、内容、对象，认真措辞，行文应达、雅兼备。达，即准确；雅就是讲究文字美。在遣词造句方面，有的使用文言语句，显得古朴典雅；有的选用较平易通俗的语句，显得亲切热情。不管使用哪种风格的语言，都要庄重、明白，使人一看就懂，切忌语言的乏味和浮华。

请柬的书写格式：

（一）标题

双柬帖封面印上或写明“请柬”二字，一般应做些艺术加工，即采用名家书法、字面烫金或加以图案装饰等。有些单柬帖，“请柬”二字写在顶端第一行，字体较正文稍大。

（二）称谓

无论单帖、双帖，在帖文行文方面大致是一样的。帖文首行顶格书写被邀请者的姓名或被邀请单位的名称。有的请柬把被邀请者的姓名或单位名称放在末行，也要顶格书写。

（三）正文

写明被邀请者参加活动的内容，如参加座谈会、联欢会、赴宴，应交代具体时间、地点。若有其他活动，如观看影视表演，应在请柬内注明或附入场券。

（四）结尾

结尾写“敬请光临”、“致以敬礼”等。

（五）署名

落款应写明邀请人的单位或姓名和发出请柬的时间。

◆【阅读资料】

请柬范例

谨定于×年×月×日下午×地在布里奇期酒家举行宴会，欢迎××能源研究所高级工程师×××先生及其夫人。

敬请光临

迪肯林先生和夫人

××能源研究所所长

罗伯特·申斯通　谨订

二、聘书

聘书是聘请有关人员参加某种活动或担任某项工作的凭证。它具有聘请性、告知性和简明性等特点。聘书分为聘任书和聘请书两大类，其中，聘任书是实行聘任制的单位，聘任本单位的人员时使用的；聘请书是聘请外单位人员时使用的。

聘书的格式与写法：

（一）标题

在聘书封面上正中位置写“聘书”或“聘请书”，必要时字体还要烫金。里面第一行正中位置也要写“聘书”或“聘请书”。

（二）称谓

被聘请者的姓名、称呼，需在标题下第一行顶格写。

（三）正文

正文主要写明聘请的原因、聘请的职务及工作内容，有时还需写上聘期、待遇、酬金等。

（四）署名

右下角写明聘请单位名称及负责人姓名，并加盖公章及个人印章，最后注明年、月、日。

◆【阅读资料】

聘书范例

××先生：

我厂为增加产品品种，提高设计质量，特聘请你为总设计师，聘期暂定两年，月薪暂定10000元，奖金按效益情况发给。

此聘

××厂

××年×月×日

三、贺卡

贺卡是庆祝某人或某单位在某些节日或某些方面有值得庆贺的事情时表达祝福的一种文书。它具有庆贺性、告知性和简明性等特点。贺卡的种类较多，大体可分为电子贺卡和书面贺卡两种，随着互联网的日益普及，电子贺卡用得较多，一般包括生日贺卡、圣诞贺卡、元旦贺卡等。

贺卡的格式与写法：

（一）标题

一般在正中间写“贺卡”两个字，也可以写成“××贺卡”。

（二）称谓

收卡人的姓名、称呼，需在标题下第一行顶格写。

（三）正文

正文主要写明贺卡的目的和贺词。

（四）署名

右下角写明贺卡发出人的姓名。最后注明年、月、日。

◈【阅读资料】

贺卡范例

××老师：

在元旦来临之际，您的学生××祝您元旦快乐、工作顺利、身体健康。

您的学生：××

××年×月×日

【本章小结】

社交文书是为各种特定的社会交往活动服务的、具有一定的礼仪性质和礼仪形式的应用文书。

信函，是书信的正式称呼。在人际交往中，信函是一种应用极为广泛的书面交流形式。

专用书信主要包括：介绍信、证明信、祝贺信、欢迎词、答谢词、感谢信等。

一般礼仪文书中常用的柬帖类文书主要有请柬、聘书、贺卡等。

【案例分析】

聘请书

章益君：

为了满足人民不断增长的生活需要，我厂正在开发研制一种新型保健食品，但有些技术理论难关尚未攻克，您是我省著名的保健食品专家，特聘请您为我厂技术公关顾问。

洁康保健食品厂

【思考题】

请找出聘请书存在有哪些问题，怎样纠正？

【实训题】

实训目标：

通过本章实训，具备运用社交文书礼仪的能力。

实训内容：

给学生提供一定的背景材料，分组进行社交礼仪文书的写作。

实训要求：

在学生演练的过程中，老师要跟踪指导，纠正细节问题，促进学生更好地掌握社交文书礼仪。

【复习思考题】

一、单项选择题

1. 用来介绍联系接洽事宜时应使用的一种应用文体是(　　)。

A. 介绍信

B. 证明信

C. 感谢信

D. 欢迎词

2. 个人或单位为了感谢对方的关心与支持，应采用哪种应用文体(　　)。

A. 介绍信

B. 证明信

C. 感谢信

D. 欢迎词

二、多项选择题

柬帖类文书包括哪几类？(　　)

A. 请柬

B. 聘书

C. 贺卡

D. 祝贺词

三、简答题

1. 给任课老师写一封书信，表达你的上课感受。

2. 按照介绍信、证明信、祝贺信、欢迎词、答谢词、感谢信的格式写一范例。

3. 分别按照有关格式写一个请柬、聘书、贺卡。

延伸阅读~ ~

1. 任群，郑敬东. 常用公文最新规范写作大全. 重庆：重庆出版社，2006.

2. 方有林. 商务应用文写作. 上海：同济大学出版社，2007.

3. 杜红亮. 应用写作. 郑州：中州古籍出版社，2004.

第九章

中国民俗礼仪

课前导读

◆【知识学习目标】

通过本章的学习，了解人生礼俗、节日礼俗及我国主要少数民族的礼俗礼规，了解日常生活中常见惯用的习俗礼仪。

◆【能力培养目标】

通过本章的学习，具备运用民俗礼仪的能力。

◆【教学重点】

人生礼俗、节日礼俗及少数民族礼俗的内容。

◆【教学难点】

各少数民族的生活、行为、交往禁忌。

民俗，即民间风俗，指一个国家或民族中广大民众所创造、享用和传承的生活文化。学习我国的民俗礼仪，可以帮助人们更好地了解人生的礼仪礼规及中国的传统文化，有利于个人素质的提高和交往。

第一节　人生礼俗

一、诞生礼俗

诞生礼又称人生开端礼或童礼，它是指从求子、保胎到临产、三朝、满月、百禄，直至周岁的整个阶段内的一系列礼仪。诞生礼起源于古代的“生命轮回说”，中国古代生命观中重生轻死，因此把人的诞生视为人生的第一大礼，以各种不同的仪礼来庆祝，由此形成许多特殊的礼仪习俗。诞生礼仪一般包括三个阶段：求子仪式、孕期习俗和庆贺生子，其中，庆贺生子是核心部分。

（一）求子礼仪

在我国，有这么一个观念“不孝有三，无后为大”，所以在已婚妇女未怀孕前，民间有各种企盼怀孕得子的习俗，仪式多带有神秘的色彩。求子习俗主要有：

1. 向神灵求子

这是最普遍的一种求子方式。民间虚造有主管生育的神灵，如送子观音、碧霞仙君、百花神、尼山神等，并为之立庙建祠。不孕妇女带香烛、纸蜡等，到神像前默祷以求得孕生子。祝祷之后，常伴有“拴娃娃”的行为。有些地方往往还要供上三牲福礼，并给神祇披红挂匾，以求神灵保佑得子。

2. 由旁人送子

求子习俗中还有一类常见的形式是由亲友或特殊人物向盼望得子的家庭及妇女本人做出象征性的“送子”举动。首先是送去某种食物，如喜蛋、喜瓜、莴苣、子母芋头、鸡蛋等，据说妇女吃了可以很快受孕。其次是送去带有多子多孙意义的某些吉祥物，常见的有“孩儿灯”、“麒麟送子图”和用口袋装好的百谷、瓜果等。

(二) 孕期习俗

1. 孕期禁忌

当妇女怀孕之后，民间常以“有喜”、“害口”等俗称传递消息。对于孕妇，古人是食养与胎教并重，在食养方面，强调“酸儿辣女”，“一人吃两人饭”，重视荤汤、油饭、青菜与水果，忌讳兔肉、生姜、麻雀以及一切凶猛丑恶之物。在胎教方面，要求孕妇行坐端正，多听美言，有人为她诵读诗书，演奏礼乐。同时不可四处胡乱走动，不可与人争吵斗气，不可从事繁重劳动。除此之外，孕妇在怀孕期间还有很多禁忌，如禁食虾、鹅、番鸭，忌婚礼，忌丧事，忌裁布缝衣，忌漂染，忌动土，忌看一些不常见的动物和丑陋的人，怕受惊吓等。

2. 孕期馈送

在孕妇怀孕期间，至今仍流行由女方家人送一些婴儿出生后所需要的衣物这一习俗。有的地方还留存着催生的习俗，送催生礼品时必须用担子挑着去，顾名思义叫“催生担”。现如今，大部分人在女方怀孕期间所送礼品大都表示祝愿之意，如湘西坝子是岳母给女儿做一顿饭，二至五道食肴，分别称作“二龙戏珠”、“三阳开泰”、“四时平安”、“五子登科”，饭食必须一次吃完，意谓“早生”、“顺生”。侗族是由娘家送大米饭、鸡蛋与炒肉，七天一次，直至分娩为止。浙江是送喜蛋、桂圆、大枣和红漆筷，内含“早生贵子”之意。

3. 接生习俗

由于对血污的忌讳，有的地方不准婴儿出生在床上，怕冲了床神。像山东黄县的一些群众多让产妇坐在盆上生产，称之为“临盆”。胎衣的处理上各地习惯也不一样，有的是找僻静的地方埋掉，有的故意埋在路口，让行人踩踏，有的将胎衣埋于江边或盛罐撒草灰封存于床底下。

（三）庆贺生子

1. “洗三”习俗

“洗三”又称为“三朝”，是指在婴儿出生后第三天举行的庆贺仪式，这种仪式主要在我国的汉族人中较为流行。“洗三”是家庭庆贺添人进口的仪式，也是标志着新生婴儿脱离母体降生人世的象征性仪式。我国北方的有些地区在此仪式上会用热水浸泡艾叶、花椒等，由老年妇女为新生婴儿擦拭身体从而去掉胎气；有的地方在给婴儿洗澡时还进行各种活动，像跳舞、唱歌等，以祝福新生婴儿长大后有出息。

◆【阅读资料】

老北京的“洗三儿”风俗

提起“洗三”，一些老北京都会知晓。这是旧时小孩在出生第三天，要洗浴一次的俗称。

清代崇彝所著，《道咸以来朝野杂记》曰：“三日洗儿，谓之洗三。”又，三这个数在旧时占有重要地位。与三相连的词语有许多是吉利话，譬如：三星高照，三元及第，连升三级等。“洗三”有洗去身上的污垢，以保平安健康之意。“洗三”时，还要为之准备许多用品，诸如：围盆布，小米儿，小镜子，牙刷子，小梳子，胭脂粉等。在小孩生下第三天时，要请以“洗三”为职业的妇女来家里主持洗礼，并边洗边说许多吉利话。还要不住地往盆里添荔枝、红枣、桂圆等喜果。所做礼仪很是繁琐。

资料来源：爱问知识人网站，http：//iask. sina. com. cn/b/10843189. html。

2. “满月”习俗

“满月”习俗是婴儿诞生礼中最为重要的一项礼俗之一。产妇在分娩后的一个月内不能做事，不能出门，称为“坐月子”。在此期间，婴儿须待在母亲身边不能被抱出门。当满月时，母亲娘家人及亲戚会送来贺礼庆祝，许多地方还会在婴儿满月时，为婴儿隆重地第一次剃头，一般是由舅舅主持。

“满月”的另一项仪式内容是抱小孩第一次出门“见世面”，一般是先在家中设案祭祖祀神，然后抱小孩走街串户，称为“兜喜神圈”。另外，在满月之后，有的地方还举行婴儿百天时的庆贺礼仪，称为“百岁”，祝愿孩子能够健康成长，长命百岁。

3.“周岁”习俗

“周岁”是婴儿诞生礼的最后一个重要仪式。除了请亲戚朋友庆贺之外，民间特别流行的一个习俗是在周岁这一天，要举行“抓周儿”仪式，即把文房四宝、玩具、剪刀、食品、尺子等代表行业性质的物品放在某个地方，让孩子坐在当中，任其随意抓以检验孩子的天赋和“卜测”孩子的前途未来。人们相信，小孩抓到的第一件东西就代表了孩子的志趣及未来可能从事的行业。

周岁之后，要每年过一次生日，有的地方叫“爬门槛”，家长要给孩子“做生日”，一般是让吃鸡蛋、豆签（粉丝）。50 岁称“上寿”，要“做大生日”。“做大生日”有简有繁，繁者要请亲朋吃酒饭。“做生日”是诞生礼的追忆仪式。

二、成年礼

我国传统成年礼称为冠礼、笄礼，可以上溯到夏、商二朝，完备于周朝。我国先秦的成年礼以服饰改变为最大特征，而其中最特别的即是头上的冠、笄，因此男子成年礼称为“冠礼”，女子则称为“笄礼”。先秦举行成年礼的年龄男子固定在二十岁，女子则须视其许嫁与否而定，许嫁者十五岁行笄礼，否则也是二十岁才行笄礼。举行方式则是个别举行，地点选在宗庙神圣之地，日子需经卜筮而定，行礼当天，主人须邀请亲朋好友来观礼才算正式。汉代沿袭周代冠礼制度。魏晋时，加冠开始用音乐伴奏。唐宋元明都实行冠礼，清代废止。

(一) 冠礼

1. 冠礼准备

首先看举行冠礼的地点一般选择在祖庙，这是一个庄严肃穆而繁杂的过程。先是庙前占卜，然后选定吉日。

2. 冠礼过程及致辞

第二天清晨，冠礼在庙中如期举行，各类服饰都需特别讲究而且细节一丝不苟。祭天、祭地、祭宗庙、上字框（结婚上大名）等都要严格按照一定的礼仪进行。

(二) 笄礼

笄，即簪子，笄礼是中国古代女子成年时举行的礼仪。自周代起，如女子年过 15 岁，且已许嫁，便可举行笄礼，将发辫盘至头顶，用簪子插住，以示成年及身有所属。如年过 20 而未许嫁，也得举行笄礼。主行笄礼者为女性家长，由约请的女宾为少女加笄，表示女子成年可以结婚。一般过程为：

1. 宾盥

正宾在两位有司的协助下净手，准备一加。一加后，双鬟变成一个发髻，第一加用的是发簪家族里最简单的笄；二加梳头，二加的服饰是金属的发钗和红色的曲裾深衣。三加三拜，三加中，从笄到簪钗，象征着女性成长过程中美丽的变化。

2. 醮子

将杯中的醴酒先洒一点在地上做祭酒并象征性地蘸一下嘴唇。礼毕，与正宾互拜，答谢，笄者一家一起拜谢众宾客前来观礼。

三、婚礼

婚礼在人的一生中是一个十分重要的大礼，人们特别重视这一礼仪。一般说来，当代婚礼大致经过订婚、结婚、回门等几个阶段，礼仪方面有很多讲究。

关于婚姻礼仪，我国古代有“六礼”之说，即纳采、问名、纳吉、纳征、请期、亲迎。实际上各地民间约定俗称的婚礼习俗并不完全以这“六礼”所限，特别是将相亲、订婚阶段的过程简化。下面我们分阶段介绍这些婚俗的内涵。

（一）相亲、订婚阶段：媒、帖、聘的含义

媒，在我国由来已久，媒人是使婚事得以成立的关键人物，《礼记》曰“男女无媒不交”。

帖，指问名、纳吉之礼，在民间俗称“下帖”。下帖的基本步骤是：男方经媒人之手取得女方的生辰八字之后，放在家中一个具有占卜意味的场所三天，如其间家中人畜平安，即认为占卜成功。八字这一关通过后，男方即可“下帖”，用红纸把男女双方的姓名、生辰八字并排写好，送往女家，女家接下帖子，就表示答应这门亲事。

聘，是婚礼前最后的环节，也是最重要的一个环节。男方送彩礼到妇女家，表明聘定女方为妻。下聘礼后，虽尚未行婚礼，但女方名分已定，实质上夫妻关系已经确定。

（二）迎娶阶段

迎娶前一段时间，女方家要准备嫁妆，多是成双成套的被褥、衣服等，期间，女方的亲戚朋友也帮助办嫁妆，称“添箱”。结婚当天清晨，男女要在各自家中“上头”，即请有福气的老者为之梳头，新娘还要“开脸”。新郎新娘的新床，要遍撒桂圆、莲子、花生、枣等，利用这些果品名字的谐音，祝愿新人早生贵子、多子多福。新郎接亲时多用花轿，迎亲队伍中一般有乐队演奏，途中要放鞭炮，造成喜庆气氛。新娘到男方家后，有些地方还要婆婆拉着媳妇走过场院中麻袋铺的路，身后的麻袋不断传到前面待踩，意味传宗接代（袋），有的还要“跨火堆”，以避邪气。拜堂时还穿插着吃子孙勃勃、喝和合汤等节目。拜堂后要闹洞房，不分辈分，闹得越厉害，意味着以后的生活越红火。

（三）婚姻关系的认可

关于婚礼后的活动，古今大同小异。结婚三天后，有庙见的习俗，即新妇与主人见于祠堂，庙见的第三天，新郎还要同妻子去拜见岳父母，即所谓的“回门”，经过这一系列的活动，双方的姻亲关系才算正式确立。

四、丧葬礼俗

丧葬礼俗是人生礼俗的重要组成部分，随着人类的发展，关于丧葬礼俗演变的也较多，现简要介绍如下：

（一）传统丧葬礼俗

1. 送终

送终是一件大事，有没有子女送终，是不是所有子女都来送了终是老人是否有福的一个判别标准。而未能为老人送终常常成为人们一生中的一大憾事。

2. 报丧

死老咽气后，家人应尽快向亲友发出报丧帖，或登门通报死讯，报丧者要穿孝服，戴孝帽，不能进别人家门，遇人迎接时，要叩首。

3. 入殓

死者入棺前，要为之整容，如剃头、刮脸、换擦洗身、穿寿衣等，然后再以白绸（有的地方也用纸钱）掩面。入棺时，死者一般是头朝里脚朝外。

4. 守铺

死者家人在老人死后到正式放入棺材期间，要昼夜轮流守护在死者铺侧，以示服孝，叫做“守铺”。

5. 搁棺

搁棺，即在安葬前停柩在家，一般要搁七天，有的甚至搁棺十几天。

6. 居丧

居丧是指死者家人后辈自死者断气时起服丧。一般来说，服丧期间不穿华丽服饰，不理发，不参加宴会、进寺庙等。

7. 吊唁

吊唁是丧葬礼俗中比较重要的内容，方式也因各地风俗不同而有区别。吊唁时，依与死者关系的远近不同，吊唁的礼数、方式也不同。死者子女在接到讯息以后，首先要哭悼，在灵前跪叩，直到有人安慰才能停止。亲友前往吊唁时，一般都要携带礼品或礼金，而且要在灵前正式举哀哭悼，直至有人劝慰。

8. 接三

民俗认为，人死三天后，他的灵魂要正式去阴曹地府，或者被神、佛或神、佛的使者迎接去了，因此，在这一天应举行盛大仪式。

9. 出殡

出殡的程序为：先转棺，将棺材移出门外，再抬起棺材头，备好祭祀用品，由礼生主持礼仪，丧主跪拜。在出殡时有一项重要的礼仪是“摔盆”，即把灵前祭奠烧纸所用的瓦盆摔碎。到达墓地后，要再次整理墓坑，把随葬的馅食罐、长明灯放在墓坑壁上龛内，扫去脚印，然后将棺木徐徐放下，由丧主铲土掩棺，并堆土成坟。

（二）新式丧葬礼俗

旧时的很多丧葬礼仪，人们已不再遵循。但老人的去世仍会继续，作为家庭的一件大事，丧葬也必须还有一定的礼仪，那么新式丧葬礼仪又有哪些呢？新式丧礼一般有以下程序：

1. 移尸

确认老人已经死亡，可将其遗体移到厅堂或灵堂中，一般仍要燃放鞭炮，点上香和蜡烛。

2. 报丧

死者家人在亲人去世后，应尽快通过各种渠道通知亲友，通知的方式可以是电报、电话、讣告或亲自登门通报。

3. 整容

为死者擦洗身子，梳好头发，换上比较整洁的衣服，并将其移入棺材。

4. 讣告

用讣告的形式向亲友近邻进行通报。

5. 开追悼会

追悼会一般在丧家所设的灵堂里举行。先要布置灵堂：灵堂要庄严肃穆，在正后方墙壁上要扎“花牌”，一般以深绿色为底色，配上黄色花朵图案。花牌正前方放灵桌，灵桌后方正中央放死者遗像，周围放黄色鲜花，灵桌上可置备素色鲜花，中间放灵位。会场中央悬挂黑色或蓝色横幅，用白纸黑字书写“×××追悼会”字样，遗像正后方花牌上挂孝家的挽联，灵堂两边的墙壁上则可挂客人送的换联换幛。花圈、花篮则放在屋内门口两侧。灵堂内左右可摆放长桌子，并配座椅、桌子，茶水等，以备吊唁者休息时用。在灵堂门外两边分别放一长桌，一处用来收礼，一处用来签名。追悼会一般在原设灵堂举行，也可另找场地，死者的骨灰盒要摆放在灵堂中间的桌子上，遗体未火化的，可放于灵堂中间。在追悼会仪式上，亲属一般站左边，主要亲属在前排，吊唁者站正中，面向遗像或像体。主持者站前排左边，侧身，一半向着死者家属，一半向着吊唁者。

追悼会的仪式大致为：

（1）在会场门口迎候亲友和来宾，并发给白花功黑纱。迎候者一般为丧家委托的亲友。

（2）宣布追悼会开始，奏哀乐。

（3）宣读悼词。

(4) 来宾致衰辞或发言，宣读唁电、唁函。

(5) 众人绕遗体一周，向遗体告别。

(6) 慰问逝者亲属。

(7) 追悼会结束。吊唁者要注意自己的穿着和谈吐，不可穿红戴绿，浓妆艳抹，不可三五成群，窃窃私语，不可漫不经心，东张西望，行礼时动作要真挚自然。

6. 丧服

现在丧葬不提倡穿白戴孝，只在左胳膊上带一黑布，上面写一“孝”字，表示老人去世，自己正在孝期，还表示对亡者的哀思怀念。

第二节 节日礼俗

一、春节

春节是中华民族最隆重的节日，又俗称“年节”。年节古称“元旦”，自辛亥革命后开始采用阳历计算，遂称阳历1月1日为“元旦”，农历正月初一为“春节”。

在我国的习俗中，年节虽然定在正月初一，但是年节的活动并不是只从正月初一开始。从腊月二十三小年节开始，老百姓就开始为过年而作各种准备：祭灶、扫房屋、刷墙壁、剪窗花、置办年货、添置新衣等。

春节是阖家团圆的日子。为了这一天举家团聚，一起吃团圆饭，许多人不远千里万里往家赶，形成中国蔚为壮观的春运现象。除夕那天，全家欢聚一堂，吃“年夜饭”，过去亲人之间互相赠送礼物的馈岁风俗逐步演变为长辈向晚辈发放压岁钱。最为流行而且至今不衰的是守岁，一直要等到年夜，听新年的钟声敲响，以欢快的鞭炮或绚丽的烟花来迎接新年的到来。北方人以饺子为年夜饭和团圆饭，取岁末交子之意，南方人吃汤圆，蕴含了团团圆圆的祝福。而各地的年糕、年粽等，无不以“年”来预祝新年的兴旺。有的地方至今还流行正月初一凌晨“起五更”，放鞭炮、吃饺子、磕头拜年。正月初一后开始走亲访友，互送礼品，庆祝新年。

春节更是老百姓狂欢的日子。在我国大部分地区，元旦过后，各种精彩纷呈的活动就拉开了序幕：舞龙灯、耍狮子、扭秧歌、踩高跷等，为新春佳节增添了浓厚的喜庆气氛。直到目前为止，除了祭祀拜祖活动比以前有所淡化（但在大部分农村还很流行）外，春节的主要习俗都得以继承和发扬。

◆【阅读资料】

春节的由来

相传，中国古时候有一种叫“年”的怪兽，头长触角，凶猛异常。“年”长年深居海底，每到除夕才爬上岸，吞食牲畜伤害人命。因此，每到除夕这天，村村寨寨的人们扶老携幼逃往深山，以躲避“年”兽的伤害。

这年除夕，桃花村的人们正扶老携幼上山避难，从村外来了个乞讨的老人，只见他手拄拐杖，臂搭袋囊，银须飘逸，目若朗星。乡亲们有的封窗锁门，有的收拾行装，有的牵牛赶羊，到处人喊马嘶，一片匆忙恐慌景象。这时，谁还有心关照这位乞讨的老人。

只有村东头一位老婆婆给了老人一些食物，并劝他快上山躲避“年”兽，那老人捋髯笑道：“婆婆若让我在家呆一夜，我一定把‘年’兽撵走。”老婆婆惊目细看，见他鹤发童颜、精神矍铄，气宇不凡。可她仍然继续劝说，乞讨老人笑而不语。婆婆无奈，只好撇下家，上山避难去了。

半夜时分，“年”兽闯进村。它发现村里气氛与往年不同：村东头老婆婆家，门贴大红纸，屋内烛火通明。“年”兽浑身一抖，怪叫了一声。“年”兽朝婆婆家怒视片刻，随即狂叫着扑过去。将近门口时，院内突然传来“砰砰啪啪”的炸响声，“年”兽浑身战栗，再不敢往前凑了。原来，“年”兽最怕红色、火光和炸响。这时，婆婆的家门大开，只见院内一位身披红袍的老人在哈哈大笑。“年”大惊失色，狼狈逃窜了。

第二天是正月初一，避难回来的人们见村里安然无恙十分惊奇。这时，老婆婆才恍然大悟，赶忙向乡亲们述说了乞讨老人的许诺。乡亲们一齐拥向老婆婆家，只见婆婆家门上贴着红纸，院里一堆未燃尽的竹子仍在“啪啪”炸响，屋内几根红蜡烛还发着余光……

欣喜若狂的乡亲们为庆祝吉祥的来临，纷纷换新衣戴新帽，到亲友家道喜问好。这件事很快在周围村里传开了，人们都知道了驱赶“年”兽的办法。

从此每年除夕，家家贴红对联、燃放爆竹；户户烛火通明、守更待岁。初一一大早，还要走亲串友道喜问好。这风俗越传越广，成了中国民间最隆重的传统节日。

资料来源：杏坛读史，http://liusunxian. bokee. com/4077540. html。

二、元宵节

元宵节，在农历的正月十五，民间俗称“灯节”，也是我国传统节日中的大节。因为正月十五是春节后新的一年中的第一个月圆之夜，古代称夜为宵，因此把正月十五这天叫做“元宵节”。这一天一般人家都要扎彩灯挂在门外供人欣赏，有的还要写上灯谜。彩灯越扎越多，逐渐发展称为灯会，把各种彩灯聚集在公园、广场或其他公共场所，同时举行猜灯谜、耍龙灯、踩高跷、扭秧歌、划旱船、吃元宵等活动。我国很多地区在元宵节晚上还有放烟花的习俗，其实元宵燃放灯火的习俗始于汉武帝祭祀太乙神，由于官方大力倡导，所以在民间传播很快，直至今天仍盛传不衰。

另外，在元宵节这天，人们习惯吃元宵（汤圆），因为人们认为汤圆寄托着人们祈求新一年圆满顺利的美好心愿。

三、清明节

清明节属于我国历法中的二十四节气之一，现在我国已把清明节作为法定节日，由此可见它的重要性。节期在阳历每年的四月五日前后。这个节日与农业生产有着密切关系。《岁时百问》中曾写道："万物生长此时，皆清洁而明净。故谓之清明。"所以，清明节作为一个农事节气，它标志着春耕时节的到来。像古代谚语云："植树造林，莫过清明"、"清明前后，点瓜种豆"等，无不说明这一点。

清明节融合了寒食节、上巳节的有关风俗，所以，在清明节的时候，人们便开展了禁火寒食、祭扫坟墓、踏青郊游、戴柳等一系列的风俗活动。其实禁火、祭墓两大习俗周代已有，但那时并没有固定的日期。现今，除了祭扫父母坟墓外，人们还到烈士陵园扫墓以示悼念。

另外，除了祭墓、禁火两大习俗外，清明节期间民间还有戴柳、踏青、春游等习俗。时至今日，清明节依然是我国民间的主要节日。

◆【阅读资料】

清明节的由来

清明节又称寒食节，始于周代，已有二千五百多年的历史。清明最开始是一个很重要的节气，清明一到，气温升高，正是春耕春种的大好时节，故有"清明前后，种瓜种豆"。"植树造林，莫过清明”的农谚。后来，由于清明与寒食的日子接近，而寒食是民间禁火扫墓的日子，渐渐的，寒食与清明就合二为一了。而寒食既成为清明的别称，也变成为清明时节的一个习俗，清明之日不动烟火，只吃凉的食品。关于寒食节，有这样一个传说：

相传春秋战国时代，晋献公的妃子骊姬为了让自己的儿子奚齐继位，就设毒计谋害太子申生，申生被逼自杀。申生的弟弟重耳，为了躲避祸害，流亡出走。在流亡期间，重耳受尽了屈辱。原来跟着他一道出奔的臣子，大多陆陆续续地各奔出路去了。只剩下少数几个忠心耿耿的人，一直追随着他。其中一人叫介子推。有一次，重耳饿晕了过去。介子推为了救重耳，从自己腿上割下了一块肉，用火烤熟了就送给重耳吃。十九年后，重耳回国做了君主，就是著名春秋五霸之一晋文公。

晋文公执政后，对那些和他同甘共苦的臣子大加封赏，惟独忘了介子推。有人在晋文公面前为介子推叫屈。晋文公猛然忆起旧事，心中有愧，马上差人去请介子推上朝受赏封官。可是，差人去了几趟，介子推不来。晋文公只好亲去请。可是，当晋文公来到介子推家时，只见大门紧闭。介子推不愿见他，已经背着老母躲进了绵山（今山西介休县东南)。晋文公便让他的御林军上绵山搜索，没有找到。于是，有人出了个主意说，不如放火烧山，三面点火，留下一方，大火起时介子推会自己走出来的。晋文公乃下令举火烧山，孰料大火烧了三天三夜，大火熄灭后，终究不见介子推出来。上山一看，介子推母子俩抱着一棵烧焦的大柳树已经死了。晋文公望着介子推的尸体哭拜一阵，然后安葬遗体，发现介子推脊梁堵着个柳树树洞，洞里好像有什么东西。掏出一看，原来是片衣襟，上面题了一首血诗：

割肉奉君尽丹心，但愿主公常清明。

柳下做鬼终不见，强似伴君作谏臣。

倘若主公心有我，忆我之时常自省。

臣在九泉心无愧，勤政清明复清明。

晋文公将血书藏入袖中。然后把介子推和他的母亲分别安葬在那棵烧焦的大柳树下。为了纪念介子推，晋文公下令把绵山改为“介山”，在山上建立祠堂，并把放火烧山的这一天定为寒食节，每年这天禁忌烟火，只吃寒食。

第二年，晋文公领着群臣，素服徒步登山祭奠，表示哀悼。行至坟前，只见那棵老柳树死树复活，绿枝千条，随风飘舞。晋文公望着复活的老柳树，像看见了介子推一样。他敬重地走到跟前，珍爱地掐了一下枝，编了一个圈儿戴在头上。祭扫后，晋文公把复活的老柳树赐名为“清明柳”，又把这天定为清明节。

资料来源：资料卡片杂志 . 2008. 1.

四、端午节

端午节在每年的农历五月初五，又叫“端五”、“端阳”、“重五”、“天中节”、“蒲节”、“女儿节”、“诗人节”、“龙节”、“五毒节”等，现在也是我国的法定节日。由于古代“午”与“五”相通，古代人又有在这天用兰草汤沐浴的习惯，因此，端午又称为“端五”，端午节也称“沐兰节”。唐宋年间又称为“端阳节”、“天日节”；道教称此日为“地腊节”。由此可见在我国民间，端午节的历史由来已久。

端午节流传至今的最主要的习俗活动是吃粽子、赛龙舟，这两项活动在最初也是为了驱除瘟疫的活动之一。当然众所周知，自从端午节与屈原的故事结合后，吃粽子、赛龙舟等主要习俗获得了新的历史意义，一直延续至今，久盛不衰。在端午节当日纪念屈原，也就成了一切活动的永恒主题。

端午节除了吃粽子、赛龙舟外还有不少其他风俗，如门口悬挂菖蒲和艾草，称蒲剑和艾虎用以驱邪，用菖蒲根和雄黄泡制黄酒来消毒。还有许多地方在这一天用绸布缝制各种粽子、鸡心、小荷包以及各种动物样子的小玩意儿，里边装上菖蒲或各种香草，有即将进入暑期，防止瘴疠的作用。

五、中秋节

每年农历的八月十五是中秋节。因为八月是秋季的第二个月，故又称为“仲秋节”。在中国人的心目中，中秋节是象征团圆的传统佳节。此时秋收已毕，桂花飘香，各种时鲜水果大多收获上市，正是家家户户团聚，共享丰收，庆祝五谷丰登、富裕安康、圆满美好的时节，因而又称“团圆节”。过去有中秋祭月的风俗，如今多是中秋赏月。在中秋节的形成与发展过程中，嫦娥神话起到了一定的渲染和推动作用。在先秦时代，就有帝王春天祭日，秋天祭月的礼制；汉魏以后，出现赏月、咏月的诗赋之作；到宋代达到极致，并且一直延续至今。

在我国民间，每到中秋之夜，家家户户设供桌于前厅，上面摆上西瓜、葡萄、苹果、月饼等各种食物，合家团坐，一边赏月，一边聊天。时至今日，拜月的观念和礼俗有所淡化，但是赏月、吃月饼等习俗依然是人们的习惯。“每逢佳节倍思亲”，对于炎黄子孙而言，即使远在天涯海角，家人也都会在中秋节送去默默的祝福。

六、重阳节

每年的农历九月初九为重阳节。因日月逢“九”，且九为“阳数”，故称重阳，也称“重九”。在重阳节这天，主要的活动包括登高、赏菊、插茱萸、吃菊花糕等。随着岁月的流逝，重阳节的信仰成分日渐淡薄，而演变成为一个登高、赏菊、宴饮等为主要内容的游乐性节日。现如今，每到重阳节，趁秋高气爽之时，结伴郊游、赏菊、饮菊花酒、吃花糕，依然是在民间广为流传的民俗活动。

◆【阅读资料】

重阳节的由来

九九重阳，最早见于《易经》，《易经》把九列为阳数。农历九月初九日，两阳相重，故名重阳节。屈原曾写过“集重阳入帝宫兮”的诗句，说明在两千多年前的战国时代已形成风俗。

重阳节登高则有一个有趣的传说。据南朝梁代吴均著《续齐谐记》载：东汉时，汝南、汝河一带瘟魔为害，疫病流行。有一个叫桓景的人，拜道长费长房为师，学消灾救人的法术。一天，费长房告诉桓景说，九月初九日，瘟魔又要害人，你快回去搭救父老乡亲。并告知九日离家登高，把茱萸装入红布袋，扎在胳膊上，喝菊花酒，即能战胜瘟魔。桓景回家，遍告乡亲。九月九日那天，汝河汹涌澎湃，云雾弥漫，瘟魔来到山前，但因菊花酒刺鼻，茱萸香刺心，难以接近。桓景挥剑斩瘟魔于山下。傍晚，人们返回家园，见家中“鸡犬牛羊，一时暴死”，而人们因出门登高而免受灾殃。自此，重阳登高避灾流传至今。

资料来源：文之．闽北日报．www. 66163. com。

第三节　主要少数民族礼俗

我国是一个统一的多民族国家，共有56个民族，其中汉族人口约占总人口的91.59%，约11.594亿；其他55个少数民族占总人口的8.41%，约1.643亿。各兄弟民族平等和睦地生活在祖国的大家庭中，各族人民共同开拓了祖国的疆土，发展了祖国的经济，创造了灿烂的文化。而各少数民族在长期的历史发展中，在生产劳动、文化艺术、交往、节庆、房屋建筑、婚丧嫁娶、饮食服装等方面又各具特色，所以我们要尊重各少数民族的风俗习惯，这样才有利于加强各民族团结，促进各民族的共同繁荣。

一、蒙古族

（一）蒙古族概况

蒙古族是我国主要少数民族之一，人口约480.24万，主要居住于内蒙古自治区、东北三省及甘肃、青海等地。蒙古语属阿尔泰语系蒙古语族，蒙族文字最初是在回鹘文字的基础上创制的。蒙古族长期以来从事畜牧业，也从事半农半牧业。居民多信奉藏传佛教。

（二）蒙古族习俗

1. 房屋建筑

蒙古族居住的房屋大体上分为四类：喇嘛庙宇，一般选择在风景优美的地方，砖瓦木石，结构类似清代宫殿；旧时代王爷府第，王公贵族居住的地方，和喇嘛庙一样壮观；汉式房屋，为牧区、半农半牧区人居住；蒙古包，砖块木料构成，为草原牧民主要住房，蒙古包分为用于牧区的可移动式蒙古包和半农半牧区使用的固定式蒙古包。

2. 服饰

蒙古族服饰大体分为首饰、长袍、腰带和靴子四个部分。蒙古族人佩戴首饰十分讲究，逢年过节、探亲访友、喜庆宴会时都会用珍珠、玛瑙、宝石、金银来装饰。平时牧区女子多用红、绿等长绸带把头缠上。男女冬季多戴顶大耳的羊皮帽，夏日多戴前进帽。蒙古人不分男女老幼都爱穿长袍，这种长袍宽大袖长，下端左右不分叉，领子较高，纽扣在右侧，领口、袖口、边沿常有漂亮的花边点缀。男子喜欢蓝色、棕色；女子喜欢红色、绿色、紫色。夏季他们长穿颜色较浅的单夹袍，冬季穿老羊皮做的深色袍子。腰带是穿蒙古袍时所必备的，通常用棉布料或绸缎做成。蒙古牧民四季离不开蒙古靴，靴子分为布靴和皮靴两种，布靴由厚布或帆布制面，柔软轻便；皮靴用牛皮、马皮或驴皮制成，便于防寒防水。

3. 饮食

蒙古族牧民以牛羊肉和奶酪为主食，城乡居民以米面为主食。面食喜欢做成包子、饺子、蒙古面饼等。每日的早餐一般为奶茶、馍馍和酥油，午餐一般很随便，晚餐多吃肉。蒙古牧民喜欢饮用砖茶沏泡的浓茶，喜欢喝烈性酒。

4. 婚俗

蒙古族的婚姻习俗很重要的一点为：同一血缘男女不能成婚。婚姻多由父母做主，通常由男方派媒人带哈达、美酒等到女方家说媒，如女方同意，即可订婚，并有喇嘛选定良辰吉日。结婚那天，男家在所住蒙古包附近另设一新包，新郎在媒人、伴郎陪同下，跨上骏马前去迎亲。来到女家，女方的蒙古包闭门不纳，这时伴郎向女方陈述迎娶词，如女方仍不开门，女方伴娘在门里唱民歌发问，伴郎要用民歌对答如流，伴娘才请男方入门。新郎进门先向佛像磕头，再向新娘的父母献哈达、烧酒等礼品，向亲友呈鼻烟壶问安。然后，新娘在送亲的祝酒歌中乘马围蒙古包绕行3圈，向父母姐妹告别，在女方亲友陪送下到新郎家。迎亲路上，男女双方要互相追逐嬉戏，抢先到家。迎亲到家，先在蒙古包外环绕3圈，下马后拿着马鞭，双双通过两堆旺火，表示对爱情忠贞不渝，也表示对亲人消灾避邪、兴旺发达的祝愿。进入包内，新郎、新娘向佛像和新郎父母跪拜，接着新娘同亲友一一相见，互献哈达或交换鼻烟壶。礼毕后，紧接着举行宴会款待亲友。

5. 丧葬

蒙古族葬礼极为简单，一般不设灵堂，没有贡品，不穿孝服，不烧纸钱，不给亲友发讣告，只请喇嘛念经即可，传统上葬式大体有：

（1）野葬，又称天葬，即人死后，用白布裹尸，放在荒野里，任狐狼鹰犬鸟兽啄食，野葬后，子孙在 49 天内不剃发，不饮酒，不做乐，以示哀悼。

（2）火葬，给死者全身缠上白布，涂上黄油，然后将尸体投入烈火焚烧，焚烧后，往往拣拾骨灰，和以麦粉，制成人形，存于喇嘛庙的宝塔或送五台山的灵域，以示成佛。

（3）土葬，亦称棺葬，多是农区的葬法，旧时代牧区的王公贵族也用此法埋葬。

6. 节庆

（1）大年

蒙古族称过春节为过大年，农区与汉族相仿，牧区另有自己的特色。大年前家家户户都置办年货和送亲友的礼物，清扫蒙古包，制作新的蒙古袍、蒙古靴。从年三十到初五是最欢乐的几天，年三十晚上，全家老小围坐在摆满香喷喷的食物并供有祖先名字的餐桌旁“守餐”。午夜，开始饮酒进餐，首先，儿女们要给父母和长辈敬酒祝愿，全家要多吃多喝，象征新的一年里吃穿不愁，惟有黄油、红糖、白面混合烙出的大圈饼每人只吃一口，意思是全家永不分离，永久团圆。蒙古族讲究熬年，三十晚上，蒙古包灯火辉煌，马头琴声和歌声不断，通宵达旦。初一，天还未亮，男女老少都换上新衣，晚辈给双亲和老年人叩头、献哈达、敬酒，老人们也斟上满满一碗奶，祝愿子女幸福。有的还要全家到喇嘛寺庙向喇嘛叩头，求活佛保佑。新春期间，男女青年跨上骏马带上哈达、美酒等礼物，三五成群，逐一给亲友拜年，拜年途中，他们常常利用这个机会赛马，互相追逐，气氛热烈。

（2）小年

农历腊月二十三，是小年。蒙古族对火神十分崇敬，认为火神可以赐予人们幸福与财富，把 3 天叫“日火”，30 天叫“月火”，360 天叫“年火”。小年正是送火神爷的“年火”日子，因此特别热闹。这天要在“灶神”龛前烧香，供奉牛羊肉、黄油奶皮、糖果等食物，名为“祭灶”。全家团聚欢乐，晚上把事先准备好的草或兽粪用火点着，再从各种供品中取一点，投进火堆，全家老少对着火焰向火神爷祷告，名为送灶神。

(3) 敖包祭祀

敖包是蒙古语译音，也叫“鄂博”，是堆子的意思，即人工积成的石堆、土堆，在园坛之上堆积石头为台，台基上面分成大、中、小三层，重叠成圆锥体，高几十米，形似烽火台，远望又如尖塔。祭敖包的时间，多在水草丰茂的季节，届时，敖包上插树枝，上挂五颜六色的布条和纸旗，旗上写经文，并请喇嘛来焚香点火，诵经念咒。官民一起围着敖包，从左向右走 3 圈，祈神降幅。祭祀礼仪大致有血祭、酒祭、火祭、玉祭。敖包仪式结束后，要举行传统的骑马、摔跤、射箭、唱歌跳舞等娱乐活动，参加娱乐活动的人往往会开怀畅饮，男女青年往往借此机会，互相追逐，谈情说爱。

(4) 那达慕

“那达慕”是蒙古语“娱乐”、“游戏”的意思。那达慕大会是蒙古族传统的盛大节日，传说是成吉思汗为庆祝征服花剌子模的胜利，在哈苏齐海第一次举行了盛大的“那达慕”大会，以后每年 6 月至 9 月份的牧闲季节，蒙古人就在草原上举行盛大的民间体育娱乐活动，称“那达慕”大会。届时，周围很远的牧民都驱车乘马赶来聚会。“那达慕”的主要项目是骑马、摔跤、射箭、拔河等，比赛过程中选手身着华丽彩衣，争先恐后，围观群众沿途欢呼，声震原野。除上述活动外，那达慕大会还是物资交流大会。从古到今，那达慕大会在蒙古人民物质和文化生活中皆占有重要地位。

7. 禁忌

(1) 交往禁忌

给蒙古同胞送任何礼品，都要成双成对，接送礼品、敬茶敬酒都要用双手，不应用单手，更不能用左手，以示尊重。

（2）行为禁忌

路过蒙古包，要轻骑慢行，以免惊动畜群。进蒙古包以前要将马鞭子放在门外，如带入包内，则被看作是对主人的不敬。进门从左边进，入包后，在主人陪同下坐在右边，离包时要走来时的路线。出蒙古包后，不要立即上车上马，要走一段路后，待主人回去后，再上车上马。锅灶不许用脚碰，不能在火上烤脚，否则等于侮辱灶神。

（3）生活禁忌

蒙古包里有了病人，一般在包前左侧缚有一条绳子，绳子的一头埋在地上，表明主人不能待客，来访者就不应进门。

（4）饮食禁忌

蒙古同胞不吃鱼虾等海味以及鸡鸭的内脏和肥猪肉，也不爱吃青菜、糖、醋、过辣及带汤汁的菜肴。

二、回族

（一）回族概况

回族也是我国主要少数民族之一，人口约760万，是少数波斯人和阿拉伯人久居中国与汉、维吾尔、蒙古等族长期相处的过程中形成的。也是我国少数民族中分布地域最广泛的民族，素有“大分散、小集中”的特点。现在，宁夏回族自治区集中居住着约三分之一的回族人口，其余散居于全国各地，以西北地区及河南、河北、山东、安徽、云南、辽宁、北京分布较多。回族语言以汉语作为本民族的语言，回族文化深受阿拉伯、波斯等传统文化的影响，但回族人民在共同心态、宗教信仰、风俗习惯等方面仍表现出了自己的特色。

（二）回族习俗

1. 服饰

回族衣着与汉族很相近，但仍保留着自己的特色。妇女喜欢头戴圆撮口帽，搭盖头，一般把头发、耳朵、脖子都掩盖起来，少女戴绿色盖头，已婚妇女戴黑色盖头，老年妇女戴白色盖头，服装为右衽大襟短上衣，穿长裤，年轻人喜欢在前襟胸前绣花，在衣服上镶色，滚边。男人头戴白色或黑色无沿小帽，又称“礼拜帽”，上着对襟短上衣，穿白长裤，白袜子，喜欢在白衬衣外套坎肩。回族男子还很注意对胡须的修饰。

2. 饮食

回族人民对肉食的选择比较严格，只吃反刍类的牛、羊、驼肉和食谷类的鸡、鸭、鹅肉及带鳞的鱼类，不食自死的禽畜和畜血。回民喜食各种富有民族风味的传统小吃，如味美汁浓的清汤羊肉、羊羔肉、牛羊肉夹馍、羊杂碎汤、酿皮、白水鸡、切糕等，爱吃各种油煎食品，最常见的就是馓子，馓子条细心空，焦脆香酥，入口即碎，深受回民喜爱。回民家里的盖碗茶也很有特色，种类有红糖砖茶、白糖清茶、冰糖窝窝茶及八宝茶。八宝茶里面放有花生、柿饼、红枣、核桃仁、芝麻等，揭开碗盖，香气四溢。

3. 婚俗

回族人举行婚礼的前两三天，男方要给女方家送去蒸馍、羊肉，叫“催妆礼”。结婚当天，男方要去接新娘，新娘全家人送亲，新娘被送到男方家门口时，新郎要围着喜车转一圈，然后将新娘及全家迎进大门，从大门到新房门，新娘要有自己的哥哥或舅舅抱着进入新房。两家客人互道过“色拉目”后，举行念“妮卡哈”仪式，仪式结束后，新娘、新郎进入洞房，新郎揭去新娘的红盖头，互相交换礼物，并要用喜糖、核桃、喜枣撒向前来贺喜的客人，称“撒喜”。晚饭后客人开始闹洞房，由一人当司仪出点子，让新郎新娘表演节目。3 天后，新郎陪着新娘回娘家。

4. 丧葬

回族实行土葬，出葬前，要洗净全身，叫“着水”，然后用写有经文的大小两块白布（叫“开凡”，女性多用一块）裹身，口、耳、鼻、眼、额头、手脚处要放冰块、麝香。然后移入清真寺内专送亡人的“塔布匣子”，再由阿訇率领送葬者举行“站礼”仪式，仪式毕即抬往墓地。坟坑一般深2米，直坑两壁再挖一个偏洞，上圆下方，高约1米。将亡人头北脚南，面向西放入洞中，用砖封住洞口，然后填平深坑，地面堆成鱼脊形坟堆。入葬时，阿訇诵经。葬后3天、7天、1个月、40天、100天、周年一般在家请阿訇诵经。开斋节、古尔邦节等重大节日，亲人要到坟上悼念亡人。

5. 节庆

中国回族同维吾尔、哈萨克、东乡、萨拉、柯尔克孜、乌孜别克、塔塔尔、塔吉克、保安等十个民族几乎全民信仰伊斯兰教，其节日都与伊斯兰教有关。伊斯兰教的节日很多，如阿木拉日、登宵节、拜拉特夜、盖德尔夜等，但主要的三大节日是开斋节、宰牲节和圣纪日。

（1）开斋节

我国新疆地区称“肉孜节”，伊斯兰教历九月一日至十月一日为斋月，在斋月里，人们只能每天日出前、日落后进食，称守斋。此外，还要清心寡欲，直至斋期结束的一天，这一天要看新月，见月的次日开斋；如未见月，开斋顺延，但一般不超过3天，节日期间举行集体礼拜和庆祝活动。

（2）宰牲节

宰牲节又称古尔邦节。“古尔邦”的阿拉伯语意为“献牲”，传说先知易卜拉受安拉启示，要他宰杀其子伊斯玛仪勒，以考验他对安拉是否虔诚，当他遵命即将执行之际，安拉派天使送羊一只，命令以羊代替其子。据此，穆斯林逢伊斯兰教历十二月十日，就宰牲献祭，是为“宰牲节”。在中国，每逢节日，穆斯林除参加沐浴会礼、前往清真寺听教长宣喻教义外，人人身着盛装，走亲访友，互相祝贺，馈赠礼物。

（3）圣纪日

圣纪日也称圣忌日，相传穆罕默德的诞生日和逝世日都是在伊斯兰教历太阴年三月十二日，我国穆斯林习惯将“圣纪”和“圣忌”合并纪念，称作“圣会”，进行诵经、赞圣、讲述穆罕默德生平事迹等活动。

6. 禁忌

（1）交往禁忌

回族同胞的禁忌来源也大都与伊斯兰教的宗教礼仪有关，他们有爱清洁的文明习惯，他们重视沐浴，饭前洗手，衣服洁净，我们在与回族同胞交往时，一定要注意做到衣冠端正、朴素整洁。如果回族同胞到自己家中做客，要用干净的茶杯泡茶招待他们，他们假如不愿饮用，也不要勉强，可以换成饮料，以显得尊重他们。

（2）行为禁忌

不得袒胸露背，不穿短裙和短裤，不经阿訇等寺内宗教职业人士批准，非穆斯林不得进入礼拜大殿，不准拍照。在别人做礼拜时，无论何人何事，都不能喊叫礼拜者，也不能在礼拜者面前走动，更不能唉声叹气、呻吟和无故清嗓，严禁大笑、吃东西。

（3）生活禁忌

禁止在背后诽谤别人或议论别人的短处，反对赌博、游手好闲等。

（4）饮食禁忌

回族同胞忌食自死物、血液和猪肉以及诵非真主之名而宰杀的动物。我们一定要尊重他们的这一禁忌。在向他们馈赠礼品时，注意不要混进忌食的食品，如果是肉类和糕点最好选择打着“清真”字样的产品，在与他们交谈时，也尽量避免出现回族禁忌的词汇。

三、维吾尔族

（一）维吾尔族概况

维吾尔族人口约720万，主要居住在新疆维吾尔自治区天山以南地区。维吾尔族有自己的语言和文字，语言系阿尔泰语系突厥语族，文字原用阿拉伯字母的拼音文字，共和国成立后创制了拉丁化新文字，现在新旧文字都在使用。居民信奉伊斯兰教。

（二）维吾尔族习俗

1. 房屋建筑

维吾尔族居住的房屋多是方形的，开天窗，屋顶平坦，可晾晒瓜果和粮食。室内砌实心土炕，高约0.3米，供起居坐卧。喜欢在墙上开壁龛和挂晾毯，内置食物和用具，有的壁龛还精心构成各种几何图案，以石膏做装饰。冬季以火墙取暖，靠墙一边是待客的上座。住房多成院落，方形，大门忌朝西开，庭院十分洁净，多栽花木、葡萄、葫芦、果树等。

2. 服饰

维吾尔族一般都穿棉布衣，男子穿长袍，称为“袷袢”，右衽斜领，无纽扣，用腰带式长方巾扎腰，既可保暖又可作放置零星物品之用。女多穿连衣裙，外套西式上装，不论男女老少都爱戴四楞小花帽，称为“尕巴”，妇女多喜欢耳环、手镯、项链等装饰性物品，喜欢画眉染指甲。少女以长发为美，将头发梳成十几条长发辫，婚后改为梳两条，头上别一新月形梳子做装饰，也有把双辫盘成发髻的。

3. 饮食

面粉、玉米、大米是维吾尔族人民的日常主食。他们喜欢喝奶茶、吃馕，喜食拉面和包子，最具民族风味的食品是烤羊肉串和“抓饭”。“抓饭”是以羊肉、羊油、胡萝卜、葡萄干、洋葱和大米做成，是节日、待客不可缺少的食品。除了烤馕和奶茶外，包子、抓饭、点心都离不开果肉、果仁。据说，维吾尔族人每年食用的干鲜瓜果平均每人达到 50 ~ 100 千克。

4. 婚俗

按维吾尔族人的习惯，男女相爱，先举行订婚礼。订婚礼比较简单，结婚典礼则十分隆重、热闹。结婚典礼中，现在女方家中举行“迎娶仪式”，由神态庄严的主婚人大声询问双方愿不愿意娶（嫁）对方，得到肯定回答后，主婚人则将两小块馕在碗里蘸点盐水，分别赠与二人，新郎、新娘双方接下，当场吃下，表示从此同甘共苦，白头到老。在男方家最热闹的要数“揭盖头仪式”，仪式于晚宴后在新房里进行，此时年长的客人已离去，新房内挤满嘻嘻哈哈的姑娘和小伙们，以新婚夫妇为中心，特别是针对新娘，不停的逗笑、嬉戏，直到有人突然揭去新娘的盖头后，人们伴着轻快的舞曲翩翩起舞，以示祝福，新娘、新郎也在众人邀请下跳起热情奔放的维吾尔族双人舞。人们欢歌曼舞，直至深夜方尽兴而归。

5. 丧葬

维吾尔族实行土葬，不用棺材。人死后用白布裹尸，用移尸木匣抬到挖好的墓地入葬，人死后的 7 天、40 天和 1 周年都要举行悼念活动。维吾尔族对墓地（麻扎）十分重视，不许从墓地上取土，更不许牲畜在墓地内乱跑。

6. 节日

除中国传统节日外，肉孜节、古尔邦节及圣纪日是维吾尔族的盛大节日，每逢节日，不分男女老少都尽情的跳起“赛乃姆”，家家都吃着香甜的“普鲁”。

7. 禁忌

(1) 交往禁忌

维吾尔族同胞很重礼貌，对长者更是格外尊重。如果与维吾尔族朋友相见，要主动握手问候，因为他们待人接物非常热情，我们对他们也一定要讲究礼貌，尊重他们，才符合他们的传统。到维吾尔族同胞家中做客，要格外注意约束自己的行为。就座时，要跪坐，切记不可伸直双腿或者把脚底正对别人，吃饭时不要拨弄盘中食物，不要随便到灶台去，不要剩食物在碗中。另外，不能将自己已经抓起的饭再放进盘中，那样做会被看作没有教养。

(2) 饮食禁忌

维吾尔族是个讲卫生的民族，他们的不少禁忌也都与卫生习惯有关。比如饮食习惯，他们根据伊斯兰教教规，不吃猪、驴、狗、骡、骆驼等肉，禁食自死的牲畜和未经念经而宰杀的牛羊和禽类。另外在与维吾尔族同胞交谈时，不要吐痰、擤鼻涕、打哈欠等，这些行为既不卫生又表现出对对方的不尊重，因而要极力克制。

(3) 服饰禁忌

维吾尔族穿衣服方面禁忌短小，衣着一般要求过膝，最讨厌穿短裤在户外活动。所以我们到维吾尔族同胞家中做客，一般也不要穿短裤。

(4) 生活禁忌

维吾尔族忌用单手接受礼物或端茶，所以遇到这种场合一定要用双手。维吾尔族忌讳睡觉头东脚西或者四肢平伸直仰，故在安排客房、安放卧具与枕头时宜特别注意。忌讳进入新婚夫妇房内，忌讳进入挂有红条的家内，这表示家有产妇或病人。

四、藏族

(一) 藏族概况

藏族是我国主要少数民族之一，人口约460万，主要分布在西藏、四川、青海、甘肃等地。自称为“博”，居住在西藏地区的称为“博巴”，居住在川西一带的称“康巴”，居住在青海、甘南、川西北的称“安多哇”。藏族语言属汉藏语系藏缅语族藏语支，藏文系参照梵文某些字体，于公元7世纪前期创制，前后3次修订，为自左向右书写的拼音文字，通用至今。藏医藏药自古享有盛誉。藏族主要从事农业和畜牧业，居民多信喇嘛教。交通工具主要使用牦牛，“牛皮船”是藏族特有的水上交通工具。

（二）藏族习俗

1. 房屋建筑

藏族农区及城镇的藏民居住于向阳高地、靠近水源处，房屋平顶立体、墙厚窗小门也小，这是针对青藏高原昼夜温差大，多风雪天气而设计的。牧区一般住帐篷。

2. 服饰

藏族男女均穿藏袍，藏民男子穿开襟长袍，平时喜欢袒露右臂，发辫盘于头顶；女子发辫披于肩，梳成双辫或小辫，并于辫稍或特制的发架上挂以饰物，身穿无袖长袍，内着长衫。男女均系腰带，穿长靴。哈达是一种白色礼巾，以其洁白无瑕象征至高无上，敬献哈达是藏族人民对客人最普遍而又最隆重的礼节，所献哈达越长越宽，表示礼节越重。对尊者、长辈献哈达时要双手举过头顶，身体略向前倾，将哈达捧到座前；对平辈只要将哈达送到对方手中或腕上即可；对小辈或下属，则系在他们的颈上。不鞠躬或单手送都是不礼貌的，接受哈达的人通常要做好与献哈达的人一样的姿势，并表示感谢。

3. 饮食

藏族的主要食物和饮料是糍粑、肉食、奶制品、酥油和青稞酒。客人到藏族人家里做客，主人要敬青稞酒三杯，无论客人会不会喝酒，都要用右手无名指蘸酒弹一下，如客人不喝不弹，主人会立即端起酒边唱边跳前来劝酒。如客人酒量小，可喝一口，就让添酒，再连喝两口后由主人添满杯，客人一饮而尽。这样，客人虽喝得不多，主人也会满意。按藏族规矩，主人敬献酥油茶时，客人不能拒绝，至少要喝3碗，喝得越多越受欢迎，敬酥油茶的礼节是：客人坐定后，女主人给客人倒上满碗酥油茶，主客开始聊天，等女主人再提壶，客人便可端起来喝，并说些茶打得好之类的话；等女主人第三次提壶时，客人呷上第二口；客人准备告辞，可多喝几口，但不可喝干。

4. 婚俗

藏族婚姻一般经过以下步骤：第一步，合婚，双方认识，僧人算命，看是否吉祥。第二步，求婚，一般由男方或女方请亲友或媒人带一条哈达和一些酒到对方家中正式提出。若对方同意，则收下礼物，并顺敬一条哈达，托来人带回。第三步，订婚，男方向女方赠送礼品和一笔钱后订下婚约，摆酒宴庆贺。第四步，迎娶，选择吉日迎娶。迎娶时，男方亲友天亮前骑马赶赴女家，将新娘迎到男方家，前来祝贺的亲友，向新人献哈达，送贺礼，以示祝福。新婚之后3个月或6个月，女方偕同配偶返回母亲家小住，相当于内地的“回门礼”。

5. 丧葬

藏族的丧葬形式有如下几种：

（1）塔葬：用于地位最高的喇嘛教人士。

（2）火葬：用于地位较高的喇嘛教人士。

（3）天葬：用于一般农牧民。

（4）水葬：用于经济条件差的农牧民。

（5）土葬：用于患有传染病的人。

6. 节庆

（1）藏历新年

藏历新年是藏族一年中最盛大的节日，从藏历正月一日开始，历时3~5天不等。节日前藏历十二月初，人们便陆续准备年货，十二月中旬每家每户用酥油捏制一个羊头，还要准备一个画有彩图的长方形“竹素琪玛”的五谷斗，斗内装满酥油拌成的糍粑、炒麦粒和人参果等食品，上面插有青稞穗、鸡冠花和用酥油做的采花板。除夕前两天，每户要打扫卫生，除夕晚饭前，要在灶房正中墙上用干面粉撒上“八吉祥徽”，晚上，各家要吃面团土巴，在面团土巴中特意制作几个包有石子、辣椒、木炭、羊毛等夹心不同的面团。每一种面团都有一种说法，谁吃到某一种夹心面团，就预示着在新的一年里他的心肠如何，吃到这些夹心的人，均即席吐出，引起哄堂大笑，以助除夕之兴。初一这天，将青稞酒、油果子、羊头、五谷斗摆到佛龛茶几上，预祝新的一年人寿粮丰。天不亮，家庭主妇便从河里背回“吉祥水”，然后唤醒全家人，按辈分排定座位，长辈端来五谷斗，每人先抓几粒，向天抛去，表示祭神，此后，长幼互祝，仪式完毕后，便吃麦片土巴和酥油煮的人参果，接着互敬青稞酒。这一天一般闭门不出。初二，亲友之间互相登门祝贺，互赠哈达，在城乡演唱藏戏，跳锅庄和玄子舞。在牧区，牧民们点燃篝火，通宵达旦地尽情歌舞，民间还进行接力、投掷、拔河、赛马、射箭等活动。

(2) 酥油灯花节

每年的五月十五，西藏、青海等地各寺庙的喇嘛及民间艺人用酥油捏成各式各样的灯架，将五彩缤纷的华灯挂在街道上，夜幕降临，街道上花灯闪烁，宛若群星降落。花灯上有五彩油塑花卉，还有惟妙惟肖的飞禽走兽及人物，人们游走于灯海之中，通宵达旦。灯会上还有滑稽的木偶表演等，令人捧腹大笑。

(3) 沐浴节

沐浴节在藏历七月六日至十二日举行，历时 7 天。沐浴节传说是观音为救黎民，将仙水倒入西藏的河流溪水里，当夜老百姓在林中看到一个面黄肌瘦、遍体疮痍的姑娘跳进河水中沐浴后，病态全无，容颜照人。第二天，人们都赶着牲畜到溪河中洗澡，消除了一场瘟疫。沐浴节的 7 天中，人们不仅天天来到河边沐浴，还要把全家所有的衣服被褥统统清洗干净，所以沐浴节既是藏族人民所喜爱的传统节日，又是他们一年一度最彻底的群众性卫生活动。

另外，诸如旺果节、驱鬼节、萨噶达瓦节都是藏族的重要节日。

7. 禁忌

(1) 行为禁忌

凡行人碰到寺庙、金塔、嘛尼堆和龙树时，都必须下马，并遵守从左边绕行的规定，信仰本教的人则从右边绕行。进入寺庙，忌讳戴眼镜、吸烟、摸佛像、翻经书、敲钟鼓。对喇嘛随身所带的护身符、念珠等宗教器物更不得动手抚摸，进入寺庙要肃静，必须就座时，身子要端正，切忌坐活佛的座位。

(2) 交往禁忌

不准用单手接、递物品，主人倒茶时，客人需用双手把茶碗向前伸出，以示敬意。到藏民家后，男的坐左边，女的坐右边，不能坐错位置或混杂而坐。藏族自古有敬老的美德，在许多节日里，都有向老年祝拜的习惯，但要注意选用正确的鞠躬致礼方式。藏民在见面打招呼时，还以点头吐舌的方式表示亲切问候，受礼者应微笑点头示意。

(3) 生活禁忌

不得在藏民栓牛、拴马和圈羊的地方大小便；不得在人面前随地吐痰、脱鞋、脱袜；不得当人面烘烤鞋袜；不得面对藏民打喷嚏；不得动手摸弄藏民的头发和帽子。藏民家里有病人或妇女生育，门前都做了标记，有的在门外生一堆火，有的在门口插一树枝或挂一红布条，外人见了标记切勿进入。

五、壮族

(一) 壮族概况

壮族人口达1550万，是我国人口最多的少数民族，90%以上聚居于广西壮族自治区南宁、百色、河池、柳州四个地区。壮族历史悠久，文化灿烂，宗教方面信仰多神教，以自然物为崇拜对象。祖先崇拜占有重要地位。每家正屋都供奉着“天地亲师”神位。壮语属汉藏语系壮侗语族壮傣语支，分南北两个方言。左江沿岸的花山崖壁画是壮族古代文化艺术精华，壮族人民铸造使用的铜鼓已有2000年历史，素有“铜鼓之乡”的美誉；壮锦享有盛誉，以织工精巧、图案别致、色彩绚丽和结实耐用著称；而壮歌更是久负盛名，电影《刘三姐》既让观众饱览了壮乡的山水，又使观众欣赏了壮家美妙的歌声，还使观众看到壮族朴实的民俗风情。

（二）壮族习俗

1. 房屋建筑

壮族住房大部分与汉族住房相同，部分地区居住的是极具民族特色的“干栏”，又名麻栏。“干栏”是用木料为柱做成离地面相当高的底架结构，再从底架上建成住宅的一种住房形式，它适用于潮湿多雨、地势不平的南方山区。“干栏”分上、下层和阁楼三部分，上层用于住人，分3开间、5开间、7开间；底层用作养牲畜、建厕所和堆放农具、杂物等；阁楼在最上层，多用于存放粮食。在居住层的四周往往还顺势延伸，另建成望楼、排楼等，以增加住房的使用功能。

2. 服饰

壮族服饰民族特点浓厚，男女多穿青色对襟上衣，有的以布帕缠头。妇女多穿无领、斜襟、绣花滚边的上衣，下身着绣花滚边的裤子或青布蜡染的褶裙，腰间束绣花围腰，脚穿绣花鞋，有的头上缠着各式方巾，喜欢戴银首饰。龙州、凭祥一带的壮族妇女喜欢穿无领、斜襟的黑色上衣和黑色宽脚裤子，头上包方形黑帕。

3. 饮食

壮族饮食以大米、玉米、薯类为主食，多喜欢吃糯米饭。节日期间还喜欢饮酒吃五色花饭。龙州等地区的妇女还有嚼槟榔的习惯，有些地方槟榔还是待客的必需品。

4. 婚俗

现今大多数地区的壮族人已与汉族及其他民族通婚，实行恋爱自由、婚姻自主，但仍有些地方保留着传统的壮族婚俗，如“不落夫家”的习俗，婚后新娘返回娘家居住，遇重大节日或农忙时才到丈夫家短暂居住，直到怀孕后才常住婆家。在一些地区，壮族青年结婚至今还有“背字”习俗，即结婚当天，女方母亲用自织自染的黑色布做一条长布袋，由男方指派“背字”人将其背回新郎家，以备外孙出生时作襁褓之用。结婚当天一些地方还有经炮火入洞房的习俗，新娘到男家，要冲过门口、厅堂、洞房三处“炮火阵”。炮手由七八个男青年担任，手拿成串鞭炮等待新娘到来。当新娘到来时，鞭炮鸣响，构成道道“火墙”，以阻止新娘通过。

5. 丧葬

壮族在丧葬方面与汉族相似，行木棺土葬。有个别地方有“捡骨重埋”的习俗，即人死埋葬3年后，将其遗骨拣出放入瓦瓮内密封再埋葬，有的复葬于崖洞中。一般儿女为父守孝32天，为母守孝40天。

6. 节庆

春节是藏族最隆重的民间节日之一，和汉族一样，藏族人的春节从腊月二十三开始，除夕这天煮出初一全天的米饭称为“压年饭”。初一早上，妇女们穿着新衣新鞋去河边、山泉、水井挑水，这是汲取新水的意思，用新水加红糖、竹叶、葱花、生姜，煮沸后全家喝，这认为可以使人变得聪明伶俐。

7. 禁忌

（1）交往禁忌

壮族人民特别重视尊老传统，德高望重的老人自然称为村寨的领袖，对于虐待老人的都嗤之以鼻，特别反感。赴宴做客，给老人让上座，要将最好的菜留给老人。客人来访，主人一定要热情招待，双手送上香烟和香茶，茶不能太慢，否则视为不礼貌；有客人在家时，主人不高声讲话，进出要从客人身后绕行；与客人进餐，要两脚落地，与肩同宽，切不可跷二郎腿；客人告辞时，主人将另留的鸡肉和盘中的余肉用荷叶包好，让客人带回给亲人品尝，客人不能拒绝。

（2）节日禁忌

壮族人民农历正月初一不杀生，这是我们与壮族同胞交往过程中应该注意的。

（3）生活禁忌

妇女生小孩前七天内，外人不得入内，妇女生孩子不出满月，不能到别人家中。

【本章小结】

民俗，即民间风俗，指一个国家或民族中广大民众所创造、享用和传承的生活文化。

人生礼俗包括：诞生礼俗，成年礼，婚礼和丧葬礼俗。

节日礼俗包括：春节，元宵节，清明节，端午节，中秋节和重阳节。

主要少数民族礼俗包括：蒙古族，回族，维吾尔族，藏族和壮族。

【案例分析】

有家饭店入住了一少数民族团体，少女们都戴着一个很漂亮的鸡冠帽，有位男员工与之认识后，出于好奇，用手摸了一下一位少女的帽子，结果传到族长那里，族长以为男员工爱上了那位少女，向少女求婚。原来，传说中这个少数民族曾在一夜里受到外族的入侵，恰巧一只公鸡鸣叫，唤醒了人们，才免去了一次灭族之灾。以后为了纪念这只公鸡，村中美丽的少女都戴上鸡冠帽，男子一触摸就表示求婚。男员工的举动是由于不了解这种习俗造成的，后经酒店领导出面调解，二者以兄妹相称。

资料来源：巴北祥．中国民俗旅游．福州：福建人民出版社，1999.

【思考题】

通过此案例，分析各民族的习俗及禁忌。

【实训题】

实训目标：

通过本节实训，掌握主要少数民族的礼仪礼规。

实训内容：

让同学们分组讨论有关人生礼俗和节日礼俗的相关知识，结合自己家乡习俗讨论哪些课本上没有介绍，然后介绍给同学们。

实训要求：

认真组织分组，力争使同学们真正融入讨论氛围中。

【复习思考题】

一、单项选择题

1. “年节”是以下哪个节日的俗称？(　　)

A. 元宵节　　B. 春节　　C. 中秋节　　D. 重阳节

2. 我国是一个统一的多民族国家，共有56个民族，其中汉族人口约占总人口的(　　)。

A. 90. 59%　　B. 92. 59%　　C. 91. 59%　　D. 93. 59%

二、多项选择题

1. 庆贺生子习俗主要包括(　　)。

A.“洗三”习俗　　B.“满月”习俗

C.“周岁”习俗　　D.“百岁”习俗

2. 元宵节主要习俗有(　　)。

A. 耍龙灯　　B. 踩高跷　　C. 扭秧歌　　D. 吃粽子

三、简答题

1. 简述传统丧葬礼仪和现代丧葬利益的区别?
2. 简述春节的相关习俗?
3. 简述回族的主要习俗?

延伸阅读～～

1. 钟敬文．民俗学概论．上海：上海文艺出版社，1998.
2. 巴北祥．中国民俗旅游．福州：福建人民出版社，1999.
3. 薛建红．旅游服务礼仪．郑州：郑州大学出版社，2002.

第十章
涉外礼仪

课前导读

◆【知识学习目标】

通过本章的学习，了解涉外礼仪的通则、涉外交往的一般礼仪。掌握涉外接待和宴请外宾的礼仪。

◆【能力培养目标】

通过本章的学习，具备涉外交际的能力。

◆【教学重点】

涉外礼仪的基本要求，涉外交往的技巧，礼宾次序的基本要求，涉外接待和宴请的礼仪。

◆【教学难点】

涉外礼仪的基本要求，涉外接待和宴请的礼仪。

涉外礼仪源于西方礼仪。它不仅是社会交往的产物，更是国际贸易和国际文化交流的产物。涉外礼仪是涉外交际礼仪的简称，它是人们在对外交往活动中向外宾表示尊重、友好的各种礼节，仪式及其惯用形式。

第一节 涉外礼仪的基本原则

涉外礼仪的基本原则，是根据礼仪原则与涉外交往活动实践，从整体性、普遍性的高度加以概括形成的，对涉外交际具有普遍的指导意义。

一、维护国家利益原则

维护国家利益是我国涉外活动必须遵守的基本原则，是每一个公民的义务。任何组织和个人在涉外交往活动中都必须贯彻执行。该原则强调在尊重他国的利益和尊严的基础上，更要维护本国的利益和尊严。要做到这一点最重要的是要热爱祖国和人民，时刻不记祖国的利益高于一切。

维护国家利益，必须防止国家利益被侵害，外事人员要勇于同一切有损自己国家利益的行为进行坚决的斗争。同时还要防止个人主义，涉外交往中不容许有个人打算。当个人利益与国家利益发生冲突时，切莫为保全个人利益而损害国家利益。

二、平等相待，礼尚往来

与多国外宾同时进行交往时，必须对各方一律平等相待。对于任何来自国外的客人，不论其来自大国小国、富国穷国、强国弱国，均应一视同仁，不允许嫌穷爱富，以大欺小，厚此薄彼。不轻蔑小国家，不嫌弃“穷朋友”，并在力所能及的范围内给其帮助和支持。对于不同民族、不同肤色、不同宗教的国家和人民，不加歧视。对容易引起对方误解的敏感问题，给以特别的关注。

每一个人在参与国际交往时，都必须意识到自己在外国人的眼里，是代表着自己的国家，代表着自己的民族，代表着自己的所在单位的。因此，其言行应当从容得体，堂堂正正。在外国人面前既不应该表现得畏惧、自卑，低三下四，也不应该表现得自大狂傲，放肆嚣张。这是事关国格、人格的大是大非问题，不卑不亢同等重要，不可偏废。既不畏惧自卑、低三下四，又不自大狂傲、放肆嚣张，要一视同仁。

在相互交往中，实行“对等”实际上就是“礼尚往来”，例如，相互交往的双方人员，其身份要大体相称；派代表团互访时，双方的接待规格应相差不多。

人与人之间、企业与企业之间、国家与国家之间只有多接触、了解、沟通才能互相理解，从而建立起稳定和良好的关系，达到双赢的效果。如果只有单方面的热情，另一方反应冷淡，唯我独尊，不予理睬，甚至冷嘲热讽，是非常失礼的表现，严重的还可能导致双方断交、产生敌对情绪。

三、礼尚好客，客随主便或主随客便

作为主人，对于来自任何国家的外国客人，我们都应当友好地、有礼貌地给予接待，要体现我国“礼仪之邦”的传统，使客人有“宾至如归”的感觉。详细了解交往对象的礼仪习俗禁忌，并予以尊重，充分展示出自己通晓国际礼仪惯例的良好素养。

了解不同国家、地区和民族的风俗习惯、礼俗禁忌，做到“入乡随俗”，充分尊重对方、理解对方。当本身充当客人时，则要讲究“客随主便”。接待人员必须充分地了解交往对象的风俗习惯，无条件地加以尊重，不可少见多怪、妄加非议。

在涉外交往中，要真正做到尊重交往对象，首先就必须尊重对方所独有的风俗习惯。因为世界上的各个国家、各个地区、各个民族，在其历史发展的具体进程中，形成各自对隐私问题的不同观念和阐释，也就是平时所谓的“十里不同风，百里不同俗”。

但是，这种差异性却丝毫不应成为我们触犯别人隐私禁忌的理由。注意尊重外国友人所特有的习俗，这样更容易增进中外双方之间的理解和沟通，有助于更好地、恰如其分地向外国友人表达自己的亲善友好之意。

四、热情有度，不必过谦

热情有度是指人们在参与国际交往、直接同外国人打交道时，不仅待人要热情友好。更为重要的是，要把握好待人热情友好的具体分寸，否则就会事与愿违，过犹不及。要做到关心有度、批评有度、距离有度、举止有度。

在国外，人们普遍主张个性至上，反对以任何形式干涉个性独立，侵犯个人尊严。对他人过分关心，或是干预过多，会令对方反感。所以与外国友人打交道时，既要热情友好，又要以尊重对方的个人尊严与个性独立为限。

不必过谦是指在国际交往中涉及自我评价时，虽然不应该自吹自擂，自我标榜，一味地抬高自己，但是也绝对没有必要妄自菲薄，自我贬低，自轻自贱，过度地对外国人进行谦虚、客套。

在外国人来看，做人首先需要自信。对于个人能力、自我评价，既要实事求是，也要勇于大胆肯定。不敢承认个人能力，随意进行自我贬低的人，要么事实上的确如此，要么便是虚伪做作，别有用心。所以在与外国朋友打交道时，千万不要过分谦虚，特别是不要自我贬低，以免被人误会。

五、尊重隐私，有所不为

外国人普遍认为，要尊重交往对象的个性独立，维护其个人尊严就要尊重其个人隐私。即使是家人、亲戚、朋友之间，也必须相互尊重个人隐私。所以与外国友人相处时，应当自觉回避对对方个人隐私的任何形式的涉及。

一般而论，在国际交往中，下列八个方面的私人问题，均被视为个人隐私问题。

（一）收入支出

在国外，个人的收入与支出是最不宜直接打探的。因为人们的普遍看法是：收入与支出通常与其个人能力、社会地位存在着一定的因果关系，就如同人的脸面一般，忌讳别人的关注。

（二）年龄大小

外国人普遍忌讳“老”。他们的愿望是自己应当永远年轻。尤其是“白领丽人”和老年人，忌讳被人问年龄，或被人尊为“长者”。

（三）恋爱婚姻关系

随意向外人打探此类家庭问题，极有可能触动对方的伤心之处，伤害其自尊、自信之心，令对方感到难堪。

（四）身体健康状况

在国外，由于市场经济的影响，人们普遍将个人的健康状态看作是自己的重要“资本”。如果身体欠佳，则意味着自己“日薄西山”，前途渺茫，失去个人发展的许多机会，因此与外国友人交谈时，不可与之交流“求医问药”的心得体会。

（五）家庭住址

绝大多数外国友人都将私人居所看作是自己神圣不可侵犯的“个人领地”。一般情况下，若非亲属、至交、知己，外国友人都不可能会邀请外人到自己家中做客。必要时，他们宁肯花钱去饭店、餐厅请客吃饭。

（六）个人经历

若是对对方经历再三刨根问底，往往给人居心叵测之感。特别是籍贯、学历、学术学位、技术职称或行政职务以及职业经历，更不宜打听。

（七）信奉政见

在外国友人眼里，个人习惯与别人毫不相关，完全没有为外人所了解的必要。

（八）所忙何事

此类问题完全属于私人事宜，一旦被人深究，可能会泄漏行业秘密，使自己的工作与事业受损。

要尊重外国友人的个人隐私权，首先就必须自觉地避免在对方交谈时，主动涉及这八个方面的问题。

在国外，尤其是在西方国家的人际交往中，人们讲究女士优先。它要求成年的男子，在社交的场合，要积极主动地以个人的举止言行，去尊重妇女，关心妇女，照顾妇女，保护妇女，并且时时处处努力为妇女排忧解难。能够这样做的人，会被人视为教养良好。

◆【阅读资料】

你问外国朋友“吃饭没有?”他会曲解为你嘲讽他连吃饭都成问题。你同他打招呼“上哪去?”他会怪你多管闲事。你见他天冷了穿得太少了，建议他“你该多穿点衣服了”，他却认为你粗暴地干涉他的个人自由。

中国人待人接物时要讲究热情也要顾及“礼”的适度，应当符合彼此的身份和关系。

资料来源：金正昆．社交礼仪．北京：北京大学出版社，2007.

第二节　涉外工作的一般礼仪

一般来说，各种涉外礼仪，国际上都有一定惯例，但各国往往又根据本国的特点和风俗习惯，有自己独特的做法。在对外交往中除应发扬我国礼仪之邦的优良传统，注意礼貌、礼节之外，还应尊重各国、各民族的风俗习惯，了解它们不同的礼节、礼貌的做法，从而在对外活动中真正做到不卑不亢，以礼相待。

一、涉外接待礼仪

（一）接待准备礼仪

做好充分的准备工作，是顺利完成接待工作的前提条件。具体准备工作包括：弄清外宾的准确意图；了解外宾的相关情况，包括背景资料；制订切实可行的接待计划并得到上级批准。这样不至于当外宾来了的时候出现措手不及的情况及准备不足的情况。

在接待之前拟定一份计划，可使接待工作减少周折，更好地按部就班地进行。值得注意的是在拟定计划之前，要充分了解来访者有无特殊的要求。如有，一定要本着互利与交往对等的原则，在力所能及的情况下，尽量满足一切合理正当的要求，并将其列入计划之中。

（二）迎送礼仪

迎客和送客是涉外接待中的两个重要环节。在整个涉外活动中，一个精心安排的欢迎仪式，能使来宾产生良好的第一印象；一个周到圆满的欢送仪式，会给来宾留下美好而难忘的记忆。为了保证迎送工作的顺利进行，必须重视迎送礼仪。迎送礼仪的内容大体上包括三个部分：即迎宾前的礼仪准备，迎宾时的礼仪仪式与送行礼仪。

1. 迎宾准备礼仪

迎宾的礼仪准备工作主要有以下三点：

（1）确定邀请规格。在一般情况下讲究规格对等，即邀请人士的职务、地位、身份应当大体上与被邀请者的职务、地位、身份相仿。

对来宾的迎送规格各国做法不尽一致。确定迎送规格，主要依据来访者的身份和访问目的，适当考虑两国关系，同时要注意国际惯例，综合平衡。主要迎送人通常都要同来宾的身份相当，但由于各种原因，例如：国家体制不同，当事人年高不便出面，临时身体不适或不在当地等，不可能完全对等。遇此情况，可灵活变通，由职位相当的人士，或由副职出面。总之，主人身份总要与客人相差不大，同客人对口、对等为宜。当事人不能出面时，无论做何种处理，应从礼貌出发，向对方做出解释。其他迎送人员不宜过多。也有从发展两国关系或当前政治需要出发，破格接待，安排较大的迎送场面。然而，为避免造成厚此薄彼的印象，非有特殊需要，一般都按常规办理。

（2）掌握抵达和离开的时间。必须准确掌握来宾乘坐飞机（火车、船舶）抵离时间，及早通知全体迎送人员和有关单位。如有变化，应及时通知。由于天气变化等意外原因，飞机、火车、船舶都可能不准时。一般大城市，机场离市区较远，因此，既要顺利地接送客人，又不过多耽误迎送人员的时间，就要准确掌握抵离时间。

（3）迎接人员的就位。迎接人员应在飞机（火车、船舶）抵达之前到达机场（车站、码头）。送行则应在客人登机之前抵达（离去时如有欢送仪式，则应在仪式开始之前到达）。如客人乘坐班机离开，应通知其按航空公司规定时间抵达机场办理有关手续，身份高的客人可由接待人员提前前往代办手续。

2. 迎宾时的礼仪仪式

迎宾时的礼仪仪式决定于对外宾的迎接规格。迎接的规格主要是依据来访者的身份和访问目的，再考虑到两国关系的现状及发展趋势加以确定。在特殊情况下，也可打破常规接待，给予较高的礼遇，但要尊重国际惯例，注意必要的平衡，避免造成厚此薄彼的现象，以免他国产生不必要的误会。

正式访问，要举行隆重的欢迎仪式。其礼仪规范依次为：

（1）排定礼宾次序。礼宾次序又称礼宾序列，它指的是在同时接待来自不同国家、不同地区、不同单位的外国团体或个人时，必须按照国际惯例和本国常规做法来排定其尊卑先后的具体顺序，并据此给予对方以相应的礼遇。礼宾次序安排不当或不符合国际惯例，往往会引起不必要的争执和麻烦，甚至影响到国家关系。因此，在组织涉外活动时，必须高度重视礼宾次序。官方活动，可按宾客的身份或职务的高低排列；国际会议、体育比赛可按字母顺序排列；在一些国家举行的多边活动中，还可以按代表团组成的日期先后排序。

（2）迎接地点的确定。一般在机场或车站举行，也有在特定场所如政府、办公大厦、宾馆等地方。仪式场所行进的道路上要铺上红地毯。

（3）国旗的悬挂。国旗能唤起国民的爱国热情，以及对国家的荣誉感和责任感。人们通过悬挂国旗表示对本国的热爱或对他国的尊重。举行仪式的场所要悬挂宾主双方国旗，宾方挂在右面，主方挂在左面。悬挂国旗的场合：访问者住所、交通工具；使馆办公处、官邸、交通工具；国际会议在会场、住所、车辆上悬挂国旗。悬挂国旗的方法：建筑物或室外是日出升旗，日落降旗。悬旗致哀时，先升至杆顶，然后再降下。

（4）鲜花。一般在参加迎送的主要领导人与客人握手之后将花献上，并向来宾敬礼。如安排献花，须用鲜花，并注意保持花束整洁、鲜艳，忌用菊花、杜鹃花、石竹花、黄色花朵。有的国家习惯送花环，或者送一二枝名贵的兰花、玫瑰花等。通常由儿童或女青年在参加迎送的主要领导人与客人握手之后，将花献上。有的国家由女主人向女宾献花。

（5）介绍与称呼。客人与迎接人员见面时，互相介绍。通常先将前来欢迎的人员介绍给来宾，可由礼宾交际工作人员或其他接待人员介绍，也可以由欢迎人员中身份最高者介绍。客人初到，一般较拘谨，主人宜主动与客人寒暄。

称呼指的是人们交谈时所使用的用以表示彼此关系的名称。在涉外交往中，称呼的运用与对待交往对象的态度直接相关，决不能随心所欲。

在比较正式的场合，可以使用的称呼有：

尊称。尊称适用于任何场合，比如“先生”、“女士”、“小姐”、“夫人”。许多时候，尊称可与姓名、姓氏或行业性称呼组合在一起使用，如“马丽小姐”、“参议员先生”等。较多用在正式场合和初次交往应酬时。

荣誉性称呼。若交往对象拥有一定社会地位或备受重视的学位、学术性头衔、专业技术性头衔、军衔、爵位，如“博士”、“律师”、“将军”、“公爵”等，可使用此类称呼。

公务性称呼。在公务活动中，一般可以直接以对方的职务相称，如“王部长”、“李经理”等。

一般性称呼。适用普通场合，直接称呼他人的姓氏或姓名。

特殊性称呼。主要指对于王室成员或神职人员的专门性称呼，如“殿下”、“陛下”、“神父”、“大主教”等。

（6）陪车。客人抵达后，从机场到住地，以及访问结束，由住地到机场，有的安排主人陪同乘车，也有不陪同乘车的。如果主人陪车，应请客人坐在主人的右侧。如是三排座的轿车，译员坐在主人前面的加座上；如是二排座，译员坐在司机旁边。上车时，最好客人从右侧门上车，主人从左侧门上车，避免从客人座前穿过。遇客人先上车，坐到了主人的位置上，则不必请客人挪动位置。

（7）服饰要求。对服装总的要求是整洁、朴素大方，得体而应景。男士在国内参加外事接待，一般穿上等毛料中山装，或西装系上领带，穿上深色皮鞋。夏季参加大型外交活动，可以穿具有民族特色的质料高档便装；同外宾游览可以穿任何样式服装。

女士则更没有固定的要求，可以穿便装、西装、连衣裙或长裤、旗袍等。

服装不能粘有污渍，衣领和袖口处尤其要注意。特别是在夏季，衣服上很容易留下汗渍，应该及时洗换。服装应该是平整的，扣子应齐全，不能有开线的地方，更不能有破洞。内衣亦应该勤洗换，特别是西服衬衫，应非常洁净。

如果陪同外宾观看文艺节目等社交场合，应穿礼服，突出“时尚个性”的风格。男士以深色中山装或西服为佳，女士则以旗袍或下摆长于膝盖的连衣裙为佳。参加外宾朋友的婚礼或联欢会，就更应随便一些。

3. 送行礼仪

在外宾结束访问即将离别之际，接待方所做的话别与送行工作应该符合一定的礼仪。通常的做法是：当外宾正式离开本地的前一天，主人应当专程前往其下榻之处进行探望，并且正式与之话别。有时，话别也可以安排在外宾正式离开下榻处所之前进行。在可能的情况下，主人应当专程陪同外宾乘车前往机场、车站或码头，亲自为外宾送行。倘若一时难以分身，则除了要向外宾提前致歉之外，还须委派专人代表自己送行。

当外宾正式登机、登车或登船之前，前往送行人员应按照一定的顺序列队与对方一一握手道别，并预祝对方旅途愉快。届时，也可向外宾敬献鲜花。在外宾乘坐的交通工具启程离去时，送行人员可向外宾挥手致意，并须等交通工具在视野消失后方可离去，提前离开是很失礼的事。

二、涉外宴请礼仪

（一）宴请的种类

宴请的种类和形式较多，但以宴会、招待会、茶会、工作餐为主。

1. 宴会

宴会为正餐，分国宴、正式宴会、便宴和家宴四种。按照举行的时间来分，宴会分为早宴、午宴、晚宴。一般情况下，晚宴和家宴最为隆重。

2. 招待会

招待会是指各种较为灵活的不备正餐，但准备有食物和酒水饮料的宴请形式。招待会期间不排座位，宾客自由活动。常见的招待会有冷餐会、酒会两种形式。冷餐会，即自助餐。酒会，又称鸡尾酒会。

3. 茶会

这是一种简单的招待形式。举行的时间多在下午 4 时左右。茶会通常设在客厅，厅内设茶几、座椅，不排座次。

4. 工作餐

工作餐是现代商务交往中经常采用的一种非正式宴请形式，利用进餐时间，边吃边谈问题。这类活动一般只请与工作相关的人员。

（二）宴请活动的组织工作

成功的宴请需要成功地组织。以西餐为例，一般来说，宴请的组织工作主要包括：

1. 确定宴请的目的、名义、对象、范围与形式

（1）宴请的目的有：为了认识新朋友、扩展自己的生活圈、与老友叙旧情、取悦别人、扩展商机、庆祝等。

（2）宴请的形式有：资助餐、家庭聚餐、鸡尾酒会、商业聚餐或派对等。

2. 确定宴请的时间、地点

宴请的日期尽量不要和重大节日和重要日期相撞，如圣诞节、母亲节等，以免造成与会者的不便。宴请地点应与宴请形式相结合。

3. 发出邀请及请柬格式

宴请时，一般都发请柬。这既是礼貌，也可供客人备忘用。邀请函可以自行设计，也可请专人印制。请柬内容主要包括宴请时间、地点，形式，主人姓名。

送邀请函要注意寄达客人的时间，不要让宾客在最后一刻才收到邀请函，让人措手不及。邀请函最后要附上“敬候回复”的回函，以方便统计人数。

4. 订菜

宴请的酒菜一般视规格而定，在费用标准以内安排。选菜时主要考虑主宾的喜好和禁忌。

正式的全套西餐上菜顺序是：

（1）前菜和汤；

（2）鱼或肉类；

（3）乳酪；

（4）甜点和咖啡；

（5）水果。

还有餐前酒和餐酒。没有必要全部都点，点太多却吃不完反而失礼。稍有水准的餐厅都欢迎只点前菜的客人。前菜、主菜（鱼或肉择其一）加甜点是最恰当的组合。点菜并不是由前菜开始点，而是先选一样最想吃的主菜，再配上适合主菜的汤。

5. 席位安排

每桌的座位有尊卑之分，而桌与桌之间也有大小区别。主人事先要安排客人的席次。如何安排席次，视宴客的目的而定。西餐礼仪是男女交叉安排，以女主人的座位为准，主宾坐在女主人的右上方，主宾夫人坐在男主人的右上方。

（1）一般而言，背对门的位置是最低的，由主人自己坐，而面对门的位子则是上位，由最重要的客人坐。

每桌的座位有尊卑之分，而桌与桌之间也有大小区别。主人事先要安排客人的席次。如何安排席次，视宴客的目的而定。西餐礼仪是男女交叉安排，以女主人的座位为准，主宾坐在女主人的右上方，主宾夫人坐在男主人的右上方。

（2）长型桌排列时，男女主人分坐两头，门边男主人，另一端女主人，男主人右手边是女主宾，女主人右手边是男主宾，其余依序排列，如图 10－1。

图 10－1　长型桌席位安排

（3）桌子是 T 型或门字型排列时，横排中央位置是男女主人位，身旁两边分别是男女主宾座位，其余依序排列。

（4）西餐排座位，通常男女间隔而坐，用意是男士可以随时为身边的女士服务。

6. 餐具的准备

（1）刀叉。一道菜一副刀叉，由外向里取用。

（2）餐匙。汤匙较大，放右侧最外端；甜品匙较小，横放在正上方，不可互相替代。餐匙的用法：已使用的不可放回原处。

（3）餐巾放在汤盘上或插在酒杯里，面包、奶油盘放在左上方。点完菜后，在前菜送来前的这段时间把餐巾打开，往内折三分之一，让三分之二平铺在腿上，盖住膝盖以上的双腿部分。最好不要把餐巾塞入领口。

（三）赴宴

1. 应邀

接到宴会的邀请，能否出席要根据邀请方的具体要求，尽早地答复对方，以便主人安排。答复对方，可以通过打电话或便函。

2. 适度修饰、尊重他人

仪表、衣着整洁，不仅是对自己的尊重，也是对他人的尊重。

3. 掌握出席时间

出席宴请活动，抵达时间的迟早，逗留时间长短，在某种程度上反映对主人的尊重。

4. 抵达

抵达宴请地点，主动向主人问好。如果是喜庆活动，应表示祝贺。最好按时到达，迟到四五分钟也行，但千万不能迟到一刻钟以上。如果去的是富裕而讲究的人家，入大门时遇到的第一个人可能是个男当差，负责帮您挂衣服或者是给您带路的，所以您先别急着跟他握手，观察一下再决定。

5. 按位落座

应邀出席宴请活动，应听从主人安排。西餐入席的规矩十分讲究，席位一般早已安排好，这时，和您同来的先生或女士绝不会被安排坐在您身边。欧美人认为熟人聊天的机会多得很，要趁此机会多交朋友。男女主人分别坐在长方形桌子的上、下方，女主人的右边是男主宾，男主人的右边是女主宾。别的客人的坐法是男女相间。男士在上桌之前要帮右边的女士拉开椅子，待女士坐稳后本人再入座。

最得体的入座方式是从左侧入座。当椅子被拉开后，身体在几乎要碰到桌子的距离站直，领位者会把椅子推进来，腿弯碰到后面的椅子时，就可以坐下来了。用餐时，上臂和背部要靠到椅背，腹部和桌子保持约一个拳头的距离。两脚交叉的坐姿最好避免。

◈【阅读资料】

两种用餐方式

1. 美国方式

刀子只用来切食物，切的时候右手握刀，左手握叉来固定被切的食物。

切完后，将刀子放在盘子上部边上（刀刃向里），叉子换到右手叉起食物，叉齿向上送到嘴里。停下来的时候，双手放在大腿上。

2. 欧式方式

右手握刀，左手握叉，叉子不换手。切完后，用刀子将食物推到叉齿上。往嘴里送切好的食物时，叉齿向下。停下来的时候，手要放在餐桌上面。

资料来源：徐克茹．商务礼仪标准培训．北京：中国纺织出版社，2006.

6. 进餐

入座后，主人举杯招呼，便开始进餐。一般的菜谱是三至五道菜，前三道菜应该是寒盘、汤、鱼，后两道菜是主菜（肉或海鲜加蔬菜）、甜品或水果，最后是咖啡及小点心。吃饭的时候不要把全部的精力都放在胃的享受上，要多和左右的人交谈。甜品用完之后，如果咖啡没有出现，那可能是等会儿请您去客厅喝。总之，看到女主人把餐巾放在桌子上站起来后，您就可以放下餐巾离开座位。这时，懂礼貌的男士又要站起帮女士拉开椅子，受照顾的女士不必对这一前一后的殷勤有特别的想法，这是他应该的。

7. 交谈

无论是做主人、陪客或宾客，都应与同桌人交谈。

8. 祝酒

宴会上互相敬酒，表示友好，活跃气氛。在祝酒时，总是由主人或是地位、身份最高者倡议。碰杯时，要目视对方致意。

9. 告辞

通常男宾先与男主人告别，女宾与女主人告别，然后再交叉。如果您不想太引人注目，您最好不要第一个告辞，也不要最后一个离开，在这其间您什么时候告辞都可以，只是一旦告辞就应该爽快地离开。

（四）餐桌上的礼仪

1. 就餐礼节

（1）喝汤要用汤匙，喝汤时不发出声音，吃东西的时候要闭嘴咀嚼。

（2）在离自己较近的地方夹菜，掉在盘外的菜肴不可再吃。

（3）口中有食物时不要说话，进餐时不可打喷嚏、咳嗽。

（4）嘴内的鱼刺、骨头不可直接吐在桌子上。

（5）劝酒要适度，不饮酒过量；当别人敬酒时，要停下手中的餐具。

（6）当男女两人就餐时，男士应把靠窗或靠墙的座位留给女士；多人就餐时，先到的人应把较好的位置留给后来的人。

（7）就餐时男士一般不要抽烟。

（8）遇到朋友打个招呼，但不宜时间过长；离席时不要把椅子弄得很响。

（9）进餐前用餐巾纸擦拭餐具是极不礼貌的陋习，餐巾须等主人先摊开使用。中餐宴请外国人时，既要摆碗筷，也要放刀叉，以中餐西吃为宜。

2. 杯子

如果你面前放着四个杯子，要区分使用。大杯用于盛水，不用它来干杯。中杯用于盛红葡萄酒。小杯用于盛白葡萄酒。细长杯子用来盛香槟酒。

在饮用杯中物时，应先将口中咀嚼物咽下，然后将刀、叉在盘中放成八字形或交叉，再用餐巾纸将嘴唇擦拭干净，然后再喝酒、水等。在喝酒、水等时，中国人习惯举杯仰头痛饮，一口喝光。而在西方这却恰恰是应避免的。最文明的方式在西方是头保持平直、一口口啜饮。喝到底时，杯中总还是留一点酒。在喝饮料、汤、酒、水等时，不要用嘴唇吸出声音来，而应一口一口地轻轻喝。在握杯时，应一手抓满杯子，不要在擎杯时翘起小指或其他手指。

3. 使用刀叉

如在用餐时要放下刀叉，应将其放在盘子两边，刀与叉子头向内。如用完了餐（即使盘中仍有剩余食物），应把刀叉平行斜放入盘中，叉齿朝下。叉离自己近、刀离自己远。在将盘中食物推到叉上去时，应使用面包，而不要用刀去推。不要始终拿着刀，也不要刀朝上。而要在切好食物后，便放下刀，让刀放在盘子平行的右侧，然后使用叉吃。在有许多刀叉排列在桌上时，使用规则也是每次使用最外侧的刀与叉。在使用刀时，应刀刃向下、食指按在刀脊上切割。

4. 食用面包

将面包放在自己左面小盘中。在食用面包时，是不用刀去切割面包的，而是用手撕下一块一块面包，然后再放入嘴中。不用嘴去直接咬面包，除非是三明治。如果要将黄油涂上面包，应是用手一块块撕下面包，然后一小块一小块涂。不要一下子将整个面包涂满。当然在早餐时，可以在一长条半片棍子面包上涂上黄油、果酱。但在正餐中就不能这样了。除了用手撕面包吃外，其他食物都用刀、叉、匙子来吃。

5. 食用生菜

食用生菜不用刀去切割，只用叉的边缘去切割。盘中最好不要留下剩余食品。当然也不用“涮”得很干净。使用餐巾时，应将其平摊在膝盖上。用完餐后略一叠就留在桌旁即可。不能将其完全叠好，也不能将其揉成一团扔在桌上。在西餐桌上很少用牙签，因此最好不用。万一打翻酒杯等，不用大惊小怪，只说一声道歉便可。到用餐结束后再道歉一声更好。如要吐出嘴中硬核、鱼刺等，不要直接吐在手上，而要用叉接好去放在盘子边缘。吃东西时，用叉将食物取起放入口中，而不要低头用嘴去接近食物。

6. 餐桌礼仪禁忌

将送到面前的食物多少都用一点，在用西餐时，如果吃不完盛盘中的食物是失礼行为。吃西餐中的肉类，要边切边吃，切一次吃一口。吃鸡、龙虾等食物时，经主人示意后，可用手撕开吃。喝汤时，宜先试温，待凉后再用，忌用口吹。嘴内有食物时，切勿说话。正餐中不易当众用牙签剔牙。吃带腥味食品时，常备有柠檬，可用手将汁挤出滴在食品上，以去腥味。

第三节　世界各国礼俗

一、亚洲主要国家礼俗

（一）韩国

1. 概况

韩国是单一的朝鲜族，佛教徒占全国人口的1/3。

2. 服饰及待客

韩国人注重服饰，男子穿西服、系领带。初次见面时，经常交换名片。韩国很多人养成了通报姓氏习惯，并和“先生”等敬称联用。韩国人业务洽谈，往往在旅馆的咖啡室或附近类似的地方举行。大多数办公室都有一套会客用的舒适的家具，在建立密切的工作关系之前，举止合乎礼仪是至关重要的。

韩国人不轻易流露自己的感情，公共场所不大声说笑。特别是女性在笑的时候还用手帕捂着嘴，防止出声失礼。在韩国，妇女十分尊重男子，双方见面的时候，女性总会先向男性行鞠躬礼、致意问候。男女同座的时候，往往也是男性在上座，女性在下座。

如果邀请去韩国人家里做客，按习惯要带一束鲜花或一份小礼物，用双手奉上。不要当着赠送者的面把礼物打开。进到室内，要把鞋子脱掉留在门口。韩国人讲究礼貌，待客热情。见面时，一般用咖啡、不含酒精的饮料或大麦茶招待客人，有时候还加上适量的糖和淡奶。这些茶点客人必须接受。

3. 饮食

韩国人以米饭为主食，还喜欢吃辣椒、泡菜。韩国人对边吃饭边谈话非常反感。

4. 节庆与禁忌

韩国的农历节日和我国差不多，也有春节、清明节、端午节、中秋节。

韩国人对“4”非常反感。许多楼房的编号严忌出现“4”号。韩国人在喝茶或喝酒的时候，主人总是以 1、3、5、7 的数字单位来敬酒、敬茶、布菜，并忌讳用双数停杯罢盏。

（二）日本

1. 服饰及待客

日本是一个注重礼仪的国家。在日常生活中，都互致问候，脱帽鞠躬，表示诚恳、可亲。初次见面，向对方鞠躬 90 度，而不一定握手。如果是老朋友或比较熟悉的人就主动握手，甚至拥抱。日本女子只行鞠躬礼，而不握手。在各种商务场合中，如果日本女子主动伸出手来，作为来宾就要应和，但握手时不要用力过猛或久握不松手。日本人把善于控制自己的举止视为一种美德，他们主张低姿态待人，说话时尽量避免凝视对方，并弯腰鞠躬，以示谦虚和有教养。

日本人注意穿着打扮，平时穿着大方整洁。在正式场合一般穿礼服，男子大多穿成套的深色西服，女子穿和服。在天气炎热的时候，不随便脱衣服，如果需要脱衣服，要先征得主人的同意。

日本人非常守时。在商务活动中，你一定要按约定的时间准时到场。同日本人打招呼，要称呼他们的姓，只有家里人和朋友才称呼名字，一般人不要叫他们的名字。可以称姓加上“先生”就行了。如果你同你的日本朋友有了进一步的了解，并希望表示尊重，这时，你可以称呼姓加上君，如山田君。这会使你们的关系更近一些，但是“君”不应加在根本不认识人的姓后。

与日本人初次见面时，交换名片已成为一种最基本的礼节。如果初次相会时忘带或不带名片，不仅失礼，而且会被对方认为你不好交往或拒绝与之交往。在接名片时，习惯上是左手接对方的名片，右手送自己的名片。日本人在与他人交往时也经常会在名片背后简单写几句话寄给对方，互致问候。

日本是一个盛行送礼的国家，日本人喜欢名牌货，送给别人的礼物可以对受礼人毫无用处，但应该是名牌货，这样便于他转送他人。

2. 饮食

日本的饮食有日本固有的“日本料理”。“日本料理”以大米、鱼和蔬菜为主。就餐的方式也十分特别，男性盘腿席地而坐就餐，女子则采用跪食。

3. 节庆与禁忌

日本人送礼不用偶数，同日本人合影，一般不要3人，有些日本人认为中间的人被左右两人夹着，这是不幸的预兆。在色彩和图案方面，日本人忌讳绿色和荷花。礼品上不能标有醒目的、令人生厌的公司名字。

（三）新加坡

1. 概况

新加坡华人占77%，华裔多信奉佛教，马来语为国语，英语、华语为官方语言。

2. 服饰及待客

新加坡人十分讲究礼貌礼节，而且还保留了中国古代传统，比如两人见面时，相互作揖。通常的见面礼节是鞠躬、握手。华裔新加坡人信奉佛教，而且很虔诚。他们喜欢在室内诵经，诵经的时候不可以被打扰，在新加坡随地吐痰、扔弃物都要受到法律制裁。

3. 饮食

新加坡附近热水域的海产丰富，品质鲜美，龙虾、螃蟹、虾、贻贝、墨鱼及各种海产品都是上桌的好菜，菜色中最受欢迎的可说是辣椒蟹，这是将肥美的螃蟹连肉带壳加上茄汁及辣椒一起拌炒，口味令人回味无穷。

新加坡菜式不但有三大民族的中式、马来式、印度式菜肴，还有法国、意大利、英国等欧洲菜，可说是美食者的乐园。

4. 节庆与禁忌

新加坡人忌“7”和黄色，不喜欢乌龟。忌说“恭喜发财”，因为他们认为这句话有教唆他人发横财的意思。禁忌放烟花爆竹。

与新加坡人谈话时，一般不谈论与宗教、政治有关的话题。

（四）泰国

1. 概况

泰国华裔泰人有300多万，佛教为国教。

2. 服饰及待客

泰国人的待人接物，有许多约定俗成的规矩。朋友相见，双手合十、互致问候。晚辈向长辈行礼时，双手合十举过前额，长辈也要合十回礼。年纪大或地位高的人还礼时，双手不必高过前胸。行合十礼时。双手举得越高，表示尊重程度越高。泰国人也行跪拜礼，但要在特定场合，平民、贵官在拜见国王和国王近亲的时候行跪拜礼。国王拜见高僧的时候要下跪。把东西扔给别人是不礼貌行为。从坐着的人们面前走过时，要略微躬身，表示礼貌。

3. 饮食

泰国菜的特点是酸辣，开胃，让人一吃就上瘾。那是因为泰国菜的调料很独特，许多调料是东南亚甚至是泰国特有的。

泰国人的口味是：爱辛辣，喜欢在菜肴里放鱼露和味精，但不喜欢酱油，不爱吃红烧食物，也不在菜肴里放糖。泰国民族风味“咖喱饭”，是用大米、肉片（或鱼片）和青菜调以辣酱油做成的。泰国人爱吃鱼、虾、鸡、鸡蛋等，一般不爱吃牛肉，不喝酒。用餐顺序没有讲究，随个人喜好。餐后点心通常是时令水果或用面粉、鸡蛋、椰奶、棕榈糖做成的各式甜点。泰国菜色彩鲜艳，红绿相间，视觉极佳，可让人们大饱眼福。

4. 节庆与禁忌

泰国人非常重视头部，认为头颅是神圣不可侵犯的。如果用手触摸泰国人的头部，认为是极大的侮辱。就座时，最忌讳跷腿。把鞋底对着别人，被认为是把别人踩在脚底下，是一种侮辱性的举止；妇女就座时，双腿要靠拢，否则会被认为没有教养。在泰国，男女仍然遵守授受不亲的戒律，所以男女不能过于亲近。喜欢红色、黄色，忌讳褐色。

（五）印度

1. 概况

印度居民大多信奉印度教，在印度，月亮是一切美好事物的象征。

2. 服饰及待客

男士穿西装打领带，在夏天可以穿整洁的短袖衬衫。女士穿整齐保守的裙装或裤装，上臂、身体和膝盖以下任何时候都必须被包裹在里面。穿着皮革服饰可能会冒犯到严格的印度教徒。

印度人相见应递英文名片，英语是印度的商业语言。主客见面时，都要用双手合十在胸前致意。晚辈在行礼的时候弯腰摸长者的脚，表示对长辈的尊敬。男子不能和妇女握手。一般关系的男女不能单独谈话。

印度人是用摇头表示赞同，用点头表示不同意。人们用手抓耳朵表示自责；召唤某人的动作是将手掌向下摆手指，但不能只用一个指头；指人时也要用整个手掌，不能用一两个指头。

到印度庙宇或家庭做客，进门必须脱鞋。迎接贵客时，主人常献上花环，套在客人的颈上。花环的大小长度视客人的身份而定。献给贵宾的花环既粗又长，超过膝盖。给一般客人的花环仅到胸前。到印度家庭做客时，可以带水果和糖果作为礼物，或给主人的孩子们送点礼品。

3. 饮食

用右手拿食物、礼品和敬茶，不用左手，也不用双手。就餐的时候，喜欢分餐进食，印度教徒最忌讳在同一个容器里取用食物。信奉印度教和锡克教的人，忌讳吃猪肉、牛肉。他们一般不喝酒，因为喝酒是违反宗教习惯的，但有喝茶的习惯。

4. 节庆与禁忌

忌讳白色，习惯用百合花作悼念品。他们忌讳弯月图案，视1、3、7为不吉祥数字，和印度人交谈，要回避有关宗教矛盾、和巴基斯坦的关系、工资以及两性关系的话题。

印度奉牛为神圣，忌讳吃牛肉，忌讳用牛皮制品。崇拜蛇，视杀蛇为触犯神灵。

二、欧洲主要国家礼俗

（一）英国

1. 概况

英国人重视礼节和自我修养，所以也注重别人对自己是否有礼。重视行礼时的礼节程序，他们很少在公共场合表露自己的感情。

2. 服饰及待客

英国人较注意服饰打扮，什么场合穿什么衣服都有讲究。下班后，英国人不谈公事，特别讨厌就餐时谈公事，也不喜欢邀请有公事交往的人来自己家中吃饭。在宴会上若英国人当主人，他可能先为女子敬酒，敬酒之后客人才能吸烟、喝酒。当着英国人面要吸烟时，要先礼让一下。

英国人，特别是年长的英国人，喜欢别人称他们的世袭头衔或荣誉头衔，至少要用先生、夫人、阁下等称呼。见面时对初次相识的人行握手礼。在大庭广众之下，他们一般不行拥抱礼，男女在公共场合不手拉手走路。

他们安排时间讲究准确，而且照章办事。若请英国人吃饭，必须提前通知，不可临时匆匆邀请。英国人若请你到家赴宴，你可以晚去一会儿，但不可早到。若早到，有可能主人还没有准备好，导致失礼。

英国人特别欣赏自己的绅士风度，认为这种风度是他们的骄傲。他们感情含蓄，不喜欢别人问及有关个人生活的问题，如职业、收入、婚姻等。

“女士第一”在英国比世界其他国家都明显。对英国人用表示胜利的手势“V”时，一定要注意手心对着对方，否则会招致不满。和英国人闲谈最好谈天气等，不要谈论政治、宗教和有关皇室的小道消息。安排英国客人的住房时，要注意他们喜欢住大房间并愿独住的特点。

3. 饮食

英国人饮食没有什么特别的禁忌，只是口味喜清淡酥香，不爱辣味。用餐讲究座次、服饰、方式。英国人每餐都喜欢吃水果，晚餐还喜欢喝咖啡。夏天爱吃各种果冻和冰淇淋，冬天则爱吃蒸的布丁。

英国人爱喝茶，一早起床就要喝一杯浓红茶。倒茶前，要先往杯子里倒入冷牛奶，加点糖，若先倒茶后倒奶会被认为无教养。

4. 节庆与禁忌

英国人对数字除忌“13”外，还忌“3”，特别忌用打火机或火柴为他们点第三支烟。英国人忌用人像作商品装潢，忌用大象图案，因为他们认为大象是蠢笨的象征。他们忌送百合花，认为百合花意味着死亡。

（二）法国

1. 概况

法国法兰西人约占94%，绝大多数居民信奉天主教。

2. 服饰及待客

法国人讲究服饰美，特别是妇女穿着非常时尚，特别喜欢使用化妆品，光口红就有早、中、晚之分，是世界上最爱打扮的民族。送鲜花给法国人是很好的礼品。

法国人热情开朗，初次见面就能亲热交谈，而且滔滔不绝。以“女士”来称呼除年轻女孩以外的所有女性。法国人很重视职业头衔，公司里有严格的等级制度。地位较高的人进入房间时男士通常会站立。在问候和告别时按惯例握手，程度可以很轻微。法国是世界上最早公开行亲吻礼的国家，也是使用亲吻礼频率最多的国家。和法国人约会必须事先约定时间，准时赴约是有礼貌的表示，但不要提前。法国人在公共场所不能有懒散动作，不能大声喧哗。

3. 饮食

法国的烹调世界闻名，用料讲究，他们不吃辣的食品。

4. 节庆与禁忌

法国人忌讳黄色的花，认为是不忠诚的表现。忌讳黑桃图案，认为不吉祥；忌讳墨绿色，因二次大战期间德国纳粹军服是墨绿色；忌讳仙鹤图案，认为是蠢汉的象征。不送香水或化妆品给恋人、亲属之外的女人，因为这些他们认为象征着过分亲热或是图谋不轨。

（三）德国

1. 概况

德国绝大多数都是德意志人，居民中信奉基督教约占一半，另外有46%的人信奉天主教。

德国人纪律严明，讲究信誉，极端自尊，待人热情，十分注重感情，爱好音乐。

2. 服饰及待客

德国人注意衣着打扮，外出时候必须穿戴整齐、清洁。约会准时，时间观念强。待人热情、好客、态度诚实可靠。

德国人对发型较为重视。在德国，男士不宜剃光头，免得被人当作“新纳粹”分子。德国少女的发式多为短发或披肩发，烫发的妇女大半都是已婚者。

重视称呼是德国人在人际交往中的一个鲜明特点。对德国人称呼不当，通常会令对方大为不快。一般情况下，切勿直呼德国人的名字。称其全称，或仅称其姓。和德国人交谈时，切勿疏忽对“您”与“你”这两种人称代词的使用。对于熟人、朋友、同龄者，方可以“您”相称。在德国，称“您”表示尊重，称“你”则表示地位平等、关系密切。

宴席上，男子坐在妇女和地位高的人的左侧，女士离开和返回饭桌时，男子要站起来以示礼貌；请德国人进餐，事先必须安排好。和他们交谈最好谈原野风光，个人的业余爱好多为体育活动。接电话要首先告诉对方自己的姓名。

3. 饮食

德国人最爱吃猪肉，其次是牛肉。以猪肉制成的各种香肠，令德国人百吃不厌。忌讳吃核桃。如果同时喝啤酒和葡萄酒，要先喝啤酒，然后再喝葡萄酒，否则被视为有损健康。

4. 节庆与禁忌

在公共场合窃窃私语，被认为是十分无礼的。在德国，蔷薇专用于悼亡，不可以随便送人。忌讳茶色、红色、深蓝色。服饰和其他商品包装上忌用纳粹标志。

（四）意大利

1. 概况

意大利主要是意大利人，90%以上居民信奉天主教。

意大利人对资历和年龄极为尊重。女士受到尊重，特别是在各种社交场合，女士处处优先。

2. 服饰及待客

意大利人热情好客，待人接物彬彬有礼。在正式场合，穿着十分讲究。男士穿剪裁得体的深色西装，配时尚手表、衬衫袖的链扣、丝绸手帕和时髦的领带。女士穿简单而优雅的套装、裙子或衬衫。见面礼是握手或招手示意。对长者、有地位和不太熟悉的人，要称呼他的姓，加上“先生”、“太太”、“小姐”和荣誉职称。和意大利人谈话要注意分寸，一般谈论工作、新闻、足球，不要谈论政治和美国橄榄球。

3. 饮食

意大利人有早晨喝咖啡、吃烩水果、喝酸牛奶的习惯。酒特别是葡萄酒是意大利人离不开的饮料，不论男女几乎每餐都要喝酒，甚至在喝咖啡时，也要掺上一些酒。

4. 节庆与禁忌

意大利人忌讳菊花。如果有人打喷嚏，旁边的人马上会说：“萨尔维！（祝你健康）”。另外，当着别人打喷嚏或咳嗽，被认为是不礼貌和讨嫌的事，所以本人要马上对旁边的人表示“对不起”。

（五）俄罗斯

1. 概况

俄罗斯主要是俄罗斯人，东正教是主要宗教。

俄罗斯人性格开朗、豪放、集体观念强。他们重视文化教育，喜欢艺术品和艺术欣赏。所以，和他们谈论艺术是个很受欢迎的话题。

2. 服饰及待客

在待客中，常以“您”字表示尊敬和客气，而对亲友往往则用“你”字相称，认为这样显得随便，同时还表示出对亲友的亲热和友好。外出时，十分注重仪容仪表，衣扣要扣得完整，总习惯衣冠楚楚。男子外出活动时，一定要把胡子刮净；赴约要准时。在社交场合，处处表现尊重女性。对妇女要十分尊重，忌讳问年龄和服饰价格等。

他们和人见面，大都行握手礼，拥抱礼也为他们常施的一种礼节。一般对朋友之间，或长辈对晚辈之间，以吻面颊者为多，男子对特别尊敬的已婚女子，一般多行吻手礼，以示谦恭和崇敬。吻唇礼一般只是在夫妇或情侣间流行。

3. 饮食

主人给客人吃面包和盐，是最殷勤的表示。一般对晚餐要求较简单，对早、午餐较重视。用餐时间都习惯拖得很长。乐于品尝不同风味的菜肴，菜肴喜欢熟透和酥烂。非常喜欢中餐。

对盐十分崇拜，并视盐为珍宝和祭祀用的供品。认为盐具有驱邪除灾的力量。如果有人不慎打翻了盐罐，或是将盐撒在地上，便认为是家庭不和的预兆。为了摆脱凶兆，他们总习惯将打翻在地的盐拾起来撒在自己的头上。

4. 节庆与禁忌

忌讳黑色，认为黑色是丧葬的代表色。因此，对黑猫更为厌恶，并视黑猫从自己面前跑走是不幸的象征。

和俄罗斯人说话，要坦诚相见，不能在背后议论其他人，更不能说他们小气。俄罗斯人偏爱“7”，认为“7”预兆会办事成功。他们视红色为美丽和吉祥的象征。应邀去俄罗斯人家里做客时可带上鲜花或烈性酒，送艺术品或图书作礼品是受欢迎的。女主人对来访客人带给她的单数鲜花是很欢迎的；男主人则喜欢高茎、艳丽的大花。

决不能在街上丢弃任何东西。这种行为有损俄罗斯的整洁，而且是违规的。

三、美洲主要国家礼俗

（一）美国

1. 概况

美国80%以上是欧洲移民的后裔，50%的居民信奉基督教和天主教。

2. 服饰及待客

在美国，如果是在非正式场合，人与人之间的交往是非常随便的。朋友之间见面时，只要招呼一声“哈罗”即可。即使是两个人第一次见面，也不一定要握手，只要笑一笑，打个招呼就行了。

但是在正式场合下，美国人又十分讲究礼节，并毫不逊色于其他欧洲国家，握手是最普遍的见面礼。握手时应注视对方，并摘下手套，如果因故来不及脱掉手套，须向对方说明原因并表示歉意。同时，还要注意人多时不要交叉握手，女性之间见面时可不必握手。

大多数美国人一般不喜欢用先生、夫人或小姐之类的称呼，他们认为这类称呼太过于郑重其事了。因此，多数美国人，无论男女老少，一般都比较喜欢别人直呼自己的名字，并认为这是亲切友好的表示。

3. 饮食

一般乐于在自己家里宴请客人，而不习惯在餐馆请客。不喜欢清蒸和红烩菜肴。不喜欢过烫过热的菜肴，喜欢少盐味，味道忌咸，稍以偏甜为好。喜欢喝可口可乐、啤酒、冰水、矿泉水、威士忌、白兰地等。不喜欢人在自己的餐碟里剩食物，认为这是不礼貌的。喜爱中国的苏菜、川菜、粤菜。

4. 节庆与禁忌

美国人最忌讳“13”、“星期五”，同美国人交谈时，不要涉及个人私事问题，如询问年龄、婚姻状况、收入多少。人们还十分讲究“个人空间”。和美国人谈话时，千万不要站得太近，一般应保持在50厘米以外为宜。在美国的社交场合中，女士们总是得到格外的优待。尊重妇女是欧美国家优良的传统习俗。

在美国，一般每逢节日、生日、婚礼或探视病人时，都有送礼的习惯。互赠礼品的日子当属圣诞节最为盛行，礼品大多是一些书籍、文具、巧克力糖或盆景等不贵重的东西。探视病人时最好是赠送鲜花或是盆景。美国人认为单数吉利。

（二）加拿大

1. 概况

加拿大大部分是英法等国家移民的后裔，大部分信奉天主教和基督教。

2. 服饰及待客

加拿大人因受欧洲移民的影响，他们的礼貌礼节和英法两国差不多。在日常生活中，加拿大人着装以欧式为主。上班的时间，他们一般要穿西服、套裙。参加社交活动时往往要穿礼服或时装。在休闲场合则讲究自由穿着，只要自我感觉良好即可。握手被认为是一种友好的表示，一般在见面和临别时握一下就行，不必反复握手。公务时间，加拿大人很注意个人仪表和卫生。所以，他们希望客人也能这样。

加拿大人性格开朗，自由观念较强，行动上比较随便。见面时，常以握手为礼，熟人、亲友或情人之间，还有行亲吻礼和拥抱礼的习惯。

一般地，加拿大人的生活习性包含了英、法、美三国人的综合特点。他们既有英国人的含蓄，又有法国人的开朗，还有美国人的无拘无束。他们待人热情友善，爽朗大方，商务活动中喜欢在高级饭店或俱乐部宴请客人，有时也邀请客人到家中做客。在加拿大，人们酷爱枫叶，对其怀有特殊的深厚感情，并视其为国宝和祖国的骄傲，还将其喻为友谊的象征。加拿大人时间观念极强，有准时赴约的良好习惯。按照他们的礼貌习惯，若因故不能按时赴约，则要事先打个电话通知对方。

3. 饮食

加拿大人对法式菜肴比较偏爱，并以面包、牛肉、鸡肉、土豆、西红柿等物为日常之食。从总体上讲他们以肉食为主，特别爱吃奶酪和黄油。加拿大人重视晚餐。饮食上讲究菜肴的营养和质量，注重菜肴的鲜和嫩。口味一般不喜太咸，偏爱甜味。一般以米饭为主食。对煎、烤、炸等烹调方法制作的菜肴偏爱。喜爱中国的苏菜、沪菜、鲁菜。习惯饭后喝咖啡和吃水果。忌讳吃各种动物内脏，不爱吃肥肉。

4. 节庆与禁忌

他们有邀请亲朋好友到自己家中共进晚餐的习惯。受到这种邀请应当理解为是主人主动显示友好之意。如果被邀到别人家做客，明智的选择是给主人送点鲜花。不要送白色的百合花，它们是与葬礼联系在一起的。加拿大人以自己的国家为自豪，反对和美国作言过其实的比较。谈到肯定成绩的事例并对加拿大人民及其国家给予好评是最受欢迎的。

每年6至8月加拿大人多去度假，商务活动宜避开这段时间。此外，当地节假日期间也应避免前往，特别是圣诞节和复活节前后两周均不宜前往。

（三）巴西

1. 概况

巴西是南美面积最大、人口最多的国家，也是世界上种族融合最广泛的国家之一。巴西95%左右信奉天主教或基督教。

从民族性格来讲，一方面，巴西人喜欢直来直去，有什么就说什么。另一方面，巴西人在人际交往中大都活泼好动，幽默风趣，爱开玩笑。

2. 服饰及待客

巴西人在社交场合通常以拥抱或者亲吻作为见面礼节。巴西人感情外露，人们在大街上相见也热烈拥抱。只有十分正式的活动中，他们才相互握手为礼。无论男女，见面和分别都以握手为礼。妇女们相见时脸贴脸，虽然唇不触脸，但双方都用嘴发出接吻时的声音。

在正式场合，巴西人的穿着十分考究。他们不仅讲究穿戴整齐，而且主张在不同的场合里，人们的着装应当有所区别。在重要的政务、商务活动中，巴西人主张一定要穿西装或套群。在一般的公共场合，男人至少要穿短衬衫、长西裤，女士则最好穿高领带袖的长裙。

3. 饮食

巴西人平常主要吃欧式西餐。因为畜牧业发达，巴西人所吃食物之中肉类所占的比重较大。在巴西人的主食中，巴西特产黑豆占有一席之地。巴西人喜欢饮咖啡、红茶和葡萄酒。

4. 节庆与禁忌

适于谈论的话题：足球、笑话、趣闻等。与巴西人打交道时，不宜向其赠送手帕或刀子。英美人所采用的表示“OK”的手势，在巴西看来是非常下流的。

（四）墨西哥

在墨西哥，熟人见面时所采用的见面礼节，主要是拥抱礼与亲吻礼。在上流社会中，男士们往往还会温温而雅地向女士们行吻手礼。通常，他们最惯于使用的称呼是在交往对象的姓氏之前，加上“先生”、“小姐”或“夫人”之类的尊称。前去赴约时，墨西哥人一般都不习惯于准时到达约会地点。在通常情况下，他们的露面总要比双方事先约定的时间晚上一刻钟到半个小时左右。在他们看来这是一种待人的礼貌。

四、非洲主要国家礼俗

（一）埃及

1. 概况

埃及地跨非、亚两洲。伊斯兰教是国教。

埃及人正直、爽朗、宽容、好客。他们往往以幽默的心情来应付严酷的现实生活。

2. 服饰及待客

晚餐在日落以后和家人一起共享，所以在这段时间内，有约会是失礼的。埃及伊斯兰教徒有个绝不可少的习惯：一天之内祈祷数次。

3. 饮食

埃及人通常以“耶素”（就是不发酵的平圆形埃及面包）为主食。他们喜食羊肉、洋葱、胡萝卜、土豆等。串烤全羊、烤全羊是他们的佳肴。

他们习惯用自制的甜点招待客人，客人如果是谢绝一点也不吃，会让主人失望也失敬于人。

4. 节庆与禁忌

埃及人在正式用餐时，忌讳交谈，否则会被认为是对神的亵渎行为。忌吃猪、狗肉，也忌谈猪、狗。

男士不要主动和妇女攀谈，不要夸人身材苗条，不要称道埃及人家里的东西，否则会认为你在向他索要；不要和埃及人谈论宗教纠纷，中东政局及男女关系。

在埃及，进伊斯兰教清真寺时，务必脱鞋。埃及人爱绿色、红色、橙色，忌蓝色和黄色。不论送给别人礼物，或是接受别人礼物时，要用双手或者右手，千万别用左手。

（二）南非

1. 概况

南非位于非洲大陆的最南端。英语和南非荷兰语同为官方语言。

2. 服饰及待客

南非社交礼仪可以概括为“黑白分明”、“英式为主”。也就是受到种族、宗教、习俗的制约，南非的黑人和白人所遵从的社交礼仪不同；白人的社交礼仪特别是英国式社交礼仪广泛的流行于南非社会。

在社交场合，南非人所采用的普遍见面礼节是握手礼，他们对交往对象的称呼则主要是“先生”、“小姐”或“夫人”。在黑人部族中，尤其是广大农村，南非黑人往往会表现出和社会主流不同的风格。比如，他们习惯以鸵鸟毛或孔雀毛赠给贵宾，客人得体的做法就是把这些珍贵的羽毛插在自己的帽子上或头发上。

在城市里，南非人的穿着打扮基本西化了。正式场合，他们都讲究着装端庄、严谨。南非黑人通常还有穿着本民族服装的习惯。不同部族的黑人。在着装上往往会有自己不同的特色。

3. 饮食

南非当地白人以吃西餐为主，爱喝咖啡和红茶。而黑人喜欢吃牛肉、羊肉，主食是玉米。南非著名的饮料是如宝茶。在南非黑人家做客，主人一般送上刚挤出的牛奶或羊奶，有时是自制的啤酒。客人一定要多喝，最好一饮而尽。

4. 节庆与禁忌

信仰基督教的南非人，忌讳数字“13”和星期五；南非黑人非常敬仰自己的祖先，他们特别忌讳外人对自己的祖先言行失敬。跟南非人交谈，有四个忌讳的话题：

一是不要为白人评功摆好。

二是不要非议黑人的古老习惯。

三是不要为对方生了男孩表示祝贺。

四是不要评论不同黑人部族或派别之间的关系及矛盾。

（三）尼日利亚

1. 概况

尼日利亚位于西非东南部，是西非的“天府之国”。居民中穆斯林占47%，基督教徒占34%。尼日利亚是全世界人口最多的黑人国家。

2. 服饰及待客

尼日利亚有许多部族，其习俗与文化传统有很大差别，所以他们的生活方式也截然不同。施礼前，总习惯先用大拇指轻轻地弹一下对方的手掌再行握手礼。

谈话中应回避的一个话题是宗教。他们不愿谈论政治，特别是有关非洲的政治问题。要避免谈有关南非的事。另外，携带的印刷品不要有涉及南非活动的画面。恰当的话题是有关尼日利亚的工业成就和发展前景。

3. 饮食

尼日利亚的薯类品种繁多，人们除用薯粉煮粥外，还用来烤饼。烤好的饼，皮脆里嫩，松软可口，颇受人们欢迎。此外，人们还喜欢吃别具风味的芋粉粥和芋粉烤饼。尼日利亚南方人喜欢喝“埃古西汤”，其主要用料是炸甜瓜干或西葫芦干，配上切碎的西红柿、鱼或鸡一起煮，喝起来甜中透辣，味美可口。

他们用餐一般习惯以手抓饭，社交场合也使用刀叉。

4. 节庆与禁忌

尼日利亚人和人交谈的时候，从不盯视对方，也忌讳对方盯视自己，因为这是不尊重人的举止。他们忌讳左手传递东西或食物，忌讳“13”。已婚妇女最忌讳吃鸡蛋。

尼日利亚人无论谁用右手的食指指向自己，都是一种挑衅的举动；如果有人伸出手并张开五指对向自己，更是粗暴地侮辱人的手势，相当于辱骂祖宗。这些都是令人不能容忍的。

五、大洋洲主要国家礼俗

（一）澳大利亚

1. 概况

澳大利亚95%的居民是英国和其他欧洲国家移民的后裔，98%的居民信奉基督教。

2. 服饰及待客

澳大利亚人办事认真爽快，喜欢直截了当，待人诚恳热情，不喜欢被施加压力。见面时喜欢热烈握手，称呼名字。乐于结交朋友，即使是陌生人，也一见如故。他们崇尚友善，并谦逊礼让，重视公共道德，组织纪律强，时间观念强，赴约准时并珍惜时间。澳大利亚人比较保守，也体现在着装方面，冬天穿套装，夏天穿长裤、裙子或衬衫。在不是很正式的场合，男士可穿得体的短装、及膝长袜、衬衫配领带。

往往邀请友人一同外出游玩，他们认为这是亲密双方关系的捷径之一。所以如果拒绝的话，会被他们理解成不给对方面子。

澳大利亚的基督教徒有“周日做礼拜”的习惯。他们的这种作法“雷打不动”，所以要避免在这天和他们邀约。

和澳大利亚人谈论跑马，是非常受欢迎的话题。

3. 饮食

澳大利亚人的饮食习惯、口味和英国人差不多。菜清淡、不吃辣。澳大利亚人食量比较大，啤酒是最受欢迎的饮料，其中达尔文城的居民以喝啤酒闻名。

4. 节庆与禁忌

在澳大利亚人眼里，兔子是一种不吉利的物。他们认为，碰到了兔子，可能是厄运将临的预兆。

澳大利亚人喜欢体育活动，游泳和日光浴是人们的癖好，如果有谁不会游泳，还会成为众人嘲讽的对象。

（二）新西兰

1. 概况

新西兰是南太平洋上的岛国，扼南太平洋的海空交通要冲。人口320万，其中90%是英国移民的后裔。80%的人信仰基督教。全国通用英语，毛利人使用本民族语言。

新西兰为英联邦成员国。英国女王为新西兰的国家元首。新西兰现政府为君主立宪，责任内阁制。

新西兰气候温和，牛羊遍地，自19世纪初从澳大利亚和英国引进种羊以来，已成为举世闻名的“畜牧之国”和“农牧业王国”。

2. 服饰及待客

新西兰人的生活质量一般都比较高，通常对衣、食、住、行都比较讲究。他们大都喜爱户外运动，除喜爱赛马外，还特别喜爱橄榄球。毛利人他们有一种传统的礼节：当遇到尊贵的客人时，他们要行“碰鼻礼”，即双方要鼻尖碰鼻尖二三次，然后再分手离去。据说，按照其风俗，碰鼻子的时间超长，就说明礼遇越高，越受欢迎。

新西兰商务礼俗，随时宜穿着保守式样的西装。拜访商界或政府办公厅大多须预约。新西兰的商界气息被认为接近伦敦，保守刻板，与澳大利亚不同。在新西兰，凡是当地能生产制造的产品，都不准进口。

生意谈成之后，为了表示谢意，可以宴请有关人士，这样做不但效果最佳，而且对方也会很高兴。

新西兰人见面和分手时都握手。和妇女相见时，要等对方先伸出手来再握。商务活动最好事先约定，客人要先到一会儿，以示礼貌。客商通常喜欢请外来主顾到自己住的饭店或旅馆吃午饭，会谈一般是在当地人的办公室里进行。如应邀到新西兰人家里吃饭，可以带一盒巧克力或一瓶威士忌作为礼物，礼品不要太多或太贵重。

新西兰人的风情习俗很有特色。他们有独特的象征，视几维鸟为珍贵动物，在其国徽和硬币上都有几维鸟作标志。

3. 饮食

新西兰人在饮食上习惯吃英式西菜，其口味喜清淡。一般都爱喝咖啡、红茶，爱吃水果，尤其喜食一种叫“几维果”的名贵水果。

4. 节庆与禁忌

新西兰人绝不说他人的坏话，对朋友的政治立场、宗教信仰等，都不闻不问。通常在星期五晚上和朋友相约到酒店，一面喝啤酒，一面聊天，这使他们感到兴趣盎然，主要的话题是运动，私人事情大都避免触及。

出入境注意事项，生的东西一律禁止带入。一般而言，海关对食品的检查相当严格。

【本章小结】

涉外礼仪源于西方礼仪。它不仅是社会交往的产物，更是国际贸易和国际文化交流的产物。所谓涉外礼仪是涉外交际礼仪的简称，它是人们在对外交往活动中向外宾表示尊重、友好的各种礼节、仪式及其惯用形式。

涉外礼仪的基本原则：维护国家利益原则；平等相待，礼尚往来；礼尚好客，客随主便或主随客便；热情有度，不必过谦；尊重隐私，有所不为。

一般来说，各种涉外礼仪，国际上都有一定惯例，但各国往往又根据本国的特点和风俗习惯，有自己独特的做法。在对外交往中除应发扬我国礼仪之邦的优良传统，注意礼貌、礼节之外，还应尊重各国、各民族的风俗习惯，了解它们不同的礼节、礼貌的做法，从而在对外活动中真正做到不卑不亢，以礼相待。

◆【案例分析】

巴黎餐馆的中国客人

一天傍晚，巴黎的一家餐馆来了一群中国人。老板安排了一位中国侍者为他们服务，交谈中得知他们是某省某某县的一个考察团，今天刚到巴黎。随后侍者向他们介绍了一些法国菜，他们不问贵贱，主菜配菜一下子点了几十道，侍者担心他们吃不完，何况菜价不菲，但他们并不在乎。

点完菜，他们开始四处拍照，竞相和服务小姐合影，甚至跑到门外一辆凯迪拉克汽车前面频频留影。用餐过程中，他们不停地大声说笑，杯盘刀叉的撞击声，乃至嘴巴咀嚼食物的声音，始终不绝于耳。一会儿便搞得杯盘狼藉，桌子、地毯上到处是油渍和污秽。坐在附近的一位先生忍无可忍，向店方提出抗议，要求他们马上停止喧闹，否则就要求换座位。侍者把客人的抗议转述给他们，他们立刻安静了。看得出来，他们非常尴尬。

张岩松．现代交际礼仪．北京：中国社会科学出版社，2006.

【思考题】

如何评价案例中用餐者的行为？

【实训题】

实训目标：

掌握正确的西餐用餐礼仪。

实训内容：

1. 如何入位。如果有女士同行应怎样做。

2. 刀叉的正确使用方式，包括美式西餐和欧式西餐的用餐方式。

3. 餐巾、酒杯、汤勺的使用方式。

实训要求：

课前每位学生准备两支笔，模拟实训中的刀叉。模拟整个用餐的程序，不方便在教室操作的环节，比如不能每个同学都实际操作如何入位、如何为同行的女士安排就座等，可以请口述。其他实训内容，教师应随时巡视，发现问题，及时纠正。

【复习思考题】

一、单项选择题

1. 排定礼宾次序的依据错误的有(　　)。

A. 按来访者的身份与职务的高低排列

B. 按字母顺序排列

C. 按通知商务代表团组成的日期先后排列

D. 按来访者在世界上的地位排列

2. 正式场合我们的仪表要给人(　　)的感觉。

A. 随意、整齐、干净　　B. 漂亮、美观、时髦

C. 端正、大方、美观　　D. 端正、严谨、整齐

3. 能与西装相配的衬衫很多，最常见的是(　　)衬衫。

A. 蓝色　　B. 白色

C. 浅色　　D. 深色

4. 国际谈判中座次安排基本要求是(　　)。

A. 以左为尊，右高左低　　B. 以左为尊，左高右低

C. 以右为尊，左高右低　　D. 以右为尊，右高左低

5. 印度人平常表示同意或肯定的动作是(　　)。

A. 点头　　B. 将头偏向左

C. 将头偏向右　　D. 摇头

二、多项选择题

1. 在谈判中较为合适的双方的距离在(　　)之间。

A. 0. 5 米　　B. 1 米

C. 1. 5 米　　D. 2 米

2. 国际上宴请的方式主要有(　　)等几种。

A. 冷餐会　　B. 晚宴

C. 工作餐　　D. 招待会

3. 西方人普遍认为(　　)这个数字是凶险不吉利的，而日本人特别忌讳(　　)。

A. 4　　B. 15

C. 13　　D. 7

4. 日本人忌讳(　　)，欧美人视(　　)为葬礼的颜色，(　　)在埃及被视作恶魔。

A. 绿色　　B. 黑色

C. 白色　　D. 蓝色

5. 在国际交往场合，忌用(　　)、杜鹃花、(　　)、(　　)给客人已成为惯例。

A. 菊花　　B. 山竹花

C. 山茶花　　D. 黄色的花

6. 英国人忌用大象图案，认为它是愚蠢的象征，而在(　　)国却被视作吉祥的动物。

A. 泰国　　B. 印度

C. 法国　　D. 德国

三、简答题

1. 什么是涉外礼仪？涉外礼仪的原则有哪些？

2. 在社交场合哪些话题是不礼貌的？

3. 简述西餐的用餐礼仪。

延伸阅读 ~ ~

1. 连娟珑．国际礼仪．天津：天津科学技术出版社，2006.

参考书目

1. 林恩・布伦恩 . 21 世纪商务礼仪 . 北京：中国计划出版社 . 2006.

2. 金正昆 . 社交礼仪 . 北京：北京大学出版社 . 2007.

3. 连娟珑 . 国际礼仪 . 天津：天津科学技术出版社 . 2006.

4. 张岩松 . 现代交际礼仪 . 北京：中国社会科学出版社 . 2006.

5. 夏志强 . 商务礼仪 . 北京：中国书店，2006.

6. 徐克茹 . 商务礼仪标准培训 . 北京：中国纺织出版社，2006.

7. 王华 . 金融职业礼仪 . 北京：中国金融出版社，2007.

8. 西蔓色研中心 . 关注色彩 . 北京：中国轻工业出版社，2005.

9. 钟敬文 . 民俗学概论 . 上海：上海文艺出版社，1998.

10. 巴北祥 . 中国民俗旅游 . 福州：福建人民出版社，1999.

11. 薛建红 . 旅游服务礼仪 . 郑州：郑州大学出版社，2002.

12. 任群，郑敬东 . 常用公文最新规范写作大全 . 重庆：重庆出版社，2006.

13. 方有林 . 商务应用文写作 . 上海：同济大学出版社，2007.

14. 杜红亮 . 应用写作 . 郑州：中州古籍出版社，2004.

15. 李荣建．社交礼仪．北京：清华大学出版社，2007.

16. 杨海清．现代商务礼仪．北京：科学出版社，2006.

17. 张岩松．现代公关礼仪．北京：经济管理出版社，2005.

18. 王颖．商务礼仪．大连：大连理工大学出版社，2007.

19. 金正坤．商务礼仪教程．北京：中国人民大学出版社，2005.